KB261413

이매지노베이션

IMAGINNOVATION

상상을 혁신으로 바꾸는 유대인의 창조 DNA

이매지노베이션 IMAGINNOVATION

1판 1쇄 발행 2015년 6월 30일
4쇄 발행 2025년 11월 18일

저자 윤종록

펴낸이 박영호, 박민우
기획팀 송인성, 김선명, 김선호
편집팀 박우진, 김영주, 김정아, 최미라, 전혜련, 박미나
관리팀 임선희, 정철호, 김성언, 권주련

펴낸곳 (주)도서출판 하우
주소 서울시 중랑구 망우로68길 48
전화 (02)922-7090
팩스 (02)922-7092
홈페이지 http://www.hawoo.co.kr
e-mail hawoo@hawoo.co.kr
등록번호 제2016-000017호

값 15,000원
ISBN 979-11-955278-2-3 03320

상상을 혁신으로 바꾸는 유대인의 창조 DNA

이매지노베이션
IMAGINNOVATION

윤종록 지음

Hawoo Publishing

창조경제!

상상 · 도전 · 혁신

IMAGINNOVATION

기억의 반대는 망각이 아닙니다. 상상입니다.
기억은 우리가 지나온 길을 반추하는 것이지만 상상은
우리가 아직 가 보지 않은 길을 미리 가 보는 것이기 때문입니다.

– 시몬 페레스 이스라엘 대통령 –

유대인의 **창조 DNA**

"만만치 않으시죠?"

여러분이 어떤 이유로 이 책을 선택했는지 모르겠지만 어디서 어떤 일을 하건, 어떤 자리에 있건 힘들기 때문일 거라고 생각하며 대화를 이어 갈까 한다. 부정하고 싶지만 세상의 많은 것들이 빛의 속도로 바뀌고 있다는 피할 수 없는 사실이 두렵기만 하다.

과거 70~80년대처럼 부지런한 손발로만 살아갈 수 있다면 그나마 다행이겠지만, 오늘날의 사회는 오로지 부지런함만으로는 살아갈 수 없다. 그렇다고 좋은 학벌 하나만으로 통하던 그런 시기도 지났다. 더욱이 얼마 되지 않는 돈으로 이자를 받아 생활하던 좋은 시절은 이미 물 건너간 지 오래다. 이것저것 다 집어치우고 이민이나 가서 이 악물고 새로운 터전을 일구는 것도 녹록치 않다. 한마디로 드넓은 세상 어느 구석 하나 이 한 몸 편하도록 받아 주는 곳이 없다는 생각이 들 때, 우리의 고독은 공포로 바뀌게 될지도 모른다.

빠듯한 목표치를 채우지 못하면 나에게 주어진 건 물러나는 일뿐이다. 새로운 묘안이 없다면 경쟁의 혹독함만이 찾아올 뿐이다. 세상 어디에도 풍족하게 남아돈다는 얘기를 들어 본 지 오래다. 여기저기 허덕이는 소리만이 요란하게 들려올 뿐이다.

그간의 질서는 다 어디로 갔단 말인가?

조금 모자라면 모자란 대로, 부족하면 부족한 대로 넘어가던 다소 엉성한 질서는 다 어디로 갔단 말인가?

72억 인구를 모두 풍족하게 지탱하기에 아직도 지구의 역량이 부족하단 말인가?

세계 인구가 10억 명을 돌파하던 시기, 척박하기 그지없던 토양을 비옥하게 할 질소비료가 개발되었다. 그 후 불과 100여 년이 지난 지금 전 세계 인구는 72억을 돌파했지만 지구의 경제적 생산 가치는 그 인구를 먹여 살리는 데 뭔가 부족한 듯하다.

그러나 염려 말라!

10억 인구를 감당하기 어려워졌을 때 질소비료가 개발된 것처럼, 태양에서 비롯된 무한대의 에너지는 어떤 형태로든지 인간의 부족함을 채워 주기 위해 새롭게 모습을 달리하여 나타날 것이다. 단지 그 사이에 당면할 어려움을 누가 더 슬기롭게 극복할 것인가가 문제일 뿐이다. 독일의 화학자 하버는 공기 중의 78퍼센트를 차지하는 질소를 150기압까지 가하지 않고도 암모니아를 이용해 손쉽게 비료로 만들 수 있는 있는 방법을 찾았다. 하버의 예에서 볼 수 있듯이 적어도 다음 100년을 위한 지구 또한 아마도 누군가의 손에 의해 새로이 바뀔 것이다. 그것이 새로운 형태의 무한 에너지가 될지, 혁명적 유전학의 결과가 될지는 알 수 없다. 단지 상상력 하나로 그것을 향해 부단히 뛰어가는 젊은이들이 모인 곳을 알 뿐이다. 특이한 정신을 가진 젊은이들은 지구상에 아직 존재하지 않는 것을 하나쯤 만들어 내는 일을 가장 명예롭다고 생각한다.

신이 인간을 만들면서 그들이 살기에 최적의 환경인 지구를 선물로 주었다면, 인간은 그 위에 끊임없이 새로움을 더해 지구를 축복의 땅으로 만든다는 그들의 생각(티쿤 올람: 세상을 더 좋은 방향으로 고친다는 뜻의 히브리어)이 그 어느 때보다도 의미있게 다가온다. 이 사람들은 창조주가 인간의 얼굴을 모두 다르게 만든 것처럼 모든 인간은 신의 능력을 골고루 나누어 가졌다고 생각한다.

이들이 누구고, 어디에 있으며, 무슨 생각을 하고 있는지 궁금하지 않은가? 세계지도를 펴고 지중해 맨 동쪽 끝에 자리한 이집트와 레바논 사이의 자그마한 나라를 찾아보자. 너무 작아서 세상에서 가장 찾기 어려운 나라 중 하나일지도 모른다. 충청도만 한 국토에 총 인구가 전 세계 인구의 0.1퍼센트에 해당하는 750만이 고작인 나라다.

이 책은 중동의 화약고이자 21세기 최고의 창조경제 성공 국가인 이스라엘로의 여행기다. 이스라엘 정부는 놀랄 만치 멀리 내다보고 있으며, 도전 정신이 강한 학생들은 좋은 일자리를 찾는 대신 좋은 일거리를 만들어 내고 있다. 자원이라곤 사해 바닥의 진흙뿐인 이스라엘에서는 아이부터 노인에 이르기까지 석유 없이도 돌아가는 세상, 바다에서 육지로 흐르는 강을 상상하며 사막에 물고기를 기르고 있다.

이 책은 저자가 쓴 『후츠파로 일어서라!』의 후속편으로 '후츠파'라는 새로운 성공코드를 현장에서 상세히 들여다보는 쪽에 비중을 두고 새롭게 재편집했다. 한 달 동안 저자가 이스라엘에 머물며 만난 20여 명의 현지 지도자, 벤처 사업가, 대학 총장, 벤처 투자자 등과의 인터뷰 내용을 50분짜리 3회분의 TV 다큐멘터리(채널 IT, 「청년, 후츠파로 일어서라!」)에 담았고, 이 책에는 다큐멘터리 내용이 거의 모두 요약되어 있다. 가능한 한 그들의 이야기를 편집하지 않고 독자에게 간접적인 인터뷰 경험을 생생하게 전달하고자 하였다.

상상을 **혁신으로** Imaginnovation

- 상상은 모든 혁신의 출발선이다. 그러나 모두가 혁신으로 연결되지는 않는다.
- 상상은 누구에게나 가능하다. 그러나 실행하지 않으면 곧 사라지는 휘발성 물질이다.
- 상상은 만질 수 없다. 그러나 혁신이라는 결과를 통해 비로소 만질 수 있게 된다.

21세기를 살아가는 우리 모두에게 이런 블랙박스가 하나쯤 있다면 얼마나 좋을까 생각해 본다. 이 블랙박스의 입구에는 '상상력'이 입력되고, 출구로는 '혁신'이라는 열매가 끊임없이 나오는 것이다.

혁신은 21세기에 필요한 가장 핵심적인 덕목 중 하나다. 지난 5천 년 동안 인간은 물질 자원을 토대로 매우 점진적인 혁신을 만들어 왔다. 우연히 발견한 씨앗, 식물, 광물, 연료 등을 통하여 음식, 의복, 도구, 에너지를 얻었다. 사회는 오랜 기간 혁신의 과정을 겪으며 진화해 왔다. 그러나 약 200년 전 산업혁명으로 얻은 기술 개발을 통해 더 큰 혁신의 규모와 강도를 체험했다. 즉 점진적인 혁신이 아니라 점프하는 혁신을 추구하게 된 것이다. 증기기관과 방적 기술 그리고 전기의 발견은 이제 누구나 두뇌로 세상을 바꿀 수 있다는 용기를 주었고 다양한 성공 사례가 속출하였다. 과학기술은 혁신의 패러다임을 완전히 바꾸어 놓았다. 그러나 지난 20년을 살펴보면 혁신의 추세가 바뀌었음을 알 수 있다. 이제 과학기술의 연구 개발R&D보다도 상상력Imagination에서 훨씬 큰 폭의 혁신이 이루어지는 예를 쉽게 찾아볼 수 있다.

1999년에 창업한 구글Google은 불과 15년 만에 세계에서 두 번째로 큰 회사로 발돋움했다. 구글은 노벨상을 받을 만큼의 어마어마한 기술을 만든 것이 아니다. 오로지 마흔이 넘은 한 여직원의 평범한 상상력만이 있었을 뿐이다. 성경 구절을 쉽게 찾아내는 법을 연구하는 성경 색인 학자였던 요엘 마르크는 이스라엘 연구소의 평범한 직원이었다. 그녀는 간단한 상상력을 제안했고 회사는 그것을 무시하지 않고 채택한 것뿐이다.

인터넷 서비스 제공 회사들이 검색엔진의 속도에 매진하고 있을 때 그녀는 제안 검색Google Suggest이라는 새로운 방식을 제시했다. 검색창에 처음 입력된 두세 개의 알파벳을 바탕으로 검색엔진이 스스로 검색자에게 미리 검색 단어를 제안하여 선택하게 한다면 얼마나 편할까! 가령 검색창에 NY라는 알파벳이 입력되면 검색엔진이 곧바로 'New York

Times, New York Yankees, New York Library' 등 다양하게 준비된 검색 가능성을 미리 제시하는 것이다.

구글에서는 이 새로운 방식의 검색 도구를 제안 검색Google Suggest이라고 명명하고 기존 기술과 조합하여 순식간에 개발하였다. 이 검색엔진은 인터넷 이용자들에게 소개되자마자 곧바로 입소문이 났고 일거에 골리앗 야후를 무너뜨렸다. 그 후 15년이 흐른 지금 구글은 애플Apple에 이어 시가 총액 3,500억 달러에 이르는 세계 2위의 거대한 회사로 자리매김하게 된 것이다.

우리나라의 네이버Naver도 구글과 같은 해에 설립되었다. 이 회사 역시 설립 9년 만인 2008년에 KT와 견주는 수준으로 성장하였다. 네이버는 '지식인'이라는 새로운 집단지성 툴을 이용하여 획기적인 빅 데이터를 만들었다. 이는 누구나 궁금한 것을 묻고 누구나 답을 제시할 수 있는 편리한 도구로서, 이용자들 스스로 거대한 지식창고를 채워 가게 만드는 방식을 사용한다. 창립 15주년을 맞는 네이버의 가치는 KT와 SKT를 합한 규모에 이른다.

상상해 보라. 정보 검색 기술이 전부인 네이버의 기업 가치가 전국 노른자위 땅에 200여 개의 전화국과 대한민국에 거미줄처럼 얽히고 설킨 광케이블, 하늘의 위성 그리고 태평양을 건너는 수만 킬로미터의 해저 케이블을 보유한 KT와 SKT를 합한 규모라니. 구글과 네이버는 연구 개발을 통해 혁신적인 과학기술을 만들어 내지는 못했다. 그러나 그들이 일군 거대한 혁신의 출발선은 작고 간단한 상상력이었다.

우리는 이 예로써 21세기의 혁신에서는 자원도 과학기술도 아닌 상상력이 더 의미 있는 수단이 됨을 알 수 있다. 이 같은 사실은 자원은 없지만 상상력을 자극하는 좋은 두뇌가 있는 우리에게 21세기를 헤쳐 나갈 수 있다는 새로운 희망이 되기에 충분하다.

최근 10년 사이 세계 최고, 최대의 회사로 자리매김한 애플의 창업자였던 스티브 잡스 역시 새로운 과학기술을 만들어 내지는 않았다. 단지 새로움을 추구하는 상상력만을 가졌을 뿐이다. 그들은 엉뚱해 보이는 상상력을 버리지 않고 닭이 알을 품듯 애지중지하여 부화시켰다.

21세기에는 빈부 격차나 교육 기회에 구애받지 않고 가장 공평하고 누구에게나 열린 상상력의 세상에서 누구나 혁신을 통해 이매지노베이션Imaginnovation(Imagination+Innovation의 합성어)의 선구자가 될 수 있으리라 확신한다.

누구나 얼굴 생김새가 각기 다르듯, 자신만이 가지고 있는 역량으로 세상을 더 좋은 곳으로 바꿀 수 있다(Make the world as a better place!)는 생각이 필요하다. 누구에게나 공평하게 열려 있는 상상력은 자본주의 다음으로 새로운 혁신적 창조경제를 지탱하는 도전의 채찍이 될 것이다.

그런 연장선에서 이스라엘을 중심으로 한 유대인들의 창업 도전이 21세기를 주름잡고 있다고 해도 과언이 아니다. 연간 강우량 400밀리미터의 척박한 땅인 데다가 적들의 틈에서 한시도 한눈 팔 여유마저도 허락되지 않는 나라가 이스라엘이다. 그런 나라가 21세기 혁신을 리드하고 있는 저변에는 이런 종교적 신념도 한몫하고 있다 하겠다. 신이 인간에게 멋진 우주를 선물했다면 이 세상을 더 좋은 곳으로 만드는 것은 우리 인간의 몫이라는 '티쿤 올람'은 이 시대를 살아가는 우리 모두가 귀담아 들어야 할, 용기 있는 사상이 되리라 생각한다.

이스라엘의 페레스 대통령은 그들의 경제 기적을 다룬 책 중 베스트셀러였던 『스타트업 네이션Start-Up Nation』을 『창업국가』라는 제목으로 번역한 나에게 한국 독자들에게 전해 달라며 편지를 보내온 적이 있다. 그때 그가 전해 온 메시지가 또렷이 기억난다.

"기억의 반대는 망각이 아닙니다. 상상입니다. 왜냐하면 기억은 우리가 지나온 길을 반추하는 것이지만 상상은 우리가 아직 가 보지 않은 길을 미리 가 보는 것이기 때문입니다. 우리는 아이들에게 기억하기보다는 더 많이 상상하도록 가르칩니다."

상상력이라는 총알은 반드시 발사되어야만 마침내 혁신에 이를 수 있다. 만약 총알이 발사되지 못하면 그저 50그램짜리 쇳덩어리로 녹슬어 갈 뿐이다. 풍부한 상상력을 만들어 내고, 그것이 하나도 남겨지지 않고 발사되어 혁신에 이르게 하는 것이 21세기 창조경제가 지향하는 모습이다.

만질 수도 볼 수도 없지만 가치 있는 상상력을 혁신으로 이끌어 낼 수 있는 것이 창조경제의 패러다임이다. 혹독한 21세기를 헤쳐 나가는 데 있어서 유대인들이 가진 창조 정신의 원천을 들여다보며 자원은 없으나 두뇌를 가진 우리의 앞날을 살피도록 해야 할 것이다. 더불어 우리 젊은이들도 주저하지 말고 겁 없이 방아쇠를 당기는 용기를 갖기를 기대하는 바이다.

나는 이 같은 새로운 21세기 경제 운영의 메커니즘을 상상력과 혁신의 합성어인 '이매지노베이션'이라 부르고 싶다.

후츠파 정신과 아울러 '하브루타'라는 유대인의 창의교육을 제창한 헤츠키 아리엘리의 10가지 창의 요소를 통해 학생, 직장인, 주부, 퇴직자는 물론 공무원, 군인 그리고 새로움을 통해 혁신을 추구하는 예비 창업자들이 커다란 용기와 도전의 뜻을 키울 수 있는 지침서가 되기를 바란다.

저자 윤 종 록

패러다임을 이끌어 가는 힘,
창의 & 혁신!

이스라엘 글로벌엑셀런스 의장 **헤츠키 아리엘리**

나의 존경하는 오랜 친구 윤종록 원장은 미래창조과학부 차관으로 재직할 때, 나에게 "상상력Imagination을 혁신Innovation으로 연결하는 것이 창조경제"라고 얘기한 적이 있습니다. 그는 이 두 단어를 합쳐 창조경제를 이매지노베이션Imaginnovation이라고 명명했습니다. 물론 사전에는 없는 단어지만 그 순간 나는 그가 가진 도발적인 '후츠파 정신'의 단면을 느낄 수 있었습니다.

윤종록 원장은 『Start-Up Nation』을 외국어로는 최초로 『창업국가』라는 제목으로 번역한 바 있습니다. 이를 계기로 『창업국가』는 다양한 언어로 번역되어 지금은 세계 100여 개 국가의 베스트셀러로 자리잡게 되었습니다. 이어 『후츠파로 일어서라』를 쓰면서 오히려 후츠파 정신의 원조인 이스라엘 사람들이 더 만나고 싶어 하는 인물이 되었습니다.

언젠가는 윤종록 원장이 상상을 혁신으로 안내하는 책을 펴내리라 기
대했는데, 드디어 오늘 추천사를 요청 받고 기쁜 마음으로 한국 독자들
앞에 나서게 되었습니다.

　이스라엘은 전 세계 어느 국가보다도 혁신적이고 창의적인 경제를
선도하는 나라지만, 유대인들이 태어날 때부터 창의적이고 혁신적인
것은 아닙니다. 비결은 무엇일까요? 오늘날 이스라엘이 건국 이후 짧
은 역사에도 불구하고 단시간에 창업국가Start-Up Nation로서 성공적으로
자리매김할 수 있었던 이유는 무엇일까요?
　창의성은 정원 가꾸기와 비슷합니다. 정원 가꾸기의 목적은 독창적
인 형태의 매력적이고 예쁜 꽃들을 키워 내서 세상에서 가장 아름다운
정원을 만드는 것입니다. 정원사는 그의 상상 속에 존재하는 정원을 만
들기 위해 정원의 토양을 관리하고, 꽃을 심고 아름답게 가꾸어야 합니
다. 아이디어는 정원의 꽃과 같습니다. 또 우리는 아이디어라는 꽃을
가꾸는 정원사가 될 수 있는 잠재성을 가지고 있습니다.
　창의성은 주어지는 것이 아닙니다. 세상 어느 누구도 창의성을 처음
부터 갖고 태어나지는 않습니다. 반대로 창의성 없이 태어나는 사람도
없습니다. 창의성은 어느 날 갑자기 머릿속에서 튀어나오지 않습니다.
건강하고 비옥한 토양에서 자라는 꽃과 같이, 창의성은 환경과 노력을
통해서만 얻어지는 능력입니다. 창의성이 보장되고 성장할 수 있는 환
경에서만 창조적 아이디어가 나올 수 있습니다.
　이 모든 것들은 행복과 긍정적인 사고에서 시작됩니다. 행복은 유대

인의 문화와 전통에서 매우 중요한 부분입니다. 『탈무드』에도 나와 있듯이 행복은 유대 문화의 핵심이며 유대인의 성공에서 가장 중요한 요소입니다. 행복은 창조적 아이디어가 자라고 성장할 수 있는 토양이며, 행복이 없다면 창의적인 사고가 불가능합니다. 우울한 사람이 창의적이지 않다는 사실은 누구나 압니다. 행복은 동기가 자랄 수 있는 인큐베이터입니다. 행복이 우리 정원의 토양이라면, 동기는 정원과 꽃에 빛과 에너지를 공급하는 태양과도 같습니다. 동기가 부족하다면 창조도 있을 수 없습니다. 동기는 열정을 유발하고, 열정은 행동과 성공을 가져옵니다.

행복과 동기의 기본적인 요인들은 우리의 한계를 넘어설 수 있는 상상력의 로켓을 쏘아 올릴 수 있도록 도와줍니다. 우리 두뇌가 자유롭게 사고하면 창의적 생각이 시작되고 마침내 창조적인 아이디어가 태어나는 아름다운 차원의 상상력에 도달하게 됩니다. 창의성은 한 번 반짝하고 나타났다가 없어질 수도 있지만, 노력을 통해 우리 생활 방식이나 습관적 사고로 이어질 수 있습니다. 이러한 창의성을 함양하기 위해서는 체육관에서 신체의 모든 부분을 단련시키는 것과 같이 지속적인 두뇌 훈련이 필요합니다. 두뇌 훈련을 통해 자연스럽게 반응하고 일상에서 창의적 사고를 할 수 있게 하는 고유 DNA를 만들 수 있을 것입니다.

우리가 무엇을 할 수 있을까요? 나는 모든 것이 교육에서 비롯된다고 생각합니다. 성인에 대한 교육뿐만 아니라 젊은 세대를 지속적으로 교육시켜야 합니다.

창의적 마인드를 고취하기 위한 유대인 교육의 3대 요소는 다음과 같습니다.

■ 질문을 통한 학습(Asking Questions)

모두에게 편하게 질문할 수 있는 환경을 만들어 주고, 질문에 대한 답을 바로 알려 주기보다는 질문에 대해 스스로 답을 구하도록 도구와 기술을 제공하는 방법

■ 하브루타 교육(Havruta Learning)

선생과 제자의 관계가 아니라 두 사람이 파트너가 되어 서로 질문하고 대화하고 토론하는 방법으로, 마음에서 우러나오는 지적인 유대 관계를 구축하는 방법

■ 자기주도(Self-Engagement)

당면 도전 과제를 해결하기 위해 모두를 주도적인 파트너로서 참여하게 만들고, 성과에 대해 참여자 모두가 개인적인 성취감을 느낄 수 있도록 배려하는 것. 동기를 유발하고, 수동적 관망자가 아닌 능동적인 참여자Active Gardeners가 될 수 있도록 이끌어 주는 방법

이 세 가지 요소들이 이스라엘의 교육 시스템뿐만이 아니라 특히 글로벌 진출을 추구하는 이스라엘 창업 기업에서도 매우 중요한 요소로 작용하고 있습니다.

이러한 요소들이 용광로에서 하나로 섞인 결과물이 '후츠파 정신'입니다. 후츠파 정신은 도전적이고, 위험을 감수하며, 고정관념에서 벗어

난 생각을 두려워하지 않는 것입니다.

이러한 사고방식은 독창적으로 생각하게 하고 새로운 발견과 발명을 가능케 하는 원동력입니다. 이미 해 왔던 방식을 답습한다면 지금까지와 비슷한 결과밖에 얻을 수 없습니다. 그렇다고 해서 이전의 생각들과 성과를 무시한다면 이 또한 어리석은 행동입니다. 우리 선조와 스승에게서 배운 옛 지혜 또한 소중히 여기고 이를 현재에 접목한다면 매우 강력하고 혁신적인 아이디어를 창조할 수 있을 것입니다.

우리 중 누군가가 글로벌 크리에이티브 리더가 되기를 희망한다면 그는 반드시 직접 게임에 참여하여 적극적으로 움직여야 할 것입니다. 그 게임의 이름은 바로 창의성Creativity입니다!

친애하는 한국 독자 여러분, 윤종록 원장이 설파하는 이매지노베이션Imaginnovation은 분명 자원은 없으나 세계에서 가장 뛰어난 두뇌를 가진 대한민국의 역동성을 한 단계 끌어올리는 중요한 동기부여를 할 것입니다.

HeZki Arieli

5 유대인의 성공코드, 열 가지 엑설런스Excellence _283

창조경제, 상상을 혁신으로

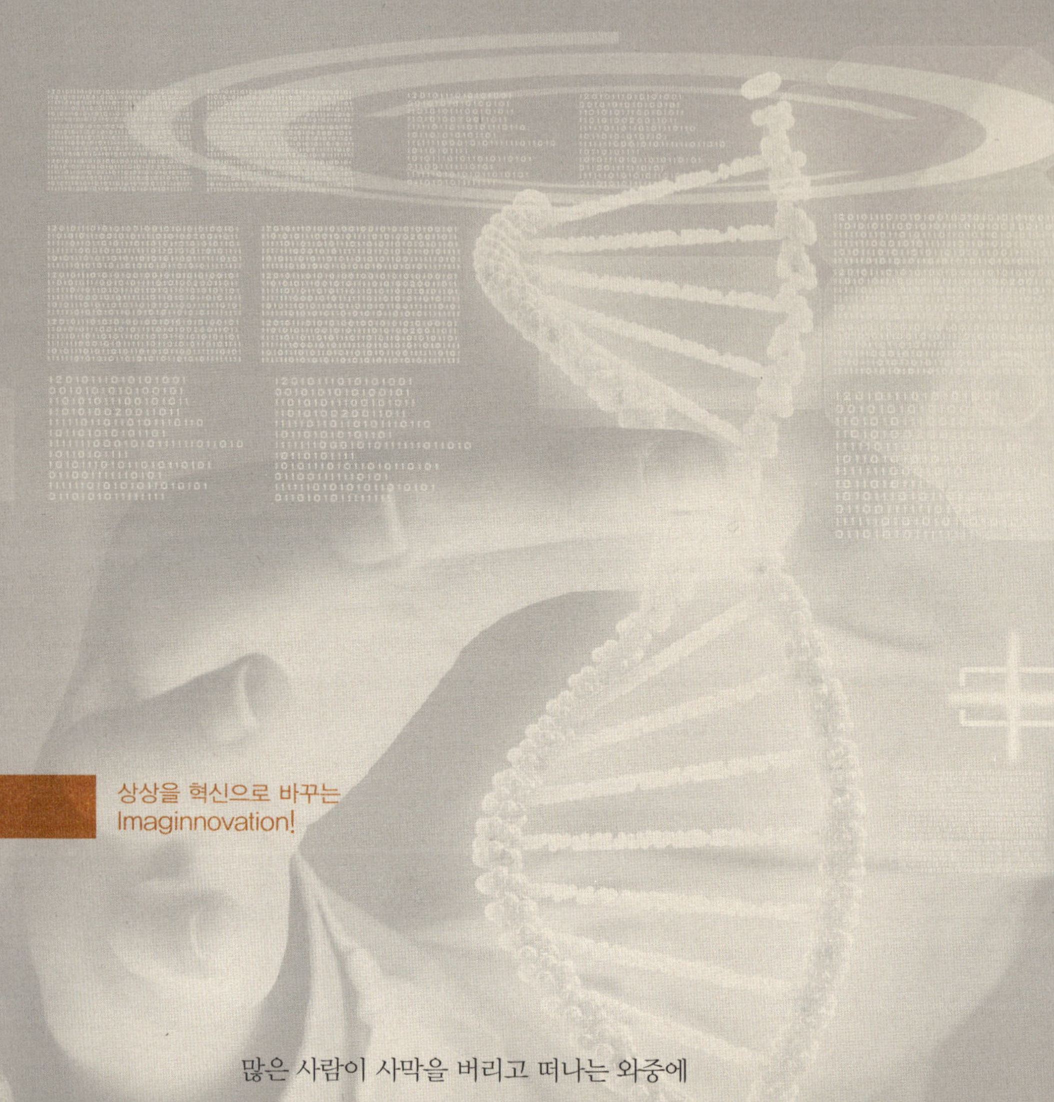

많은 사람이 사막을 버리고 떠나는 와중에
"사막이 이스라엘을 먹여 살린다."고 주장하는 그들이야말로
도발적인 상상력의 소유자임에 틀림없다.
그들은 이미 가 본 길이 아닌 미지의 길을 택한다.

하이테크를 경작하는
디지털 토양

21세기 벽두에 들어서면서부터 세계경제는 지금까지와는 매우 다르면서도 잘 드러나지 않는 새로운 변화의 조짐을 보이고 있다. 과거 인간의 육체에 의해 움직이던 산업경제가 이제는 머리로 움직이는 지식 기반의 창조경제로 점차 변해 가면서 그간 경험하지 못했던 일들이 일어나기 시작한 것이다. 그 한 예로 전화기를 최초로 발명하고 노벨상 수상자를 13명이나 배출한 벨연구소를 거느렸던 AT&T가 2006년 미국의 조그마한 지역 전화 회사에 흡수합병을 당했다. 또 소니, 코닥 등 비슷한 규모의 수많은 회사들이 벼랑 끝에서 겨우 명맥을 유지하고 있다.

지금은 5퍼센트대로 감소했으나 경제위기 이후 한때 미국의 실업률은 10퍼센트 수준에 이르렀다. 이는 1920년대 미국 경제공황 이후 가장 높은 수준이었다. 비록 세계 여러 나라에서 미미하게나마 경제가 성장하고 있다고는 하나 실업률은 오히려 늘고 있고, 급기야 자본주의의 위기를 걱정해야 할 상황까지 내몰리고 있다. 전 세계적으로 청년 실업률은 다른 연령층에 비해 최고조에 달했고, 경제에 낀 거품이 언제 터질지 모른다는 위기감도 고조되는 실정이다. 한곳에서 터지기 시작한 거품은 연쇄 폭발할 가능성이 크다. 유럽 재정 적자에서 예상되는 모라토리움 선언은 전 세계를 긴장시키고 있다.

창조적 가치 창출을 통해 부가가치가 샘물처럼 솟아야 하는데 가치 창출과는 상관없는 투기만 계속된다. 자본이 제자리에서 맴돌며 자기복제와 근친교배만 반복하다 보니 거품만 쌓이는 것이다. 많은 은행이 파산하고 금융자산이 폭락하리라는 우려를 확인시켜 준 사건이 바로 2008년 리만브라더스 파산이었다.

저임금 사회처럼 손발이 중심이 되어 움직이는 산업경제의 토양과 머리로 움직이는 창조경제의 토양은 근본적으로 다르다. 창조경제의 근간이 되는 하이테크는 논밭이 아닌 디지털 토양에서 자란다.

우리나라는 오바마 미국 대통령이 연설할 때마다 자주 인용하는 나라 중 하나다. CNN에서는 시청자 퀴즈로 "한국 가정의 인터넷 평균 속도는 미국 가정의 몇 배일까요?"라는 질문을 내보낸 후 뉴스 말미에 답을 공개했다(답은 400배였다). 미국에서 세계 최고의 인터넷 인프라와 교육열 그리고 창의성을 배우자고 언급할 때마다 우리나라를 예로 드는데 정작 우리는 어리둥절해하면서도 그런 발언이 있었다며 잠깐 보도하는 정도에서만 그친다.

그렇다면 세계에서 최고로 비옥한 디지털 토양을 갖춘 우리나라에서 하이테크는 잘 자라고 있는가? 최고의 인프라 위에서 우리 젊은이들은 경쟁력 있게 성장하고 있는가? 왜 일자리에서 소외되고 있는가? 우리 경제 시스템의 무엇이 문제인가?

세계에서 가장 창의적인 두뇌를 가진 민족임과 동시에 세계에서 가장 비옥한 디지털 토양이라는 필요충분조건을 갖춘 우리에게 21세기는 분명 축복의 시간이어야 한다. 그러나 오늘날 우리의 현실은 젊은이들에게 희망보다는 절망을 느끼게 하고 성취의 기회도 그다지 주어지지 않고 있음은 아이러니하다.

우리보다 훨씬 열악한 환경을 가졌지만 특유의 후츠파 정신(유대인의 창조 정신)을 바탕으로 21세기 창업국가라는 경제 기적을 일군 이스라엘로 답을 찾아 떠나 보자.

이스라엘은 1948년에 독립하여 남한 면적의 5분의 1에 불과한 사막에 자리잡고 있다. 하지만 세계 인구의 0.1퍼센트에 불과한 작은 나라에서 유럽 전체를 합한 것보다 더 많은 창업을 하고, 미국 나스닥 시장에서 미국을 제외한 세계 상장기업 40퍼센트를 차지하고 있다.

서울대학교의 절반밖에 안 되는 히브리대학에서만 1년에 특허료로 수천억을 벌어들이고 있다. 전 세계에서 이스라엘 최고 기초과학연구소인 바이츠만연구소의 특허를 이용하여 사업을 하는 기업이 1년간 벌어들이는 총 매출액은 우리 화폐로 환산하면 200조 원에 이른다.

끊임없이 샘솟는 창업, 거품이 없는 창업경제를 바탕으로 2008년 세계경제위기 이후 단 한 개의 은행도 문을 닫지 않은 유일한 나라, 이스라엘의 비결은 무엇일까?

대다수의 사람들은 다음과 같은 선입견에 사로잡혀 정작 중요한 요인을 간과하고 지나가는 경향이 있다.

'세계 인구의 0.2퍼센트에 불과한 유대인들이(이스라엘 국내외 총 1,500만 명) 노벨상의 22퍼센트를 차지하니 그들은 분명 영리할 것이다. 극성스런 부모의 교육열로 인해 아이들을 혹사시키며 다그치는 엄한 가정이 대부분일 것이다. 2000년간 떠돌면서도 유일신을 지켜 낸 종교적 힘이 클 것이다.'

물론 이러한 사실은 분명 필요 조건이라고 여겨져 왔다. 그러나 그것들이 충분조건은 아님을 이 책을 통해서 발견할 수 있을 것이다. 유대인의 세계에서만 은밀히 통용되는 그들의 캐릭터(국민성)이면서 비밀스런 단어 '후츠파'가 드디어 알려졌기 때문이다.

우리가 이 단어의 의미를 유대인에게 물어본다면, 그들은 마치 외국인이 우리에게 "빨리빨리가 뭐예요?"라고 물어볼 때의 당혹감을 느낄 것이다. 굳이 한마디로 표현한다면 '뻔뻔스럽고 당돌함' 정도로 표현되겠지만, 이 단어가 함축하고 있는 의미는 훨씬 넓고 깊다.

유대인이 가진 창조 정신의 충분조건에 해당하는 후츠파를 찾는 여행을 이 책과 더불어 함께 떠나고자 한다. 세계 최초로 고고학적 언어의 의미를 발굴한다는 점이 바로 이 책이 갖는 의미가 아닐까 한다.

새로운 창조의 길을 갈망하는 여러분을 이 여행에 초대하고자 한다.

여기에 참여할 수 있는 여행객은 새로운 사업을 구상하는 기업인, 일자리를 구하기 위해 애쓰는 청년, 대학을 준비하며 미래를 설계하는 학생, 창업경제를 지향하는 국가 지도자를 포함해 아이의 미래를 걱정하는 학부모, 선생님 등 모두에게 열려 있다.

이 책은 네 부분으로 구성되어 있다.

첫째는 상상력의 가치를 살펴보는 영역이다. 상상력이 상상에서 그치지 않고 도전을 통해 필연적으로 혁신에 이르렀을 때 창조경제의 메커니즘이 작동한다. 이 관점에서 상상력은 모든 가치 창출의 시작점이며 가장 강조되어야 할 부분이다.

둘째는 상상력을 통해 이룬 이스라엘의 경제 기적을 다룬 책『창업국가』의 저자들과 함께 그들의 국민성을 의미하는 후츠파 정신을 찾아 고고학적 탐사 현장으로 안내하는 부분이다. 후츠파를 프리즘에 대고 비춰 보면 무지개 빛과 같은 7가지 요소로 나뉜다. 이 7가지 요소를 통해 그들만의 창조 정신, 창의력, 창업 의지를 우리의 문화, 교육 현실, 사회제도와 실감나게 대비해 볼 것이다. 상당 부분은『창업국가』의 저자인 사울 싱어(미국에서 태어나 이스라엘에 거주)와 댄 세노르(이스라엘에서 태어나 미국에 거주)의 경험과 체험에 근거한 사실적 내용을 담고 있다.

세 번째 부분에서는 저자와 함께 이스라엘을 여행하며 많은 지도자, 기업인, 교수, 학생들을 만나 볼 것이다. 또 창업이 활발히 이루어지고 있는 생생한 현장도 살펴볼 것이다. 후츠파 정신의 7가지 요소가 실제로 현장에서 어떻게 적용되고 있는지, 그들의 일상생활에 녹아 있는 후츠파 정신은 어떤 모습인지, 그들의 교육과 일상생활 그리고 경제 활동에서 창조 정신을 어떻게 응용하고 있는지 등을 확인할 것이다. 독자 여러분은 비자 발급의 번거로움 없이 편안하게 이스라엘의 리더들을 만나볼 수 있을 것이다.

네 번째 부분은 이스라엘 창의교육 현장을 수십 년째 지켜온 창의교육의 대가 헤츠키 아리엘리의 『유대인의 성공코드 엑설런스Excellence』에서 언급된 10가지 요소를 소개하는 내용으로 구성되어 있다. 그는 유대인의 성공 요소가 창의성이 좋은 머리에서 나올 것이라는 편견을 무너뜨리고 오랜 연구 끝에 숨겨진 10가지 노하우를 소개한 바 있다. 이번에 이 책에 싣도록 허용해 주어 소개할 수 있게 된 것을 감사히 생각한다.

개업開業이 아니라
창업創業 경제

두뇌에 의존하는 창의경제는 산업경제와 다르다. 산업경제가 1만 명이 모여서 1만이라는 가치를 만들고 그것을 서로 1씩 나누는 경제라면, 창업경제는 100명이 모여서 1만이라는 가치를 만들고 각자 100씩 나누어 갖는 경제다. 상대적으로 9,900명에게는 참여나 분배의 기회가 주어지지 않는 것이다. 빈부 격차가 시간이 갈수록 커질 수밖에 없는 구조다.

이런 경제에서 생존하기 위한 전략은 끊임없는 창업이다. 이른바 레드오션에서 빨리 탈출하여 끊임없이 블루오션으로 나아가는 경제가 창업경제다. 창업경제의 의미를 좀 더 명확히 이해하려면 영어로 표현하면 된다. 창업경제Economy of Business Creation는 세상에 없는 일거리를 만들어 낸다는 의미로서의 창업을 의미한다. 옆집에 잘되는 음식점을 모방하여 개업Business Opening하는 것이 아니다.

끊임없이 창업Business Creation을 통해서 일거리가 제공되지 못하면 악순환의 고리에 빠질 수밖에 없는 것이 21세기 지식경제형 일자리 문제의 속성이다. 미국의 지난 20년간 통계에 의하면 기업의 나이가 5년 이상이 되면 고용을 줄인다고 한다.

경제의 파이와 일자리 모두를 늘리기 위해서는 '창조경제'가 국가 경영의 중심에 우뚝 서야 한다. 창조경제는 곧 상상력과 과학기술에서 비롯된다. 모든 정부는 창조경제를 지향하는 21세기형 창의국가 경영을 통해 경제 위기의 해법을 찾아야 할 것이다.

신흥개도국으로 불리는 브라질, 러시아, 인도, 중국을 살펴보면 이 국가들이 세계 산업 기지가 되었음을 쉽게 알 수 있다. 의식주와 관련된 모든 상품의 생산기지가 이들 신흥개도국으로 몰리고 있고, 이들의 노동력으로 움직이는 경제가 생산경제의 대부분을 차지하고 있다. 이 국가들의 산업경제는 노동력이 부지런히, 많이 움직이는 만큼 생산이 늘고 효율성도 높아질 것이다.

반면에 두뇌로 움직이는 지식산업에서는 근면, 자조, 협동과 같은 요소가 반드시 창조적 효율성에 기여하지는 않는다. 세상에 없는 것을 끊임없이 만들어 냄으로써 창조성은 결실을 맺는다. 창조성이 곧 성장을 의미하는 것이다. 경제 파이의 성장은 곧 창조성의 확대에서 기인한다.

이스라엘은 이미 1990년부터 창업국가를 지향하는 국가경제 지표를 만들어 실천해 왔고, 그 성과가 21세기에 눈부시게 나타나고 있다. 정부는 20대 청년들의 두뇌가 곧 창조력의 원천이라는 생각으로 벤처 활성화 정책을 실시, 청년들의 눈을 번쩍 띄게 할 펀드를 만들었다. 누구든 좋은 아이디어만 있으면 정부가 70퍼센트의 자금을 대 주고 본인이 30퍼센트만 투자를 끌어 오면 당장 사업이 가능하도록 하는 '요즈마'라는 벤처 투자펀드를 만들었다. 창업에 성공할 경우 정부 지분 70퍼센트 전액을 원가로 창업자가 매입할 수 있도록 했고 실패 시에는 책임을 묻지 않는다. 이 펀드 설립을 계기로 청년의 창업 열기가 불같이 타올랐다. 그동안 의사, 변호사를 선호하던 사회 분위기도 일시에 창업으로 돌아섰다.

초기에 약 500억 원 규모로 출발한 요즈마펀드의 도움을 받은 몇 개의 벤처가 대박을 터트리며 미국 나스닥 시장과 인수합병 시장의 뜨거운 감자로 떠올랐다. 전자 상거래의 정확성과 효율성 그리고 보안성을 모두 담보하는 페이팔Paypal이라는 벤처는 당시 최고의 성장을 자랑하던 이베이E-bay에 약 2조 원에 인수합병되었다. 또 인터넷 보안 솔루션으로 출발한 체크포인트Checkpoint는 세계적인 기업이 되어 미국 나스닥에 안착하였다.

이스라엘 정부는 이에 고무되어 정부 펀드를 확장하여 15개 국가와 국가 대 국가G2G 펀드를 만들어 청년들의 창업을 부추겼다. 특히 미국 유대계 청년들이 동조하면서 미국 정부와의 양자 간 상호투자BIRD 프로그램이 2조 원 규모로 결성되었고 수많은 기업이 이 펀드를 통해 실리콘밸리에 안착하였다.

페이팔 창업자 9명은 이 회사를 매각하여 확보한 2조 원의 자금으로 다시 벤처를 일구거나 미국 등 새로운 시장에 투자를 했다. 그들이 투자한 2조 원의 자금은 곧 20조 원으로 늘어나게 되었고 50퍼센트에 해당하는 10조 원이 이스라엘에게 벤처 자금VC: Venture Capital으로 되돌아왔다. 마치 어린 연어가 태평양을 떠돌다가 성어가 되면 산란을 위해 태어난 곳으로 회귀하는 것과 같은 이치다. 이들은 전 세계 대상의 투자를 계속 이어가면서 성공하면 50퍼센트를 VC로 이스라엘에 재투자할 생각을 가지고 있다고 한다. 이스라엘 국민들은 이 같은 모델을 좋은 의미에서 '페이팔 마피아'라고 부른다. 이 밖에도 '체크포인트 마피아', '피탕고 마피아'와 같은 수많은 VC들이 이스라엘을 가득 채우고도 넘치는 상황에 이르렀다.

우리가 90년대 후반부터 국민의 세금으로 벤처를 육성할 때 이스라엘은 단 한 번의 정부 펀드로 성공 모델을 일구어 냈다. 또 이들로 하여금 다시 민간 펀드를 육성하게 하는 펀드 마피아의 생태계를 만들어 냈다. 민간 펀드는 민간 경영기법으로 운영되어 최대한의 효율성과 자율성을 바탕으로 급성장의 소용돌이를 만들어 내고 있다. 지금 이스라엘에서는 200개의 VC들이 50조 원 규모의 펀드를 운영하며 아이디어 넘치는 젊은이들을 한없이 끌어모으고 있다.

이스라엘은 더 이상 아이디어는 있는데 자금이 없다는 아우성을 들을 수 없는 나라가 된 지 오래다. 우리나라를 포함한 세계의 많은 나라에서는 아이디어는 없어도 융자는 있다고 하는데 이스라엘만큼은 아이디어만 있다면 투자는 얼마든지 받을 수 있는 벤처 창업국가가 된 것이다. 우리나라의 젊은이들이 한국에서 창업에 성공했다면 분명 이스라엘 젊은이들에 비해서 100배의 경쟁력이 있을 것이라 생각한다. 우리 젊은이

들은 이스라엘 청년에 비해서 100분의 1밖에 되지 않는 척박한 투자 환
경에서 자랐기 때문이다.

인구 750만의 이스라엘이 어떻게 정부 예산만으로 50조 원이나 되는
벤처 투자금을 지원할 수 있겠는가? 정부 지원을 자연스럽게 민간으로
전이되게 하는 그들의 지혜, 이것이 자원이 없는 나라의 국가 경영이 아
닐까 생각한다.

끊임없는 파이 창조를 지향하는 창조경제는 블루오션의 연속일 수밖
에 없다. 아직 경쟁자가 없는 블루오션은 혼자서 마음껏 뛰놀 수 있는
공간이다. 혼자서 모든 영역을 지배하다 어느새 경쟁이 심한 레드오션
으로 바뀌면 그때 다시 새로운 블루오션을 만들어 내는 이스라엘만의
창조경제는 분명 지식경제가 나아가야 할 길을 제시하고 그 해답을 알
려 주고 있다.

이제 세계는 근면, 자조, 협동을 통하여 게으른 손발을 부지런한 손
발로 만들어 일구는 산업경제를 지나 게으른 두뇌를 창조적 두뇌로 바
꾸는 상상, 도전, 혁신을 향해 가고 있다. 자원 없는 나라의 국가 경영
본질을 잘 보여 주는 이스라엘식 창조경제는 적어도 다음 10년 동안 국
가 경영의 중요한 열쇠가 될 것이다.

사막에서도 물고기를 기른다!

이스라엘의 페레스 대통령은 "농업도 과
학이다."라고 『창업국가』에서 밝히고 있다. 이미 1960년대에 세계 최고

의 농업국가를 이룩한 이스라엘의 연평균 강우량은 400밀리미터에 불과하다. 이스라엘에서는 농사를 짓는 데 필요한 물의 70퍼센트를 갈릴리호수에서 끌어온다. 이 갈릴리호수는 요르단강이 흘러 해저 221미터에 이르러 형성된 호수다. 다시 말해 해수면보다도 221미터 낮은 곳에서 물을 끌어올려야 비로소 농사를 지을 수 있는 것이다. 세계 최고 수준의 수자원 관리 능력을 갖추지 않으면 생존하기 어려운 열악한 환경이다. 그런데 바로 이 점이 이스라엘을 세계 최고의 과학 농업국으로 만들었다.

물이 필요할 때마다 지하 221미터에 자리잡은 낮은 호수에서 물을 길어 올릴 수는 없다. 더군다나 수도 예루살렘은 해발 800미터를 넘나드는 고원지대에 위치하고 있다. 따라서 사막을 헤치고 암반층을 찾아 거기에 물을 가두어 두고 필요할 때마다 사용할 수밖에 없다. 게다가 사막은 농사 짓기에는 워낙 척박한 땅이기 때문에 물고기를 기르고 그 배설물을 섞어 유기 농사를 짓는 방법 외에 대안이 없었다. 안타깝게도 이스라엘의 땅은 이마저 쉽게 허락하지 않았다. 물을 가두어 두자 수온이 섭씨 36도까지 올라가고 염도가 바닷물과 민물의 중간 정도로 유지되었던 것이다. 여기에서 살기 적합한 물고기는 없었다. 척박한 사막은 소출을 거의 내 주지 않았다.

이때 이들이 잉어를 개량해 만든 물고기가 바로 우리가 70~80년대에 많이 먹었던 향어다. 당시 한국에서는 그 향어라는 물고기를 '이스라엘 잉어'라고 부르기도 하였다. 향어는 사막에 가둬 둔 물에서도 살 수 있도록 품종을 개량한 특별한 물고기였고 이것이 인도양을 건너 우리 식탁까지 올랐던 것이다. 이처럼 이스라엘은 사막이라는 한계를 한

탄하고 거기에 순응해 버리기보다는 과학기술로 극복하는 쪽을 택한 것이다.

이 사례에서 알 수 있는 이스라엘 사람들의 창의력은 어디서 나오는 것일까? 그들은 불만족스러워했다. 이 불만족은 좋은 의미의 불만족이다. 만족하는 법이 없다. 사막에 순응하며 열악하게 살아가는 베두인의 치열한 삶을 많은 여행 프로그램에서 다룬 바 있다. 침낭 하나에 의지해 하늘의 별빛을 바라보며 잠을 청하는 낭만을 미화하는 그 순간에도 이스라엘의 젊은이들은 사막에 물고기를 기른다는 아이디어로 세계에서 가장 과학적인 농사법을 개발한 것이다. 물이 아닌 사막에 물고기를 기르겠다는 뻔뻔할 정도의 엉뚱한 생각, 그것이 유대인 후츠파 정신의 한 단면이다.

이 물고기를 개량해 낸 회사는 집단농장의 하나인 키부츠 '하체림'에서 육성한 '네타핌'이다. 네타핌은 히브리어로 '물방울'을 뜻한다. 네타핌은 내친 김에 세계 최고의 물 관리 기술 회사로 발돋움하겠다는 비전을 세웠다. 일찌감치 60년대 말에 벤처회사로 설립된 네타핌의 목표는 세계의 어느 회사보다도 적은 양의 물을 사용해 최대의 생산량을 산출하는 기술의 개발이었다. 이는 중동, 아프리카의 수많은 물 부족 국가가 숙명이라 여겨온 자연의 섭리를 과학기술로 극복하겠다는 의지의 선언이다. 신이 지구를 만들었다면 그것을 더 낫게 만드는 것은 인간의 몫이라는 그들의 생각이 세계 어느 나라도 감히 꿈꾸지 못했던 도전을 누구보다도 먼저 시도하게 만든 것이다.

네타핌은 스프링클러를 통해 물을 공중으로 분사하는 기존의 관개 방식에서는 상당 부분의 물이 증발되어 효율이 좋지 않다고 여겼다. 네타핌은 대신 파이프라인에 일정한 간격으로 작은 구멍을 내고 땅에 묻어 물방울을 직접 뿌리로 공급하는 점적 관개기술 또는 방울물주기를 개발하기로 하였다. 그러나 이 방식은 파이프 입구는 압력이 세서 많은 물이 새어 나오지만, 끝 부분은 압력이 낮아 거의 물이 나오지 않는 단점이 있었다.

여기에 굴하지 않고 네타핌의 개발자들은 손톱만 한 멤브레인(삼투막)을 개발하여 파이프 구멍마다 부착하였다. 이 멤브레인은 삼투압의 원리를 이용한 것으로 파이프의 수압과는 전혀 무관하게 일정한 양의 물을 공급하는 방식인데, 결과는 성공적이었다. 이 방식을 통해 물 이용률을 99퍼센트까지 끌어올릴 수 있었다. 이스라엘과 종교적인 이유로 외교관계를 맺기 껄끄러워 하던 아프리카의 여러 나라가 이 기술이 탐나서 외교관계를 맺을 정도로, 네타핌의 물 공급 기술은 혁신적이었다.

현재 네타핌은 하체림이라는 조그마한 키부츠에서 만들어 낸 거대한 글로벌 회사가 되었다. 오늘날 네타핌의 기술은 물 공급에 그치지 않고 정해진 시간에 비료나 제초제를 공급하는 컴퓨팅 농법에까지 뻗어 나가 거대한 농장을 무인으로 운영하는 체제 완성에 큰 공을 세웠다. 네타핌은 40퍼센트만의 물로 50퍼센트의 생산성을 높이는 최고의 과학기술 농업을 구현한 것이다.

키부츠가 협동농장이라고?

집단농장인 키부츠는 정착 인구의 수가 줄어들고 있어 쇠락하는 중이라고들 한다. 키부츠가 농업을 기반으로 하고 있기는 하지만 인구 감소로 쇠퇴하고 있다는 건 사실이 아니다. 오히려 키부츠는 과학과 농업을 결합하는 21세기 농업 혁신의 산실로 바뀌고 있다.

1926년에 개설된 농산물 판매협동조합 트누바 키부츠는 현재 이스라엘 전역으로 판매망을 확장하여 지금은 농산물의 90퍼센트를 유통 처리하는 거대 물류회사로 성장하였다. 또 1953년에 문을 연 화훼농장 키부츠인 단지거는 이제 이스라엘 최고의 바이오 육종 산업기지로 자리매김했다. 바르탈 키부츠는 세계 최고의 카네이션 육종을, 메이르 키부츠는 최고의 향기를 자랑하는 장미를, 아라바 키부츠는 안개꽃을 개발하였다. 그밖에도 사료산업을 장악한 밀로트 키부츠, 낙농 자동화 설비 산업을 일군 볼카니 연구소를 산하에 둔 밀루바 키부츠는 이미 세계적인 기업으로 변신하였다. 21세기까지 그저 농사만 짓는 예전의 키부츠가 아닌 것이다. 비록 이들의 출발은 농업에 기반한 협동생산이었을지라도, 그들의 상상력은 이미 농업 그 이상을 지향하고 있다.

신이 자원은 앗아갔으되 지혜를 주었다고 생각하는 그들에게 연간 강수량 30밀리미터의 네게브사막조차 더 이상 공포의 대상일 수 없다. 물방울을 뿌리에다 직접 흘리는 드립이리게이션(방울 물주기)은 효율성 99퍼센트를 가능하게 했다. 땅의 표면에는 아예 수분을 공급하지 않게 하여 잡초가 원천적으로 자라지 못하게 하는 기술도 있다. 또 사막에 만든 인공호수의 증발조차도 완전히 차단하는 특수 천도 개발하였다. 염분이 많은 사막에서도 재배할 수 있는 방울토마토가 개발되었고, 방충제를 전혀 사용하지 않고 천적을 이용하여 해충을 박멸하는 자연 친화적 농법도 개발하였다.

새로운 개발은 낙농업으로도 이어졌다. 목초가 부족한 사막에서 우유를 생산하기 위해서는 소의 운동량을 최소화하면서 우유 생산을 늘리는 방법밖에 없었다. 키부츠의 연구원들은 소의 목과 다리에 센서를 부착하여 운동량을 측정했으며, 이 통계를 바탕으로 소의 이동 경로에 목장의 구조를 최적화하였다. 이곳의 젖소는 1년에 한 마리당 12,000리터의 우유를 생산하기에 이르렀다. 여기에서 생산되는 아피밀크는 세계 최고의 낙농국가인 덴마크, 뉴질랜드의 생산량(약 9,000리터)보다도 무려 33퍼센트나 더 많다. 세계 최고의 국제농업박람회가 비옥한 아르헨티나나 호주 대신 사막으로 뒤덮인 이스라엘에서 열린 것도 다 이런 이유 때문이다.

많은 나라가 사막을 버리고 떠나는 와중에 "사막이 이스라엘을 먹여 살린다."고 주장하는 그들은 뻔뻔스러우면서도 도발적인 상상력의 소유자임에 틀림없다. 그들은 불가능이란 없다는 가정하에서, 무에서 유를 창조하는 과정에 익숙하다. 이를 위해 이미 가 본 길이 아닌 미지의 길을 택한다.

젊은 두뇌가 곧 경제, 엘리트 부대를 육성하라!

사해에서 나오는 광물을 제외하곤 자원이라고는 전무한 이스라엘의 경제는 95퍼센트가 두뇌에 의존하는 창조경제일 수밖에 없다. 따라서 국민, 정부 모두가 지식을 창출하는 두뇌의 가치를 다른 무엇보다도 중요하게 여기는 것은 당연할 것이다.

아이의 적성을 정확히 알아 내어 두뇌의 효율성을 극대화하는 것은 필수 불가결하다. 세상에 없는 것을 만들어 내는 블루오션의 개척자들은 똑같은 답변을 앵무새처럼 읊조리는 교육을 용납하지 못한다. 고교 졸업생의 90퍼센트가 곧바로 군에 입대해야 하지만 20대 초반의 반짝거리는 두뇌를 국방의 의무 때문에 방치할 수 없다고 여긴다.

가지고 있는 자원의 전부가 두뇌인데 이를 효율적으로 활용하고 녹슬지 않게 관리하는 것은 당연히 국가 경영 차원에서 중요할 수밖에 없다. 이스라엘 국방부인 IDF의 입장만 고려한다면 젊은이들을 모두 막강한 전투부대로 운영하는 게 맞겠지만 만약 군 복무 기간 동안 두뇌가 녹슬어 버린다면 미래 이스라엘의 국가 경영은 무엇에 의존할 수 있겠는가? 경제부, 과학부, 노동부, 국방부 모두가 머리를 맞대고 이 문제를 논의한 끝에 엘리트 부대를 육성하는 방안을 내놓게 되었다. 학생들은 국방 의무 기간 중에도 자기의 적성과 역량에 따라 맞춤형 엘리트 부대로 배속되어 두뇌자원을 갈고 닦는 기회를 갖게 된다.

탈피오트부대의 경우 군 입대 후 3년 만에 대학 교육을 이수하고 그 후 6년간 국방과학연구소에서 국방 관련 연구에 매진할 수 있도록 한다. 물론 연구소에서 일한 지 3년이 지나면 일반 기업과 같은 수준의 급여와 자율성, 창의성을 보장해 준다. 사이버 보안부대인 8200부대는 전국의 수학 영재를 대상으로 병력을 선발한다. 입대 후 기초 군사훈련을 마치면 인터넷 보안을 중심으로 한 사이버 군대의 지휘 체계를 통해 최소의 병력으로 최대의 무력을 구사하는 솔루션을 구현하고 있다.

이런 식으로 만들어 낸 국방 기술은 제대 후 민간 산업으로 전수되어 경제적 부가가치를 재생산한다. 이스라엘의 국방비 부담은 GDP의 9퍼센트 수준이지만, 국가 방위를 위해 군대에서 개발한 기술이 산업으로 연결되어 유발되는 후방효과는 GDP의 6퍼센트에 이르고 있다고 한다. 산술적으로만 본다면 GDP의 3퍼센트만이 국방에 지출되는 셈이다. 이것이 바로 자원이 없는 나라의 국가 경영 방식의 단적인 예다.

기븐이미징이라는 회사가 만든 필캠이라는 초소형 캡슐 카메라는 미사일을 유도하기 위한 카메라를 초소형으로 개발하였다. 탈피오트부대의 개발 전문가가 제대 후 벤처를 만들고 의학 전문가들과 함께 융합기술을 통한 개선 작업을 거쳐 의료용으로 개선하였다. 필캠은 완두콩만한 캡슐에 담긴 카메라로, 환자가 이를 삼키면 목구멍을 통해 위, 십이지장, 소장, 대장, 직장을 거쳐서 항문으로 나오게 된다. 그동안 매초 8장의 사진이 찍히는데, 이 사진은 벨트에 담긴 메모리 장치에 무선으로 전송되어 저장된다. 이 작은 카메라 안에는 무선 통신기술, 이미지 프로세싱기술, 무선 에너지 전송기술, 진단 센서기술 등 다양한 영역의 기술과 과학이 결합되어 있다.

전 세계 인터넷 보안 기술을 장악하고 있는 체크포인트 솔루션도 군대의 사이버 보안부대에서 연구한 경험이 있는 제대 군인들이 만들었다. 8200부대에서 보안을 위해 만든 인터넷 방화벽을 상용 인터넷에 적용한 것이다. 전 세계 사이버 방화벽 시장을 석권한 이 회사는 아직 상용 인터넷이 본격화되기 전 국방용으로 개발한 기술을 최초로 민간 인터넷에 적용하면서 불과 8년 만에 글로벌 기업으로 발돋움했다.

현재 이스라엘은 전 세계 바이오 헬스케어 관련 벤처기업의 40퍼센트를 배출하고 있으며 이들의 상당수는 국방기술에 뿌리를 두고 있다. 엘리트 부대 출신들은 대부분 제대 후에도 마치 대학 동창처럼 지속적으로 관계를 맺고 지낸다. 어느 대학에 진학하건 어느 직장에서 근무하건 서로 긴밀하게 연락을 취하며 정보를 교류한다.

군대의 역할에는 국방은 물론이고 사회의 직능적 관계를 이어 주는 이스라엘 젊은이들의 허브로서의 기능도 있다. 이들은 20대 초반이라는 어린 나이에 군대에서 수억 원에 해당하는 거대한 장비들을 직접 다루고 정비하고 운영한다. 이 과정에서 다른 나라의 또래 아이들이 경험하기 어려운 수많은 경험과 협력을 통해 지식 자원을 쌓는 것이다.

대개 이스라엘 젊은이들은 제대 후 약 18개월에 걸친 해외여행을 통해 세계시장에 눈을 뜨고 한두 개의 외국어를 습득한다. 충청도만 한 작은 국토에서 750만의 인구가 밀집해 살고 있는 이들의 아이디어는 처음부터 세계를 지향하기 마련이다.

영어는 히브리어와 더불어 기본으로 익히고 그밖에 한두 개의 언어를 부모나 해외여행을 통해 배운 뒤 비로소 대학에 입학한다. 무슨 학과인지도 모르고 자기 점수에 맞춰 대학에 들어간 다른 나라의 아이보다 저만치 앞서 나갈 수밖에 없다.

한국전쟁 이후 국민소득 75달러의 세계 120위 국가이던 우리나라도 경제 개발을 위해 처음으로 생각해 낸 것이 바로 인력수출이었다. 자원은 전무하지만 남아도는 인력을 독일의 광부와 간호사로 파견하는 것에서부터 출발하였다. 베트남 전쟁에도 군대를 보내면서 또 한 번 인력 파견을 선택하게 되었다. 자원이 없는 나라에서 쉽게 택할 수 있는 수단은 인력자원밖에 없었다.

우리나라의 경우는 그나마 인력이 남는 상황이었지만 이스라엘은 그나마도 턱없이 부족했다. 그 때문에 인력수출보다 있는 두뇌를 철저히 계발하고 창의력을 발휘하도록 만드는 외에 다른 선택의 여지가 없었다. 여기서도 역시 부족함이 가져온 도전 정신을 엿볼 수 있다. 미국 나스닥에 상장된 이스라엘 기업은 80개 수준에 이르고 있고 이들 가운데 50퍼센트가 이스라엘 최고의 엘리트 부대인 탈피오트, 8200부대 출신이다. 한창 활발한 젊은 두뇌의 역량을 허비하지 않고 관리한 군대 정책의 성과임을 쉽게 알 수 있다.

바다에서 육지로, 거꾸로 흐르는 강

전 세계의 강은 산에서 발원하여 들판을 적신 후 바다로 흘러들어 간다. 그러나 유일하게 이스라엘의 강물만은 바다에서 발원하여 산으로 올라간다. 연간 평균 강수량 400밀리미터의 사막에서 풍요로움을 기대하는 것은 불가능한 일이다. 2000

년간 흩어져 살던 민족이 찾아온 고향은 이미 낙타나 양밖에는 기를 수 없는 척박하기 그지없는 땅이었다. 척박한 땅은 그저 돈만 있는 자들에게는 아무것도 내주지 않았고 오로지 소박한 마음으로 봉사할 줄 알고 상상하는 자에게만 그 결실을 내주었다.

이스라엘에는 270킬로미터의 해안선이 있었으나 넘실거리는 파도로는 갈증을 풀 길이 없었다. 이스라엘인들은 아예 바닷물을 민물로 바꾸어 버리는 상상을 했다. 적국과의 경계를 관통하는 요르단강이 유일한 수원인 이스라엘은 물에 관한 불안함에서 벗어나기 어려웠다.

요르단강이 잠시 흐름을 멈춘 곳에 갈릴리호수가 있고 호수는 사해로 이어진다. 해수면 221미터 아래에 존재하는 갈릴리호수의 물을 끌어올려야 비로소 식수와 농업용수를 근근히 해결할 수 있는 것이다. 그래서 이스라엘에서는 어른 아이 할 것 없이 현재 갈릴리호수의 수위를 정확히 알고 있다. 우리가 혹독하게 추운 겨울 아침 최저기온을 가끔 확인하는 것과 같이 그들은 매일매일 오늘 아침 갈릴리호수의 수위를 숙지하고 있다. 혹시나 가물거나 오염된다면 치명적이기 때문이다.

이스라엘인들은 수석 과학관실을 중심으로 아예 무한한 바닷물을 민물로 바꾸겠다는 상상을 했다. 물을 끓여서 수증기를 냉각시키면 가능하지만, 물 1리터를 얻기 위해서 석유 2리터를 소모하는 것은 석유가 생산되지 않는 이스라엘로서는 불가능한 방법이었다. 이에 이스라엘인들은 최소의 전기에너지를 이용하여 최대의 담수기능을 구현하는 역삼투압 기술을 개발하고 세계 특허를 장악했다. 이를 통해 이스라엘은 전 세계의 물 부족 국가를 대상으로 특허를 대여하며 지난 30년 동안 30조

원 이상의 로열티를 챙길 수 있었다.

이스라엘은 이 자본을 토대로 270킬로미터에 달하는 해안에 원자력 발전소를 일렬로 짓고 거기에 해수 담수화 플랜테이션을 설치하여 연간 5억 톤의 민물을 생산하기에 이르렀다. 이 규모는 이스라엘 상수도의 90퍼센트에 해당한다. 사용한 물은 하수도로 흘러들어 가는데, 하수의 80퍼센트를 재사용하여 상수의 부족분 10퍼센트와 농업용수의 30퍼센트가 충당된다. 농업용수의 70퍼센트는 갈릴리호수의 물을 끌어올려 사용한다.

이처럼 이들의 상상력은 아예 바닷물을 민물로 바꾸어 육지로 밀어올리는 거꾸로 흐르는 강에 이르렀다. 이것이 바로 '상자 밖의 생각 Thinking out of Box'이다. 이스라엘의 교육이 지향하는 중요한 초점 가운데 하나는 상자 안에서 틀에 박힌 생각만 할 게 아니라 상자 밖으로 나와 보라는 것이다. 석유가 풍족한 나라였다면 이런 방식의 사고가 쉽지는 않았을 것이다. 이스라엘인들의 도전 정신에 한계가 없다고 여겨지는 대목이다. 지금의 역삼투압 기술 수준은 1달러의 전기 에너지로 1톤의 바닷물을 민물로 바꿀 수 있는 정도까지 발전했다.

치료가 아닌 예방하는 병원

세계 각국 정부가 재정 적자에 시달리고 있다. 미국은 물론 일본 등 수많은 선진국과 유럽, 남미의 복지국가도 국가 부도라는 악몽에 시달리고 있다. 이 같은 현상은 향후 경제발전에 어두운 그림자를 드리우고 있다.

미국은 아예 정부를 하나의 기업으로 보고 향후 재무제표를 분석한 자료(USA Inc. 보고서)를 공표하기도 했다. 놀랍게도 정부 부채가 GDP의 107퍼센트 수준에 이르러 빨간불이 켜져 있다. 더 이상 세금을 올리지 못한 채 상태가 지속된다면 결국 2017년에 파산하고 만다는 예측이 나왔다. 이 재정 적자의 주범이 의료복지로 알려졌다.

의료복지 문제는 어느 나라나 공통적으로 안고 있는 재정 부담의 근원이지만 복지의 근간이기도 하다. 복지국가를 지향하는 대다수의 국가들에서 효율적인 의료 체계가 구현되지 않는 한 영원히 재정 적자 문제는 벗어날 수 없는 굴레다.

여기에 착안하여 이스라엘의 젊은이들은 IT와 다양한 융합기술을 통해 원천적으로 인간이 병원에 갈 일이 없도록 하자는 발칙한 발상을 했다. 아프기 전에 미리 병의 원인을 찾아내서 대비하는 예방의료를 구축한다는 엉뚱한 발상이다. 유전자 분석 기능을 통하여 인간의 DNA를 개인별로 분석하여, 언제, 어떤 병에 걸릴 확률이 있는지를 미리 예측하고 대비한다는 개념이다.

이스라엘의 컴퓨젠이란 회사는 이미 이 서비스를 시작하였다. 머리카락을 몇 가닥 보내면 즉시 유전자를 분석하여 '평생 건강 예측도'를 만들고 이에 따라 미리 대비해야 할 의료검사 일정표를 보내 준다. 마치 아이가 태어나면 예방접종 순서가 나오듯이 유전자 분석 결과에 따라 미리 준비하여 예방할 질병과 유전적 취약점이 일목요연하게 제시되는 것이다.

예를 들어 향후 간 질환이 의심되는 사람이라면 2017년 6월에 간 질환 예방 진단을, 2020년에 환갑을 맞는 중년 부인이라면 2018년에 미리 유방암 검진을 권하는 방식이다. 이제 병원은 불의의 사고로 입원한 응급환자를 위한 곳이 되거나 건강예방 센터로 바뀔 것이다. 병상 수가 줄고 의사와 간호사들은 치료가 아닌 예방을 위해 존재하게 될 것이다. 예측된 환자들은 조기에 조치를 취함으로써 의료복지 체계 유지 부담이 획기적으로 경감되리라 예상할 수 있다. 이를 통해 전 세계 국가들은 의료복지의 부담에서 벗어날 수 있게 되고, 더불어 재무 건전성에 획기적인 전환점을 맞게 되는 것이다.

이 같은 새로운 패러다임은 의사들만의 노력으로는 불가능하다. IT와 바이오, 나노를 포함한 학제 간 교류와 통섭을 통해서만이 가능한 일이다. 우리나라의 KAIST와 같은 이스라엘의 테크니온공대는 이미 이공계뿐만 아니라 의학, 약학대학을 설립하여 학문 간 융합 프로그램을 운영하고 있다. 현재 전 세계 바이오, 헬스, 제약 기술을 바탕으로 한 벤처기업의 40퍼센트는 이 대학 출신이 만든 것이다. 90년대 후반 IT벤처가 전 세계를 주름잡던 시절 이스라엘의 젊은이들은 IT 분야를 휩쓸었는데 지금은 의료, 건강, 제약 관련 창업의 트렌드를 만들어 가고 있다.

테크니온공대의 총장과 인터뷰하면서 이공계 학과를 나온 우수한 한국 학생들이 의학전문대학에 진학하는 문제를 거론했는데 뜻밖에도 총장은 의학박사 출신이었다. 그는 의학과 공학을 동시에 섭렵하는 것이 뭐가 나쁘냐며 오히려 질문 자체를 의아해했다.

이스라엘의 의대생들은 6년간 의학 공부를 마치고 난 뒤에 의사가 되는 경우가 드물다. 보통 7~9년간 공부하며 의학 외에 한두 가지의 공학 과목을 전공하는 것이 보통이다. 따라서 이스라엘의 의사는 의사임과 동시에 물리학자, 전자공학자, 재료공학자들인 경우가 많다. 때로는 도중에 아예 공학도로서의 길을 가는 경우도 많다고 한다.

이 같은 학문 간 통섭을 통해 이스라엘은 미국의 30분의 1밖에 안 되는 의과대학을 가지고 세계 의료장비 시장을 선도하는 창업벤처를 가장 많이 배출하고 있다. 우리나라가 한때 세계 최강자의 위치에 있었던 IT산업은 이제 모든 산업에 필요한 비타민 같은 존재가 되어 가고 있다. 비타민은 없어도 죽지는 않으나 있으면 효율성을 높여 주는 보조제다. 피곤한 몸에 비타민C가 투여되면 몸이 활기차지고 침침한 눈에 비타민A를 공급하면 눈이 밝아지듯이, 모든 산업에 IT라는 비타민이 투여되면서 재래식 산업이 갑자기 지능화되고 효율성이 높아지는 것이다. 예를 들어 조선산업에 IT기술이 접목되면 십여 명의 선원만으로도 30만 톤급 선박을 운항할 수 있는 것이다.

상상력과 혁신
그리고 창조경제

자원이 없는 나라, 기업, 개인은 자원이 풍족한 자들과 경영 방식이 확연히 달라야 한다. 물질적인 빈곤은 우리를 힘들고 지치게 만들었다. 작은 국토, 높은 인구밀도, 빈약한 자원은 국가와 국민에게 숙명적 절망을 안겨 주는 악순환으로 이어지게 마련이다. 그래도 역사적으로 살펴보면 어떤 국가나 기업은 도전을 통해 핸디캡을 혁신으로 넘어서서 발전으로 연결시키는 경우도 종종 있어 왔다. '개천에서 용 난다.'라는 속담처럼, 또 영국의 역사학자 아놀드 토인비가 설파했던 창조적 소수에 의한 '도전과 응전'처럼, 일말의 가능성은 자원 없는 나라의 국민에게 용기와 희망이 되곤 했다.

오히려 부족함이 가져다주는 힘의 위대함을 입증하는 사례가 우리에게 용기가 되고 있다. 21세기 치열한 경쟁의 시대에 우리 젊은이들이 아프다고 누워 있지만 않고 벌떡 일어서게 하는 큰 힘이 되는 것이다.

우리나라가 식민통치와 한국전쟁이라는 상처에도 일어설 수 있었던 것은 세계 역사상 두고두고 연구의 대상이 되어 왔고, 앞으로도 또 계속될 것이다. 세계 빈곤 국가, 대한민국이 어떻게 50년 만에 세계 7위의 경제 대국이 되었는지는 이스라엘이 건국 50년 만에 세계 최고의 창업국가로 자리매김한 것과 더불어 반드시 짚고 넘어가야 할 주제다.

대한민국과 이스라엘은 모두 항상 부족함에 시달리고 끊임없이 적의 위협에 노출되어 발 뻗고 편하게 잠 잘 수 없는 나라다. 그러나 당장 굶더라도 아이들 교육만큼은 포기하지 않았다. 비록 물적 자원은 없을지라도 인적자원은 우수한 나라라는 희망 하나로 도전하는 힘을 충전할 수 있었다.

두 나라의 공통점은 오로지 인간을 자원으로 삼아 혁신을 이룩했다는 점이다. 21세기는 부족함이 오히려 축복이 되는 새로운 시대임을 깨달아야 한다. 주저함 없이 도전하는 자에게 혁신적 보답이 주어지는 사회로 진입해 가고 있다.

인적자원에는 두 가지가 있다. 하나는 손과 발이요, 또 하나는 머리다. 손과 발은 부지런함을 필요로 하지만 두뇌는 부지런함이 오히려 독이다. 두뇌는 창의적이어야만 한다.

새마을운동은 게으른 손과 발을 부지런하게 바꾸는 사회적 약속 운동이었다. 그 수단은 근면, 자조, 협동이었다. 게으른 손과 발이 부지런해지자 노동 경쟁력이 뛰어난 우리 젊은이들은 근면을 바탕으로 스스로 일어섰다. 남들과 협력하여 일어나는 시너지 효과를 체득하며 노동 집약적 성장으로 대성공을 거두었다. 거기에 과학기술이라는 양념이 더해지면서 초고속 압축성장이라는 실험까지 완벽하게 완수하였다. 그 결과 세계 주요 교역 상대국들과 FTA(자유무역협정)를 체결하면서 우리는 5천 년 역사 이래 가장 넓은 경제 영토를 가지게 되었고 최단기간에 경제 자립을 누리게 되었다.

그러나 21세기의 경제 기상도는 새로운 국면을 맞이하고 있다. 저녁 마감뉴스에서는 내일 아침 날씨를 알려 준다. 만약 비 예보가 있다면 우리는 당연히 우산을 준비해 두고 잠을 청할 것이다. 다행히 가랑비가 온다면 비닐 우산 하나로도 족할 것이다. 많은 양의 비에 폭풍우와 우박이 동반될 거라고 예보된다면 우리는 가장 튼튼한 우산을 꺼내어 준비해 놓고 잠을 청할 것이다. 21세기 세계경제 기상도는 심상치 않다. 부지런함만으로 꾸려 가기에는 벅찬 도전이 눈앞에 펼쳐지고 있다.

'창조경제'라는 새로운 패러다임이 그것이다. 개도국의 등장으로 손발, 즉 노동력의 경쟁력이 이미 힘을 잃은 지 오래다. 이제 손발의 근면함만으로는 어림없다. 대신 창의적 경쟁력만이 적자생존의 무기가 되어 버렸다. 상상력이 거대한 혁신으로 연결되는 새로운 경제의 패러다임에 전 세계가 주목하고 있다. 창조경제도 농사와 똑같다. 좋은 씨앗과 비옥한 토양 그리고 알맞은 환경이 그것이다. 이 세 가지 중 하나라도 부족하다면 제대로 된 농사를 지을 수 없다. 경제도 마찬가지다. 좋은 비즈니스의 씨앗과 훌륭한 시장이라는 토양 그리고 금융 환경이 맞아 떨어져야 한다. 과학기술이라는 좋은 '씨앗'을 세계에서 가장 비옥한

'디지털 토양' 위에서 키워 내는 것이 창조경제다.

우리 국토는 10만 제곱 킬로미터밖에 되지 않지만 디지털 토양은 세계에서 가장 넓고 기름지다. 우리는 유엔 산하 국제전기통신연합ITU이 인정하는 세계 1위의 정보통신 인프라 보유국이다. 사이버 세상으로 들어가는 가장 빠른 진입로를 갖고 있으며 진입 후 곧바로 세계와 연결되는 초고속 인프라를 자랑하고 있다. 사이버 세상에 국경이란 없다. 빠른 속도로 휘젓고 돌아다니는 자의 세상이다. 빠른 만큼 많은 영토 효과를 누리게 되고 그만큼 지배할 수 있는 세상이다. 유튜브에 올려진 좋은 콘텐츠가 100만 회의 클릭을 기록하는 데 단 1시간이면 족하다. 초당 300회의 클릭이 일어나는 셈이다. 나의 상상이 타인의 뇌 속으로 복사될 수 있는 채널이 다양해진 초연결 사회야말로 창조경제의 비옥한 토양이라 할 것이다.

상상력을 연료로 움직이는 혁신경제는 21세기 초연결사회에서 가장 효율적인 경제운영 패러다임이다. 순식간에 널리 혁신을 퍼트릴 수 있기 때문이다. 창조경제란 상상력을 토대로 혁신을 일구어 가기 때문에 자원이 없는 자에게 주어진 특권이라고 할 수 있다.

창조경제라는 새로운 패러다임이 펼쳐지고 있는 이 순간이야말로 힘들어하는 우리 젊은이들이 전 세계를 향해 나아갈 수 있는 좋은 기회일 것이다. 크든 작든 세상에 아직 시도된 적 없던 것들을 구현하는 상상력만 있다면….

우리에게 주어진 또 하나의 지구

지구의 역사는 46억 년 전에 시작되었다. 긴 세월을 견뎌낸 지구는 25만 년 전에야 비로소 지금의 지능을 갖춘 현생 인류 호모사피엔스를 탄생시켰다. 그 전까지 지구는 척박하기 그지없는 땅에 불과했다. 아무리 경작을 잘한다 해도 수확이 신통치 않은, 그야말로 황무지 그 자체였던 것이다. 이는 질소비료의 결핍 때문이었다. 질소비료를 사용해서 더 많은 소출을 얻으려 했지만 만들기가 어려웠다. 아무리 시간이 흘러가도 6억 명의 인구를 먹여 살리기에는 턱없이 식량이 부족했다.

1905년 독일 화학자 하버가 질소를 일단 암모니아로 바꾼 후 다시 비료로 바꾸는 새로운 공법을 만들면서 질소비료가 개발되었다. 이 공로로 하버는 노벨상을 수상했다. 질소비료는 척박하기 그지없는 이 지구를 비옥한 땅으로 바꾸어 놓았고 이후 인구가 기하급수적으로 늘기 시작했다. 질소비료 생산 이전의 6억 인구를 지탱하던 지구는 실크로드나 편서풍을 이용한 국제 무역으로 족했을 것이다. 느슨한 인구에 느슨한 경제에서는 급할 것이 없었을 것이다.

그러나 인구가 급증하면서 경제가 팽창하자 교통과 통신기술이 발전하게 되었고 이는 글로벌경제를 가속시켰다. 폭발적인 인구 팽창을 걱정하는 한편, 풍요로움 속의 빈곤이라는 사치스런 단어가 우리를 괴롭히게 되는 지경에 이르게 된다.

1999년에 이르러 급기야 세계 인구가 60억을 돌파하게 되자, 지구는 물리적 한계를 드러내었다. 환경 문제를 비롯한 각종 이슈의 등장으로 유엔을 비롯한 국가 간 연합체를 통해 세계의 리더십이 가동되면서 다양한 해결책을 모색해 나가기 시작했다.

이때 등장한 새로운 솔루션이 또 하나의 지구이다. 공교롭게도 1999년, 세계 인구가 60억을 돌파하는 시점에서 초고속 인터넷 세상이 열리게 되었다. 이전까지 인터넷은 대학, 연구소 등에서만 한정적으로 사용되는 특수 목적의 데이터 네트워크였다. 그랬던 것이 20세기 말 전격적으로 민간에 개방되었고 곧 전화망을 개조한 초고속 인터넷을 통해 누구나 접속 가능하게 된 것이다. 1999년 당시 KT에서 선보인 메가패스는 등장한 지 불과 5년 만에 대한민국 가정의 70퍼센트를 연결하면서 또 하나의 보이지 않는 세상을 열었다.

이제 우리는 두 개의 세상을 갖게 되었다. 우리가 발로 딛고 있는 지구와 보이지는 않으나 엄연히 존재하는 또 하나의 세상, 사이버 지구다. 사이버 세상은 우리에게 주어진 21세기의 축복이다. 10만 제곱킬로미터의 한정된 공간, 그나마 70퍼센트가 산악지대인 우리나라의 협소한 물리적 공간을 극복할 수 있는 무한의 공간이기 때문이다. 더군다나 이 공간은 세계에서 가장 빨리, 빈번하게 드나들 수 있는 곳이다. 두 개의 지구를 가장 효율적으로 활용할 수 있는 조건이라면, 이것이야말로 창조경제로 나아가기 위한 좋은 조건을 미리 갖춘 셈이다.

지구라는 토양 위에서는 질소비료를 통해 비옥한 정도가 측정되지만 디지털 지구에서는 속도라는 비료가 비옥함의 척도다. 우리는 세계가 인정하는 최고의 사이버 인프라라는 준비된 창조경제의 텃밭을 갖추고 있다. 이제 우리 젊은이들은 부모 세대가 지구라는 토양 위에 일궜던 산업화의 번영을 사이버 세상 위에 펼치는 새로운 디지털 인간, '호모디지쿠스'로 진화해야 할 것이다. '호모디지쿠스'로 진화한 우리는 상상력을 씨앗으로 삼아 사이버 세상의 디지털 토양 위에 다양한 창조경제의 농사를 짓는 21세기의 농부가 되어야 할 것이다.

상상하라, 그러면
열릴 것이다!

두드린다고 모든 문이 다 열리지는 않겠지만, 일단 두드림이 없이 문이 열리는 법은 없다. 마찬가지로 상상하지 않고 실현되는 혁신은 없다. 새로움을 추구하는 혁신적 창조는 상상에서 출발한다. 출발은 미약하지만 상상이 꼬리를 물고 이어지다 보면 다양한 생각과 서로 충돌하면서 끊임없이 성장해 간다. 이런 상상력이야말로 자원이 없는 나라, 기업, 개인이 추구할 수 있는 축복이다. 상상력은 보이지도 만질 수도 없으나 그 내재적 가치는 위대하다.

21세기는 20세기에 만든 모든 기술과 과학에 상상력을 입히기를 요구한다. 바퀴 달린 기계인 자동차는 상상력이 입혀지면 주인과 소통하는 자동차로 바뀐다. 기계로서의 자동차 모습은 이제 어디에서나 대동

소이하다. 기술이 더 보편화되어 값싼 노동력을 가진 중국, 인도, 브라질에서 자동차가 생산된다면 우리의 경쟁력은 당연히 뒤쳐질 것이다.

우리는 이제 상상력을 통해 세상의 모든 상품을 단순한 상품에서 서비스로 진화시키는 숙명적 과제를 안게 되었다. 마치 강아지처럼 주인이 다가가면 꼬리 치고 반갑다며 짖는 자동차를 상상해 내야 한다. 운전하고 달린 지 한 시간이 흐르면 옆자리에 앉은 12살 아이에게 말을 걸 줄 아는 자동차를 상상해 내야 한다. "애야 지루하지? 어제 들려주던 이야기 마저 들려줄까?"

이제 제품에 상상력을 입힘으로써 부가적인 가치를 만들어 내야 한다. 중국에서 만들어진 1만 달러짜리 자동차에 이 서비스를 탑재하게 되면 그 순간 2만 달러의 값어치로 바뀌게 될 것이다. 이를 가능하게 하는 것이 소프트파워다. 물리적인 하드파워는 이제 보이지는 않지만 가치를 획기적으로 높여 주는 소프트파워에게 자리를 양보할 수밖에 없다.

"마음껏 상상하라. 그리고 도전하라."

이것이야말로 "두드려라, 그러면 열릴 것이다."를 대체할 21세기의 생존 전략이다. 중국 아이들이 열심히 손으로 만드는 사이 우리 아이들은 기발한 상상력으로 그들보다 한 발 앞서가야 할 것이다. 우리는 그에 맞는 교육과 문화를 미리 준비해야 한다. 사소한 것 하나하나에도 스토리를 담아내어 그 가치를 키우는 스토리텔링, 상상력을 논리적으로 실현하는 수단인 소프트웨어, 상상한 것을 물리적으로 실현하는 수단인 3D프린팅 기술 등을 세계 어느 나라보다도 우리 아이들이 먼저 익히고 접하여 응용할 수 있도록 하는 것이 중요하다. 벌써 미국, 이스라엘, 영국 등 몇몇 나라들은 초등학생을 대상으로 컴퓨터 언어와 논리적 사고를 기본 교과 과정에 담아 가르치기 시작하고 있다. 우리가 21세기를 살아가기 위해 꼭 필요한 언어가 영어라는 점을 인식하고 영어를 초등학교 교과 과정에 포함시켰듯이, 이제 21세기 창조경제의 새로운 패러다임에 걸맞게 교육, 문화, 금융 등 다양한 영역에서 융합적 관점에 따른 새로운 변화가 시도되어야 할 것이다.

2장

창의적 상상력이
세상을 바꾼다

21세기 대한민국에서 호흡하는 우리 모두는 디지털 인간,
'호모디지쿠스'로 진화하는 중이다.
현생 인류의 시조인 '호모사피엔스'의 시대가 저물어 가는 것이다.
알타미라 동굴의 벽화에 그려진 크로마뇽인처럼
우리도 수천 년 뒤엔 CD에 기록되어 발견될지도 모른다.

우표가 만든
인류 최초의 정보 세상

우편제도는 1800년 초 영국에서 시작되었다. 그러나 그 당시에는 발신인이 우체국에 직접 방문해야 했고, 우편물 종류와 편지 길이, 도착지까지의 거리 등 여러 요인에 따라 요금을 내야 했다. 그 금액을 수취자와 발신자 중 누가 부담할 것인지도 우체국에 가서 정해야만 했다. 이런 이유로 우편제도는 시작된 지 40년이 지나도록 도무지 발전하지 못하고 오로지 귀족들만의 전유물로 존재했다. 보통 마차로 한나절 거리마다 드문드문 우체국이 있었고, 하인을 부려 우편물을 보내야 했기 때문이었다.

영국 정부는 전국에 수많은 우체국을 두어 우편 서비스를 국민적 정보 채널로 활용하고 싶었지만 여의치 않았다. 그때 로렌스 힐이 우표제도를 고안해 냈다. 소포를 제외한 모든 우편물의 요금을 무게와 거리에 상관없이 단일하게 매기고, 그 금액에 해당하는 우표를 발행하여 요금을 내도록 했다. 그러나 그 누구도 편지지의 매수나 거리와 관계없이 요금을 부과한다는 개념을 이해하지 못했다. 서울에서 부산까지 배달하는 요금과 수원까지의 요금이 어떻게 같을 수 있냐는 것이었다.

결국 수년간의 격렬한 토론 끝에 일단 시험 적용하는 선에서 우표 발행이 시작되었다. 1840년 5월 6일에 영국 최초의 우표가 발행되었다. 이에 발맞춰 정부는 설치 비용이 많이 드는 우체국 대신 우체통을 설치하여 하루 두 번 수거해 가기로 했다. 반응은 폭발적이었다. 이제 우체국까지 일일이 사람을 보낼 필요가 없게 된 것이다. 우표만 붙이면 전국 어디라도 우편물을 보낼 수 있게 되었다. 이로써 우편제도는 단숨에 국민의 정보 채널로 자리매김하게 됐다.

이 같은 혁신적 개혁의 출발선은 로렌스 힐의 간단한 상상력에서 시작되었다. 그는 새로운 기술을 개발하여 우편제도의 문제를 단번에 해결하지 않았다. 단지 우편물은 반드시 거리와 무게, 편지 길이에 비례해야 한다는 고정관념에서 잠시 벗어났을 뿐이다. 이 상상에 가해진 수많은 저항에도 끝내 관철시킨 의지 또한 상상력 못지않게 중요한 점이다.

혁신에서는 상상력이 버려지지 않고 끝까지 유지할 수 있는 환경이 중요하다. 누구나 상상력을 발휘할 수 있는 기회는 많다. 하지만 99퍼센트의 상상력이 곧바로 쓰레기통에 처박히고 만다. 마지막까지 달리지 못하고 중도 탈락하는 수많은 마라토너들을 생각해 보면, 비록 오랜 시간이 걸리더라도 완주해 내는 자에게 보내는 박수는 결코 작은 것이 아니다.

내가 창조경제의 효시를 160년 전에 시작된 영국의 우표에서 찾고자 하는 이유가 이것이다. 우표 제도가 시작된 나라답게, 21세기 들어 영국에서 세계 최초로 창조산업Creative Industry이 시작되었다는 사실에 주목할 필요가 있다.

『해리 포터』라는 흥행작이 영국에서 만들어진 것 또한 우연이 아니다. 부녀자들을 중심으로 한 영국의 스토리텔러들은 저녁 식사가 끝나면 TV 연속극을 보는 대신 가까운 카페에서 열리는 스토리텔링 클럽에 나가곤 한다. 한 땀 한 땀 양탄자를 짜듯 그들은 대화를 통해 이야기를 만들어 간다. 주제를 정하고 소재를 늘어놓은 다음 다양한 가지로 엮어서 스토리의 윤곽을 만든다. 매일매일 재미있는 이야기를 덧붙여 가면서 양탄자를 짜듯 완성해 간다. 보이지 않는 콘텐츠가 스토리라는 형태를 갖추어 가는 것이다.

이 같은 문화적 저변에서 유명 뮤지컬이나 『해리 포터』와 같은 유명한 작품이 나오는 것이다. 이제 도서관의 명칭을 '무한 상상실'로 바꿔야 할 순간이 찾아왔다. 아침 출근 시간 정도면 과거 한나절 동안 도서관에서 찾아야 했던 것 이상의 정보를 찾아낼 수 있는 환경이 갖춰진 오늘날, 도서관의 역할도 두뇌의 창의성을 드높일 수 있는 쪽으로 바뀌어야 한다.

장의사가 고안해 낸
자동교환기

알렉산더 그레이엄 벨이 발명한 전화기가 폭발적인 인기를 끌며 미국에서 확장일로를 걷고 있을 때, 영국을 비롯한 유럽에서도 전화는 거리를 좁혀 준다는 점에서 하이테크 비즈니스로 인기가 높았다. 그중에서도 장의사들이 이 전화라는 문명의 이기를 잘 이용했다.

갑자기 상을 당한 상주는 불과 3, 4일 안에 준비를 마치고 장례를 치러야 했다. 경황이 없는 와중에 주변 사람들에게 부음을 알리고 장의사의 도움을 받는 건 오늘날처럼 쉽지 않았다. 장의사들은 이런 상황을 이용하기로 하고 전화 교환원들을 매수했다. 주로 젊은 여성들이 수동 전화 교환 업무를 담당하였는데, 그들이 가장 선망하는 상품은 요즘으로 치면 스타킹에 해당하는 양말이었다. 미국 미주리주의 한 시골 마을

장의사가 이 점에 착안하여 양말로 교환원을 매수한 것이다.

그 지방에서 함께 경쟁하며 시장을 사이 좋게 양분해 오던 장의사 스트로저 씨는 어느 순간부터 갑자기 고객이 줄어들었다는 사실을 알아챘다. 알고 보니 매수당한 교환원들이 상주들을 경쟁사로 연결해 주는 것이었다. 갑자기 고객을 잃게 된 스트로저는 고민에 빠졌다. 그 역시 교환원을 매수할 수도 있었지만, 그는 아예 교환원의 손을 거치지 않고 전화를 직접 받겠다는 상상력을 발휘했다. 평생 장의사로만 일한 그였지만, 3년 동안 절치부심한 끝에 자동교환 시스템을 완성하기에 이른다. 전자석의 원리를 이용하여 번호가 표시된 다이얼을 돌리면 해당 번호로 연결되는 시스템이었다.

전화기는 알렉산더 그레이엄 벨이 만들었지만, 정작 이를 널리 보급한 계기가 된 자동교환기는 미주리주의 한적한 시골 마을에서 개발된 것이다. 스트로저는 그 이후 장의업을 그만두었지만 오늘날 세계 굴지의 정보통신회사로의 터전을 마련한 상상력의 대가였다. 상상력의 가치는 바로 이런 것이다. 18세기 장의업자가 21세기 세계 최대의 정보통신업체의 토대를 마련했다는 아이러니에서 상상력의 힘을 느껴 보자. 스트로저가 만든 이 자동교환 기술을 한 단계 개선하여 스웨덴의 에릭슨이 신형 교환기를 개발하게 된다. 그 후 이 모델은 컴퓨터로 제어하는 전자 교환기로 발전하게 된다. 산림과 바다와의 싸움을 통해 삶의 터전을 일궈 온 스웨덴이 21세기 최고의 정보통신 강국이자 자동차, 조선, 화학 등 하이테크 강국으로 성장한 동력을 느낄 수 있다면, 우리는 이미 창조경제의 새로운 패러다임을 잘 알고 있는 셈이다.

스트로저와 에릭슨이 발휘한 상상력의 가치는 오늘날의 IT강국 미국과 스웨덴을 있게 한 거대한 힘의 원천이 되었다. 상상력이 상상에 머물지 않고 실행으로 연결되는 과정에서 혁신으로 이어진 결과다. 상상이라는 총알은 방아쇠를 당길 때만 폭발하여 혁신으로 이어질 수 있다.

18세기에도, 오늘날에도 보이지 않는 것의 가치가 보이는 것의 가치보다 크다는 사실을 우리는 알 수 있다. 상상력이라는 무정형의 가치는 혁신을 통해 볼 수 있고 만질 수 있는 가치로 탈바꿈한다.

보릿고개와 통일벼 그리고 N라면

1971년 정부는 매년 되풀이된 보릿고개를 끝내기 위해 통일벼 프로젝트를 추진했다. 필리핀에 전문가를 보내 태풍에 강하면서도 낟알이 두 배나 많이 열리는 신품종 통일벼를 만들어 냈다. 키가 작고 줄기가 강한 남방 품종 인디카에다가 추위에 잘 견디고 밥맛이 찰진 북방계 자포니카를 섞는다는 상상력은 통일벼로 구현되어 보릿고개를 해결해 냈다. 2년 동안 필리핀 현지에서 6모작을 통해 대한민국 전 농가에서 파종할 수 있는 씨앗을 확보하였고, 그해에 생산량이 521만 톤에 달하여 생산량은 단숨에 두 배로 늘어났다.

식량 문제 해소는 모든 국민이 반긴 일이었지만, 라면 회사에게는 달갑지 않은 일이었다. 지금까지 라면은 허기진 배를 채워 주는 값싼 대체재였는데, 모든 국민이 꿈에도 그리던 하얀 쌀밥을 먹을 수 있게 된다면 라면 회사가 망할 것은 불 보듯 뻔한 일이었다. 당시 라면 시장은

80퍼센트를 S라면사가 장악하고 있었고 나머지 20퍼센트 시장을 30여 개의 군소 업체가 나누어 가지는 구조였다.

이때 30여 개의 군소 업체 중 하나였던 N라면 회사의 C대리는 라면의 가치를 면의 양에서 스프의 맛으로 바꾸자는 의견을 냈다. 그 당시 라면 스프는 쇠고기를 24시간 끓여서 아미노산을 우려낸 뒤 갖가지 양념을 버무려 말린 뒤 가루로 만든 것이었는데 맛이 신통치 않았다. N사는 독일에 연구진을 파견해 효소를 이용하여 끓이지 않고 상온에서 쇠고기의 아미노산을 분해하는 기술을 개발했다. 그 기술로 만든 스프의 맛은 확연히 달랐다. 이에 고무된 N사는 그때까지 값싼 음식의 대명사였던 라면에 궁중 요리의 이름인 '탕'을 붙였다. 이러한 차별화 전략으로 경쟁회사를 누르고 새로운 블루오션을 차지하였다.

나라 전체가 흰 쌀밥을 배불리 먹을 수 있다는 흥분에 휩싸여 있을 때 '라면 회사의 미래'를 생각한 C대리의 상상력이 없었다면 N라면은 결코 오늘날까지 건실한 기업으로 남아 있지 못했을 것이다. 조직원의 모두의 상상을 격려하고 그것을 실천으로 옮긴다면, 지속 가능한 성장 곡선을 그리는 일은 어렵지 않음을 알 수 있다. 이 회사는 여전히 인포멀한 열린 조직 문화를 지향하고 있다고 한다.

그림의 떡인 농기계에서 나온 할부금융제도

19세기에 급속히 발전한 과학기술은 수많은 기계들의 탄생에 기여했다. 증기기관과 엔진 그

맥코믹이 개발한 콤바인

리고 전기의 발명은 다양한 기계와 자동차 산업을 일으켰고 철도산업
또한 부흥기를 맞게 됐다. 이 시기에 미국인 사이러스 맥코믹이 여러
가지 최신 기술이 하나로 집약된 농업기계인 콤바인을 개발해 냈다. 이
동하면서 수확은 물론 탈곡, 제분까지 가능한 콤바인은 농민에게 꿈과
같은 기계였다. 당시 미국은 노예를 이용해 광활한 농경지를 개척하고
농사를 지었는데, 이런 미국식 거대 플랜테이션의 지나친 노동 집약적
구조는 슬슬 한계를 드러내고 있었다. 1,000명이 할 일을 콤바인 한 대
가 너끈히 해치울 수 있다는 점에서 이 발명은 또 하나의 혁신이었다.

  그러나 콤바인 한 대 가격이 그 당시 자동차 값의 30배에 달했기 때
문에, 이 기계는 농민들에게 말 그대로 그림의 떡이었다. 이 때문에 콤

바인은 그 성능과 수요에도 불구하고 도무지 팔리지 않았고, 콤바인을 개발한 회사는 문을 닫을 지경에 이르렀다. 모두 망연자실하고 있을 때 한 직원이 상상력을 발휘했다. 수요가 있음에도 높은 가격으로 인해 실제로 팔지 못하는 구조를 타파하기 위해 할부 제도를 제안한 것이었다. 오늘날의 시각에서 볼 때 할부는 사소한 발상이지만, 그 당시의 경직된 금융 체계를 이해한다면 이 역시 혁신적인 발상이었다.

드디어 콤바인이 할부로 대량 보급되자, 경작지는 원하는 대로 넓힐 수 있게 되었고 수확량 또한 기하급수적으로 늘어나게 되었다. 농민들은 늘어난 수확을 통해 곧바로 기계 대금을 납부할 수 있었다. 당시의 금융제도의 시각으로 본다면 할부는 분명 혁신적인 시도였다. 이처럼 혁신은 제한된 제도의 틀을 상상력으로 깨면서 출발하는 것이다.

사람과 기계의 대화를 열어라

1993년 봄, 대한민국 정보통신을 책임지는 한국전기통신공사KT의 수장이 새로 취임했다. 당시 KT는 100퍼센트 정부 투자기관으로서 통신사업을 독점하고 있었다. 따라서 경쟁을 할 필요가 없었고, 따라서 마케팅 부서도 존재할 필요가 없었다. 통신망 계획부서장이 마케팅 업무를 함께 수행하는 형편이었다. 그런데 새로 부임한 CEO는 정체된 매출을 늘리면서 정보화 또한 확장한다는 미션을 제시하였다. 목표는 매년 8퍼센트 성장이었다.

당시 전화는 거의 전 가정에 보급이 완료된 상태라서 아무리 마케팅 역량을 쏟는다 해도 더 성장할 여지가 없었다. 그러나 새로운 경영층의 요구사항은 확고했다. 8퍼센트 성장이라는 목표는 아무리 설득해도 바꿀 수 없는 향후 3년의 경영 지향점이 되었다.

> 이 과제는 통일이 되어서 인구가 늘지 않는 한 완수가 불가능할 겁니다!
> 아무리 궁리해도 국민들에게 통화를 더 하도록 할 만한 방안이 없어요!
> 산아제한을 풀어 인구를 늘린다 하더라도 이들이 전화를 실제 이용하기까지는 15년도 더 걸릴 겁니다!

일부 아이디어 맨들은 몇 가지 방안을 제시하기도 하였다.

> 출발할 땐 출발전화 도착하면 도착전화!
> 아침저녁 문안전화, 효도는 멀리 있지 않습니다!

그 제안이 고작 이 수준이었으니, 당연히 통화량은 늘어날 기미를 보이지 않았다.

당시의 매출과 수익은 당연히 통화량에 비례했기 때문에 이대로라면 경영성과 분석에서 호되게 질책당할 수밖에 없었다. 정보통신 슈퍼하이웨이 프로젝트 재원 마련에 심각한 제동이 걸릴 수밖에 없었다.

이때 나는 통신망 계획부장으로서 이 문제를 뒤집어 생각해 보았다.

당시 전화기는 오로지 사람과 사람 사이의 통화 수단이었다. 이에 따르면 전화 사업으로 수익을 올리는 방법은 두 가지뿐이었다. 하나는 인구를 늘리는 것이었고, 다른 하나는 전화를 많이 쓰도록 하는 것이었다. 그러나 이 두 가지 방법은 당시 KT가 할 수 있는 일이 아니었다.

그렇다면 우리가 할 수 있는 방안은 무엇일까? 그 답은 하나로 귀결되었다. 사람과 사람의 통화를 사람과 기계(컴퓨터)로 확대하는 것이었다. 사람이 기계와 전화를 한다는 말은 도무지 상상하기가 어려운 일이었다. 그러나 기계가 사람의 요구사항을 알아듣고 그 답을 음성으로(기계음) 바꾸어 전해 준다면 어떨까?

마침 그 당시는 자동응답장치ARS: Automatic Response System가 반도체 기술의 발달로 막 보급되기 시작할 무렵이었다. 자동응답장치란 전화를 받아야 할 상대편이 부재중일 때 기계가 대신 받아 주는 장치다. 이것을 응용한다면 사람들이 평소 궁금해 하는 사항들을 저장해 두었다가 언제든지 전화만 걸면 들을 수 있게 할 수 있을 거라는 생각이었다. 인터넷이 없던 당시에는 상상하기 쉽지 않은 새로운 시도였다.

이를 위해 ARS에 특정 번호를 설정하여 누구든 궁금한 사항이 있으면 그 국번으로 전화를 걸어 물어볼 수 있도록 하기로 했다. 여기에는 700국 번호가 제격이었지만 전국의 7, 70, 700국 번호를 비우는 작업이 선결되어야 했다. 이미 사용 중인 번호를 바꾸게 하는 일은 쉽지 않았다. 그 당시에는 지역번호가 144개나 되었고 국 번호도 지금처럼 네 자리가 아니라 통화권역의 인구수에 따라 한 자리부터 세 자리까지 다양했다.

우선 약 50만 명에 해당되는 전국의 7, 70, 700국 번호 소유 고객들에게 다른 번호로 옮기도록 양해를 구하고 번호를 비웠다. 이어 서울 원효 전화국에 700서비스 전용교환기를 설치하였다. 전국에서 700을 누르면 모든 통화는 이곳으로 모이는 것이다. 남은 일은 초대용량의 ARS를 연결하는 것이었다.

최초로 설치한 ARS에 8282번이 연결됐다. 700-8282는 오늘의 운세를 알려 주는 ARS로, 최초로 사람과 기계를 연결하는 전화번호가 되었다. 전화에서 700-8282를 누른 뒤 다음 안내 멘트에 따라 자기의 생년월일을 입력하면 컴퓨터에 내장된 프로그램이 데이터를 검색, 음성으로 바꾸어 그 내용을 제공해 주는, 당시로서는 획기적인 서비스였다.

오늘날의 시각에서는 별것 아니지만 당시 시장 반응은 뜨거웠다. 운세 서비스 제공 사업자는 대한민국 최초로 데이터를 팔아 사업을 할 수 있다는 사례를 입증했다. 이에 고무된 정보 제공 사업자들이 수많은 아이디어를 가지고 사업에 뛰어들었다. 오늘의 프로야구 결과를 알려 주는 서비스나, 청아한 새소리 또는 설악산의 폭포 소리를 들려주어 시민들에게 위안을 주는 서비스가 인기 만점이었다. 이렇게 이 땅에 정보산업이 자리를 잡게 되었다.

정보 제공자와 통신 사업자는 정보 판매에 따른 이익을 나누어 갖는 새로운 사업(정보료 수수대행사업) 패러다임을 열게 되었다. 이 서비스 하나로 당시 KT는 8퍼센트의 매출을 신장시켰고 이후로도 계속 정보통신회사라는 위치를 지킬 수 있었다. 간단한 상상력이 오늘날 1조 원 가량에 해당하는 당시 4,000억 원의 매출 증가로 이어진 것이다.

전화가 사람과 사람을 연결해 주는 기계라는 프레임에 갇혀 있는 한, 새로운 시도를 하기 어려웠을 것이다. 밖으로 나오려는 시도가 없었다면 변화로의 길을 찾을 수 없다. 혁신에 이르는 상상력이 발휘되는 또 하나의 길은 상자 밖으로 나오는 것이다.

체온으로 전기를 만들자

2015년 벽두부터 낭보가 하나 있었다. 인간의 체온으로 전기를 만들어 휴대 기기에 활용한다는 상상력이다. KAIST에서 개발된 이 기술은 유네스코가 매년 선정하는 넷익스플로 어워드 Netexplo Award에 선정되었다. 이 상은 전 세계 200여 명의 전문가들을 대상으로 실시한 투표를 통해 수상자를 선정하는데 젊은이들의 자유분방한 상상력 콘테스트의 최고봉이라 할 수 있다.

조병진 교수팀은 24시간 발생하는 체온을 전기로 바꿔 보자고 생각했다. 열을 에너지로 바꾼다는 생각은 누구나 할 수 있지만 인간의 체온을 활용한다는 생각은 처음이었을 것이다. 그러나 이제 인간과 인간이 휴대한 사물 모두가 인터넷으로 연결되는 오늘날, 그 휴대물 가장 가까이 그리고 영속적으로 활용할 수 있는 체온을 동력으로 이용하겠다는 상상은 충분히 가능한 것이다. 조 교수팀은 웨어러블Wearable 발전소자라는 이름의 유리섬유 위에 열을 전기로 바꾸는 열전소자를 부착하여 상상을 현실로 만들었다. 소재의 가볍고 얇은 특성을 활용하여 발전장치이면서도 장신구처럼 활용할 수 있게 했다. 이와 유사한 상상은

웨어러블 발전소자를 시연하는 모습

수차례 있어 왔으나, 마침내 효율적이면서도 가볍게 착용 가능한 소재를 만들 기술이 완성되자 현실에 등장하게 되었다.

우리의 상상력은 여기에 그쳐서는 안 된다. 예를 들어 실을 생산할 때 빛을 전기로 바꾸는 광전물질을 입힌다면 그 실로 만든 천은 빛에 노출되는 순간부터 계속 전기를 생산할 것이다. 이런 소자를 개발하여 활용한다면 옷을 전광판처럼 이용할 수 있게 될지도 모른다. 아니면 카멜레온처럼 시간과 상황에 따라서 옷의 색깔이 바뀌는 세상이 올 수도 있다. 빛을 전기로, 전기를 빛으로 자유자재로 바꿀 수 있는 소자의 개발은 비용과 시간만 주어진다면 과학기술이 해결할 수 있는 문제다.

상상력으로 출발하는 과학기술 혁신의 시대는 더 도전적인 생각을 하도록 요구한다. 광전소자가 입혀진 천으로 만든 가방에서 생산된 전기가 바닥에 저장되고, 바닥에 깔린 어댑터를 통해 수많은 개인 휴대 기기를 구동시킬 수 있을 것이다. 한 발 더 나아가 광전물질로 구성된 페인트는 어떨까. 이 마법의 페인트를 칠하기만 하면 칠한 부분 전체가 전기를 생산하는 것이다. 차량 천장, 텐트, 지붕에 이 페인트를 바르기만 하면 곧바로 전기를 생산하게 된다. 인스턴트 태양광 발전소를 언제 어디에나 쉽게 만들 수 있는 것이다.

우리는 남이 제시한 가능성을 토대로 거기에서 한 발 더 나아가야 한다. 어쩌면 내년 유네스코 넷익스플로 어워드에 이런 기술이 제시될 수도 있을 것이다. 세계 70억 인구는 이 순간에도 쉼 없이 상상하고 도전하고 있다. 이 끊임없는 상상과 도전이 과학기술의 힘을 통해 21세기에 더 강력한 모습으로 나타나고 있다.

현재 조병진 교수 연구팀은 KAIST 교원창업 기업인 ㈜테그웨이를 설립했다. 조만간 실용화 제품이 출시되면 모든 사물의 네트워크 연결 시대를 앞당기는 견인차 역할을 할 것으로 기대된다.

상품 Product 을 서비스 Service 로 바꾼 기업들

헨드릭스, 사료회사를 백신회사로 바꾸어

네덜란드의 가축사료회사 헨드릭스는 전통적인 사료용 곡물을 이용해 다양한 영양소를 갖춘 부가가치형 사료를 만드는 회사로 유명하다. 네덜란드뿐만 아니라 유럽 전역에서 헨드릭스의 사료는 수십 년째 중요한 위치를 차지하고 있다. 이 회사는 사료 하나만으로도 충분히 성장할 수 있었지만, 미래를 위한 새로운 변신을 상상했다. 물론 가축용 사료 생산을 중단한 건 아니었다. 다만 사료라는 상품만을 다루는 회사에서 가축의 질병을 알아내는 서비스 회사로 진화하려 한 것이다.

그들은 시료가 산성인지 알칼리성인지를 밝히는 리트머스 시험지처럼 가축의 질병을 빠른 시간 안에 찾아낼 수 있는 서비스를 개발했다.

가축의 혈액, 소변, 침을 통해 감염 여부를 단 몇 초 만에 알아내는 것이다. 고객인 농부들은 헨드릭스에게서 사료는 물론 가축의 건강 상태를 수시로 체크할 수 있는 서비스를 받게 된 셈이다. 매출은 사료라는 상품에서 주로 나오지만 이익은 가축 건강 체크 키트에서 더 많이 나온다. 이제 헨드릭스는 사료회사가 아니라 가축 건강 체크 서비스 회사로 더 유명해지고 있다.

이들의 상상력은 여기서 그치지 않았다. 이들은 농부의 입장에서 또 다른 새로운 상상을 했다. 질병을 알아낸 다음의 문제는 치료 또는 예방이다. 헨드릭스는 연구진을 보강하여 치료와 예방 서비스를 동시에 제공하는 백신 솔루션 회사로 거듭나게 되었다. 사료라는 상품에서 질병 진단이라는 서비스를 거친 다음 최종적으로 백신을 제공하는 솔루션 회사로 진화한 것이다. 한 단계를 거칠 때마다 엄청난 규모의 부가 가치를 더한 것은 물론이다.

헨드릭스는 가축이라는 익숙한 영역을 중심으로 하여 전문성을 집중시켜 혁신에 성공한 경우라고 할 수 있다. 내부 혁신의 경우 상품을 서비스로, 서비스를 솔루션으로 바꾸는 전략이 가장 고려해 볼 만한 시도임을 시사한다. 세상에 있는 모든 상품이 서비스로 바뀌었을 때 어떤 모습을 하고 있을지 궁리하는 사람이라면, 헨드릭스의 사례에서 많은 점을 배울 수 있을 것이다.

땅속을 훤히 들여다보는 다이너마이트 회사

캐나다의 ICI 그룹은 여러 개의 계열사를 거느리고 있는데, 그 계열사 중 하나가 ICI Explosive라는 다이너마이트 회사다. 이 회사는 남북미 다이너마이트 시장의 30퍼센트 정도를 점유하는 건실한 회사이며, 안정적인 매출과 성장세를 타고 있다. 그럼에도 불구하고 이 회사는 새로운 변화를 시도했다.

그 시도는 폭약을 삼각형, 사각형, 마름모꼴 등 여러 가지 모양으로 펼쳐, 땅에 묻어 놓고 동시에 폭발시켜 그 반사파를 분석함으로써 지질을 탐사하는 것이었다. 이 같은 시행착오를 수천, 수만 번씩 반복하여 얻은 지질 정보를 토대로 세계에서 가장 정확한 지질 탐사 회사를 만들었다. 이 회사 역시 다이너마이트라는 상품을 토대로 출발했으나 이 상품을 지질 탐사라는 부가가치 영역으로 확장시키는 혁신에 성공한 것이다.

지질 탐사는 정확도가 생명이다. 수많은 시추를 하더라도 헛다리를 짚는다면 매몰비용이 만만치 않을 것이다. 거의 완벽에 가까운 지질 탐사는 인공적인 지진파를 발생시켜 그 반사파를 활용하는 것이 가장 정확한 방법론임을 확신한 ICI Explosive는 여기에 도전하여 그들만의 노하우를 갖게 된 것이다.

ICI Explosive의 매출액은 아직 다이너마이트 사업 쪽이 높지만 이익은 지질 탐사가 월등히 높다고 한다. 정확도가 1퍼센트씩 올라갈 때마다 이 회사의 이익은 5퍼센트씩 향상된다고 한다. ICI Explosive는 새로운 기술회사로서의 패러다임에 진입하게 되었고 명실상부하게 하이테크 중심의 부가가치 지향의 회사로 거듭난 것이다. 이 회사도 앞서 언급한 헨드릭스와 마찬가지로 다이너마이트라는 주제를 가지고 상품에서 서비스(지질탐사) 회사로 혁신하는 데 성공한 사례에 해당한다.

세상의 모든 상품은 서비스로 진화해야 하고, 거기에서 지속 가능한 성장의 가능성을 찾아야 한다. 지난 50년간 제조업에서 발군의 실력을 발휘해 온 우리나라 제조업 역시 기존의 상품을 서비스로, 서비스를 솔루션화하는 많은 가능성을 가지고 있다.

옛 신발 제조의 메카 부산이 나아가야 할 방향

과거 부산은 신발 제조의 메카였다. 그러나 지금 부산에서 신발 제조 산업은 사라진 지 오래다. 부산이 전 세계 1억 명의 발에 신길 신발을 만들던 자리에는 물류항만 기지가 들어섰다. 신발 제조 산업은 중국과 베트남이 이어받아 대를 이어 가고 있다.

우리는 헨드릭스나 ICI와 같이 상품 제조 단계에서 벗어나 서비스나 솔루션 산업으로 업그레이드해야 한다. 신발 대신 고객의 운동량을 체크하고 건강을 관리해 주는 서비스를 제공해야 한다. 중국에서 만들어 온 신발에 센서가 부착된 깔개를 깔고 뒤축에 데이터를 주고받을 수 있는 칩을 삽입하여 스마트 신발로 바꾸는 것이다. 단순한 신발에서 건강 보조 신발이라는 서비스로 탈바꿈시켜야 한다.

이 신발을 신고 외출하면 GPS가 감지하고 외출모드를 작동시킨다. 바닥의 센서는 걸음 수를 카운트하고 고도를 미세하게 측정하여 시간에 따른 운동량을 계산한다. 아울러 맥박과 혈압을 분석하여 이상 징후를 체크하기도 한다. 퇴근하면 오늘 하루의 운동량과 건강 상태가 종합되어 무선인터넷을 통해 클라우드(가상 컴퓨터)에 입력된다. 이 같은 과정이 매일 반복되면 신발 주인의 건강 정보는 하루하루 쌓여 빅 데이터Big Data가 된다. 신발이 건강센터의 역할을 하는 것이다. 10년 후 병원을 찾으면 주치의는 본인의 동의를 얻어 지난 10년간 쌓인 정보를 통해 현재 상태를 훨씬 정확히 진단할 수 있을 것이다.

얼마 전 쿠바와 미국이 국교를 정상화하기로 하였다. 50년 전 대륙간 탄도미사일ICBM을 싣고 미국 남부로 진입하려던 소련 함대가 케네디의 정선 요청으로 뱃머리를 돌린 지 50년 만의 일이다. 당시 국가를 지키는 무기는 대륙간 탄도미사일이었으나 지금은 또 다른 종류의 ICBMIOT+Cloud+Big Data+Mobile*이 나라를 지킨다. 이제 21세기를 지켜 주는 새로운 무기인 ICBM을 잘 활용할 수 있는 경제로 전환할 필요가 있다. 위에 언급한 신발의 사례만 보더라도 ICBM을 이루는 네 가지 기술은 단순한 상품을 서비스로 그리고 궁극적으로는 솔루션으로 바꿀 수 있는 중요한 수단이기 때문이다.

* IOT(Internet of Things: 사물 인터넷)
  CLOUD(거대한 컴퓨터를 초고속 인터넷을 통해 공동 활용)
  Big Data(수많은 사물이 다양한 센서를 통해 스스로 만들어 내는 거대한 데이터)
  Mobile(무선 인터넷)

불과 10명이 운항하는 30만 톤급 선박

우리나라는 선박 건조 1위 자리를 20년 가까이 지켜 왔다. 그 사이 수많은 기술과 공법을 개량하여 끊임없는 진화를 거듭해온 결과였다. 물 속에서 배를 건조하는 대신 도크에 머무는 시간을 조금이라도 줄이기 위해서 고안한 반건조 공법이나 아예 물 밖에서 공정을 거의 다 마치고 마지막 단계에서 진수하는 드라이 도크 공법 등은 모두 헤아릴 수 없이 많은 피와 땀이 들어간 결정체다.

그러나 최근 값싼 노동력을 앞세운 중국의 추격으로 한국에 들어오는 수주량이 대폭 줄어드는 바람에 1위 자리가 위협받고 있다. 이 상황을 타개하기 위해 울산 현대중공업은 ICBM을 주무기로 반격에 나섰다. ICT(정보통신융합기술)를 활용하기 위해 정보통신융합기술연구소를 세우고 선박의 모든 영역에 정보통신기술을 본격적으로 융합하는 기술 개발에 박차를 가하고 있다.

현대중공업이 생산하는 '힘센엔진'은 전 세계 선박의 30퍼센트에 탑재될 정도로 막강한 시장점유율을 자랑한다. 현대중공업은 '힘센엔진'에 다양한 센서를 부착하여 그 엔진을 탑재한 선박이 세계 어느 곳을 항해 중이든지 울산 현장에서 실시간 모니터링하고, 문제 징후가 보이면 즉시 운항 중인 선박에 알려 미리 조치를 취하는 기술을 개발하고 있다. 지금까지는 엔진을 팔고 운전 매뉴얼을 전달하는 데서 끝났으나, 이제는 엔진 관련 서비스를 보장하고 제공하는 서비스업체로 거듭나려는 것이다. 이는 '힘센엔진'이라는 현대중공업만의 고유 기술과 브랜드

를 적극 활용하여 엔진 운영 대행 서비스로 사업 영역 스펙트럼을 넓히
는 것이다. 이를 통해 중국 등 개도국의 추격을 따돌리고 당분간 안정
적으로 블루오션을 항해할 수 있게 될 것이다.

이 회사의 ICT융합연구소는 선박의 엔진은 물론 각종 항법장치도 무
선인터넷으로 연결하여 오대양을 항해하는 모든 선박에 자동 항법 기
능을 제공할 예정이라고 한다. 서비스 단계를 지나 해양 항해 솔루션
회사로서 거듭나는 비전을 실현하고 있는 것이다. ICBM이라는 정보통
신기술이 앞선 나라만이 구사할 수 있는 좋은 성공 사례다.

바이두 젓가락

중국판 구글로 알려진 포털사이트 바이두는 사물 인터
넷의 하나로 '바이두 젓가락'을 개발했다. 음식을 먹을 때 쓰는 도구에
서 나아가 음식의 염도, 부패 여부를 알아내고 이를 바탕으로 건강까지
챙겨 주는 서비스로서의 젓가락, 숟가락을 만들어 낸 것이다.

젓가락에는 음식의 산도와 온도 그리고 식용유의 산화도를 검출하는
센서가 부착되어 있다. 또 숟가락에는 염도를 측정하는 센서가 추가되
어 있다. 숟가락은 국물에 넣어진 순간 염도를 체크하여 염분 섭취량을
잰다. 하루 섭취 권장량의 30퍼센트를 초과하면 숟가락 끝에 노란 불이
켜지며 경고한다. 남은 국물이 아까워서 한 모금 더 마시려고 하면 숟
가락이 진동모드로 바뀌기 때문에 아무리 국을 뜨려고 해도 다 흩어져
버리고 만다. 이러한 바이두의 젓가락, 숟가락은 매일매일의 음식 섭취

바이두 젓가락을 소개하는 바이두 회장

상태를 분석하여 무선인터넷으로 클라우드에 보내고 그 내용을 빅 데이터 형태로 저장한다. 이 데이터는 개인의 건강은 물론 국민 보건 정책에도 매우 유용하게 활용할 수 있을 것이다.

이제 모든 물건들은 다양한 센서와 결합하고 인터넷에 연결됨으로써 거기에 담긴 지능을 활용하여 서비스를 제공하게 된다. 이를 사물의 인터넷이라고 부른다. 풍부한 상상력을 구현할 수 있는 다양한 수단이 있기에 미래 비즈니스는 산업사회를 창조경제로 전환시킬 것이다. 상상력은 물건으로서의 상품을 서비스로, 서비스를 솔루션으로 바꾸는 출발선이다.

CNN의 자리는 이제 INN이 차지할 것

미국은 국토가 광활하여 지상파로 전국에 방송을 내보내려면 엄청난 비용이 든다. 인구 밀도가 낮은 마을이나 오지까지 지상파 방송을 전국적으로 구축하는 것은 애당초 불가능한 일이었다. 따라서 대도시 주변이 아니면 방송의 혜택을 볼 수 있는 곳은 그다지 많지 않았다. 결국 위성으로 방송신호를 송출하고 마을에서 위성신호를 받은 다음 포설된 케이블을 통해 각 가정에 분배하는 방식을 택할 수밖에 없었다. 그마저도 비용이 많이 들어 인구밀도가 높은 비교적 큰 마을에서나 가능했다. 세계 최고의 자원과 경제력을 가진 미국이 아이러니하게도 TV 보급률은 현저하게 낮았던 것이다.

이에 미국에서는 무선 방송보다는 유선 케이블 방송에 열을 올리게 되었다. 유선 케이블은 무선 지상파에 비해 몇십 배 많은 정보를 담아 전송할 수 있는 수단이었다. 기껏 6~7개 채널밖에 없던 지상파 방송 대신 수십 개의 채널을 송신할 수 있는 케이블 방송의 여유 채널이 생기면서 새로운 방송의 패러다임이 열리기 시작하였다. 그리하여 1980년이 되면서 가정의 케이블 보급률이 70퍼센트 수준까지 보급된다.

TV가 발명된 이래 ABC, NBC, CBS와 같은 몇몇 방송사들이 방송산업을 독점해 왔지만, 케이블 방송이 등장하면서 뉴스만을 다루는 CNN, 날씨만을 전하는 Weather 채널, 영화나 드라마만을 방송하는 HBO, 스포츠 전문 ESPN과 같은 전문 방송채널이 등장하게 되었다. 이들은 전문성을 앞세워 각 분야에서 순식간에 기존의 방송 마피아들을 따돌려 나갔다.

미국 애틀란타에 본사를 둔 CNN은 전 세계에 파견한 특파원이 직접 만들어 보낸 뉴스를 15분 단위로 업데이트하여 24시간 최신 뉴스를 제공하는 모델을 선보였다. 이를 통해 설립된 지 4년도 안 되어 기존 방송을 보기 좋게 따돌리고 뉴스미디어의 왕좌에 올랐다. 이들은 세계에서 가장 빠른 실시간 뉴스라는 의미로 "Be the 1st to know."라는 슬로 건을 내걸었다. CNN은 미국은 물론 전 세계의 시청자를 대상으로 뉴스 부문 1위의 자리를 차지했다.

그로부터 35년이 지난 지금, 인터넷이 세상을 뒤흔드는 순간에도 이들은 아직도 35년 전의 패러다임을 버리지 않고 있다. 아침에 일어나면 인터넷을 통해 가장 먼저 뉴스를 접하는 사람들은 점점 늘어나지만 TV를 통한 최고의 뉴스만을 고집하고 있다. 만약 1,500명이라는 엄청난 특파원 대신 세계 주요 방송사들이 자체 취재한 뉴스를 서로 교환하기 시작한다면 과연 CNN은 살아남을 수 있을까? 실제로 CNN은 명성에 걸맞지 않게 가장 많은 적자를 보고 있는 기업이다.

인터넷이 보편화되면서 TV로 뉴스를 보는 시청자 수가 점점 줄어드니 당연히 광고 수익에 문제가 생길 수밖에 없다. 광고주는 CNN이 아니라 인터넷을 찾기 시작하였고, CNN이 모기업인 타임워너 그룹에서 미운 오리새끼 취급을 받게 된 것은 당연한 일이었다. 최근 슬로건을 "We go there."로 바꾸며 몸부림치고 있으나 이미 인터넷 중심의 정보 유통 체계의 패러다임을 극복하기는 어려워 보인다. 1,500명의 특파원을 거느리며 뉴스를 독점하겠다는 산업화 시대의 마인드로는 더 이상 경쟁에서 앞서가기 어렵다는 사실을 깨달아야 할 것이다.

세계 유수의 방송 사업자들끼리 서로 협정을 맺고 뉴스를 공유하며 그 방송사의 브랜드를 케이블 시대의 CNN처럼 INNInternet News Network으로 바꾼다면 방송의 새로운 패러다임이 열릴 것이다. 각 방송사들이 이미 고용 중인 기자들을 활용하면 특파원 1,500명 이상의 역할을 할 수 있을 것이다. 이들이 만든 뉴스를 영문으로 더빙하고 초고속 인터넷을 통해 서울 여의도에 있는 INN 센터로 보내면 여기서 뉴스를 재편집하여 전 세계 방송사를 통해 전송하는 것이다. 이 인터넷 중심의 새로운 국제 협업 모델이 완성된다면 CNN은 곧 설 땅을 잃게 될 것이다. 우리나라의 모 정보통신서비스 기업이 이 같은 비즈니스 모델을 조만간 현실화시킬 것으로 보인다. 아마도 이 새로운 뉴스 전달 모델에는 "Worldwide channels within one click."이라는 슬로건이 더 어울릴 것이다.

25년 전의 성공 모델이 지금도 성공할 가능성은 그리 높지 않다. 인터넷이 보편화되면서 정보 민주화가 거의 완전에 가까울 정도가 되었기 때문이다. 상상력의 새로운 시도는 과거 혁신적 성공 사업의 사례에서 오히려 진가를 더 발휘할 수 있을 것이다. 혁신적 성공을 통한 성취감에 도취된다면 자칫 새로운 변화에 둔감해질 수 있다. 인터넷을 통해 초기 사업을 성공시킨 수많은 혁신 기업들도 이제 새로운 패러다임을 적극적이고 의도적으로 적용함으로써 변화에 능동적으로 대처해야 할 것이다.

세계 최초의 앱 서비스는 메이드 인 코리아였다

2001년 대한민국의 초고속 인터넷 보급률은 서비스 개시 불과 3년 만에 70퍼센트에 육박했다. 세계 대부분의 나라에서 전화선에 데이터를 중첩하여 저속으로 제공하는 ISDN(Integrated Services Digital Network: 종합정보통신망)을 채택하였으나 유일하게 한국만이 ADSL(Asynchronous Digital Subscriber Loop: 비대칭디지털 접속망)을 채택하여 10배나 빠른 서비스를 제공하고 있었다. 비교적 좁은 국토에 광케이블을 깔았기 때문에 어떤 나라보다도 투자 비용 면에서 유리했고, 수요도 충분했기 때문에 정보화의 초석을 일찌감치 마련할 수 있었다.

이 당시의 초고속 인터넷 사업은 새로이 광케이블을 포설하여 가정에 설치된 구리선과 연결함으로써 속도를 높이고 그 대가로 요금을 더 받는 모델이었다. 이 사업 모델에서는 통신사업자의 수익은 초고속 인터넷의 보급이 완성되면 더 이상 늘 수 없었다.

이때 '비즈메카'라는 세계 최초의 앱 솔루션이 등장했다. 누구든 애플리케이션을 개발해 올리고, 소비자는 PC를 통해 앱을 선택하여 사용한 뒤 사용한 만큼의 요금을 지불하게 만드는 솔루션이다. 비즈메카는 중소기업용 소프트웨어를 공유하는 개념으로 출발한 것이긴 하지만, 초고속 네트워크의 강점을 활용한 최초의 앱 공유 솔루션이라고 말할 수 있다. 이는 곧 영국 브리티시 텔레콤에 전파되어 널리 보급되었고 향후 스마트폰이 보급되면서 개인용 앱 개발이 활발해지자 꽃을 활짝 피우게 되었다.

전기가 발명되면서 문명의 이기가 많이 개발되었으나 전기가 필요한 곳에는 반드시 발전기가 있어야 했다. 그러나 전력 공급망이 확산 보급되면서 이제는 멀리서 안전하게 전기를 대량 생산하여 공급하고, 소비자는 스위치 하나로 편리하게 사용할 수 있게 되었다. 전력을 자유로이 나누어 쓸 수 있는 환경이 전력의 민주화를 이루었듯이 컴퓨팅 파워와 소프트웨어를 자유자재로 나누어 쓰는 IT의 민주화도 이루어지고 있다. 이런 면에서 우리나라는 산업화에는 늦었지만 21세기 정보화에서는 민주화의 첨병에 서게 되었다고 말할 수 있다.

애플이 개인용 스마트폰을 통해 앱 스토어를 열고 통신사업자 중심의 정보 권력을 정보 제공자 중심으로 바꾸면서 엄청난 역학구도의 변화가 일어났다. 그러나 그 시초는 우리나라의 비즈메카에서 비롯된 것이다. 초고속 정보통신망을 세계 최초로 구축 완료한 우리나라는 이를 바탕으로 다양한 앱Application을 유통시키는 '비즈메카' 서비스를 가장 먼저 시작한 것이다. 이제 정보 제공 사업자가 권위적이고 독점적인 통신사업자보다 우위에 서게 되었다. 명실상부하게 정보통신산업의 민주화가 이루어진 것이다.

국가가 완성되기도 전에 먼저 설립된 대학들

아세톤을 발명하여 생물공학의 새로운 장을 연 세계적인 화학자 하임 바이츠만은 1918년 7월 24일 건국도 되지 않은 시점에 예루살렘의 히브리대학 개교를 선언했다. 히브리대학의 첫 상임이사회는 아인슈타인, 프로이드, 마틴 부버와 같은 세계 석학들로 구성되었다. 그보다 앞서 공과대학 테크니온이 1912년에, 바이츠만과학연구소가 1934년에, 이스라엘 최대 대학인 텔아비브대학이 1956년에 설립되었다.

당시 인구가 200만 명밖에 되지 않았지만 이스라엘에는 이미 네 개의 세계적인 대학들이 있었다. 그 후 바르 알란, 하이파, 벤 구리온 등 네 개 대학이 추가 설립되어 오늘날에는 8개의 대학교와 27개의 단과

대학이 있다. 그중 4개 대학교는 세계 최고 대학 150위 안에 들어가 있고 나머지는 아시아 최고 대학 100위 안에 포진해 있다.

1959년부터 바이츠만과학연구소는 히브리어로 지식을 뜻하는 '예다'라는 조직을 만들고 여기서 연구된 결과를 시장성 있는 상품으로 만들어 냈다. 이 연구소는 2001년부터 2004년까지 특허권 매년 사용료만 2억 달러 이상을 벌어들였다. 예다 설립 수년 후에 히브리대학도 자체 기술 전수회사인 '이숨'(히브리어로 실행을 의미함)을 설립하여 매년 10억 달러를 벌어들였으며 현재 특허 5,500건과 1,600개의 발명품을 가지고 있다. 그들이 개발한 기술은 존슨앤존슨, IBM, 인텔, 네슬레 등 수많은 다국적 기업들에 팔렸다.

천연자원이 거의 전무한 이 나라는 건국 36년 전부터 우선 공과대학 설립을 추진했다. 과학기술로 경제를 부흥시켜야 했기 때문이다. 공과대학 테크니온을 제1의 항구 도시 하이파에 개교한 뒤 테크니온에 의대, 약대를 개설하는 문제가 부상한 일이 있었다. 이에 대해 토의했으나 찬반이 극명히 갈려 5년간 결정을 내리지 못했다. 결국 한시적으로 의대, 약대를 설립하였는데 여기에는 한 가지 조건이 붙어 있었다. 오로지 연구만을 하는 의대, 약대여야 한다는 것이었다. 따라서 테크니온 의약대에 입학한 학생들은 공학과 의학, 약학을 섭렵하며 학문 융합을 실천해 나갔다.

그 결과 이 대학 출신이 창업한 의료-바이오-헬스케어 관련 회사가 전 세계 창업 기업의 30퍼센트를 차지하기에 이르고 있다. 미국의 의과 대학 수가 이스라엘의 30배임에도 전 세계 의료-바이오-헬스케어 창

업을 이스라엘이 석권할 수 있었던 것은 융합이라는 지고의 가치를 우
선했기 때문이었다. 그 결정이 시간이 흐르면서 훌륭한 결실을 맺었음
을 알 수 있다.

자연 친화적 유전자 변이, '에보젠'의 발상 전환

인간의 수는 지구의 생
산 능력 한계로 인해 19세기에 이르기까지 6억을 초과한 적이 없다. 그
러나 20세기 들어 질소비료가 개발되면서 비로소 토지가 비옥해지기
시작했다. 그에 따라 인구도 짧은 시간에 기하급수적으로 늘어났다. 게
다가 의료기술은 획기적으로 인간의 수명을 늘려 놓았다. 1999년 60억
을 돌파한 인구는 10년 뒤 70억을 돌파했고, 의료, 질병 관리 기술은
2050년 세계 인구 100억 명을 약속하고 있다.

의료기술의 비약적 발전으로 인한 인구 증가는 또 다른 방식의 식량
생산 패러다임을 요구하고 있다. 이에 인류는 유전자 변형이라는 새로
운 기술로 돌파구를 열었다. 미국의 세인트루이스에 본사를 둔 몬샌토
의 탄생이 그것이다.

몬샌토는 1901년 자연 농업에 최초로 도전장을 내밀었다. 질소비료
에 더해 인공 살충제, 제초제를 통해 식량 증산에 크게 이바지해 왔다.
그러나 최근 들어 유전자 조작에 의한 식량 증산 방식이 비판에 직면하
기도 했다. 베트남 전쟁에 사용된 고엽제의 제조사인 데다 전 세계 유
전자 조작 농업 생산품의 90퍼센트를 이곳의 기술로 만들고 있다는 사

실에 불편함을 느끼는 사람들도 많다.

이에 이스라엘에 본사를 둔 에보젠이라는 회사는 자연 친화적 유전자 조작이라는 새로운 패러다임을 여는 도전에 착수했다. 이들은 인위적인 유전자 조작 대신 '아고라'라는 박테리아를 이용하여 유전자를 자연친화적으로 전달하는 방식을 개발했다.

아고라 방식은 자연 상태에서 박테리아를 활용하여 어떤 식물의 유전자든지 교차시키고 섞이게 하는 새로운 유전자 변형의 패러다임을 열었다. 이제 어떤 종류의 식물도 누구나 손쉽게 유전자를 조작해서 그 변화 상태를 잘 기록하고 관리만 하면 신의 섭리 안에서 실험과 관찰을 할 수 있게 된 것이다. 이는 우리의 식량문제를 보다 쉽게, 보다 친환경적으로 접근하는 길을 열어 주게 되었다. 아고라의 도움으로 얻은 데이터를 잘 활용한다면 세상을 바꾸는 다양한 일을 할 수 있다.

불과 100여 명의 연구원으로 구성된 이 연구소의 데이터는 설립 5년 만에 이스라엘 국회 도서관 규모만큼 쌓였고, 기업가치는 하늘 높은 줄 모르고 치솟았다. 하루에도 수십 기가의 데이터가 쌓이고 있으며 그 가치는 1기가 바이트당 10억 원 이상에 달한다. 세계 생명공학 기업들이 신의 영역에 도전하며 생화학적 접근 방법에 열을 올리는 동안 이들은 자연 친화적 노하우를 개발했다. 그 연구 결과물은 거대한 제품Product 이 아닌 거대한 데이터Big Data로, 보이지 않는 가치에서 혁신을 만들어 낸 사례라 할 수 있다. 이처럼 앞으로의 혁신은 보이는 것, 만질 수 있는 것보다는 보이지 않고 만질 수 없는 가치 있는 결과물에서 더 많이 발견될 것이다.

여기에서 생명과학과 정보기술의 융합에서 혁신이 가능했다는 점에도 주목하자. 에보젠은 생명과학에서 출발한 회사였으나 그들의 가치는 정보통신 기술인 빅 데이터에서 창출됐다. 한국의 식량자급률이 20퍼센트에도 미치지 못하고 있는 실정임을 감안할 때, 에보젠의 혁신 방식은 많은 것을 시사한다. 이처럼 서로 다른 영역의 벽을 허물고 상자 밖의 생각에 익숙해지도록 만드는 교육과 문화가 절실하다.

애니메이션 기업, 픽사를 보라
그리고 더 많은 잡스를 만들어라

미국 캘리포니아주 에머리빌에 위치한 픽사 애니메이션 스튜디오는 3차원 컴퓨터 그래픽 기술로 유명하다. 이 회사는 실물보다도 더 사실적인 표현이 가능한 이미징 기술을 바탕으로 애니메이션은 물론 각종 의료 이미징 기술을 구현하는 '렌더맨'이라는 소프트웨어 특허를 가지고 있다. 이 기술은 업계의 표준으로 통할 정도로 보편적으로 활용되고 있다.

한편 21세기 창조경제에서 중요한 위치를 차지하는 산업의 하나가 바로 영화다. 일례로 제임스 카메론 감독의 『아바타』는 전 세계 박스오피스 수입이 30억 달러에 이른다. 애니메이션 기술을 이용해 이러한 세계적인 흥행작을 많이 내놓는 회사가 스티븐 스필버그가 세운 드림웍스고, 그 다음이 월트디즈니다. 『아이언맨 3』나 『어벤져스』와 같은 세계적인 블록버스터를 내놓은 곳이 바로 월트디즈니다. 월트디즈니사는 영화 단 한 편으로 15억 달러 이상의 수익을 올리기도 했다.

이 큰 회사가 훨씬 작은 회사인 픽사와 만난다. 픽사는 스티브 잡스가 1986년 조지 루카스 감독에게서 인수하였는데, 2006년 월트디즈니가 74억 달러라는 거금에 인수하면서 스티브 잡스는 월트디즈니사의 최대 주주로 등극하게 되었다. 그때까지 영화를 단 6개밖에 만들지 않았던 픽사였지만 디즈니에게는 그만한 가치가 있는 회사였다.

처음부터 픽사가 시장을 주도한 것은 아니다. 하지만 잡스의 번뜩이는 창의력이 발휘되면서 바뀌기 시작했다. 어느 날 CF를 담당하는 애니메이터가 책상 앞에 놓인 램프를 관찰하다가 든 생각을 토대로 「룩소 주니어Luxo Jr.」라는 2분짜리 영화를 즉석에서 제작하였다. 아들 램프가 심심해 하니 아빠가 공을 굴려 주었는데, 아들이 공을 차고 놀다가 공에 바람이 빠지면서 실망하자 아빠가 그 모습에 혀를 차며 끝나는 영화였다. 이를 본 픽사의 직원들 역시 혀를 차면서 거들떠 보지도 않았다.

그러나 잡스는 그 짧은 영화에 빠져 다양한 상상력을 발휘해 냈다. 평범하지만 지루하지 않은 가족 이야기를 실감나는 애니메이션으로 제작하면 관람객 마음 깊은 곳의 정서를 자극할 수 있으리라고 판단한 것이다. 그리하여 9년이라는 오랜 기간이 걸린 끝에 나온 영화가 「토이 스토리」라는 혁신적인 컴퓨터 그래픽 영화였다. 그 뒤 연이어 내놓은 영화들이 전 세계에서 7~8억 달러에 이르는 수입을 벌어들였다. 픽사가 지금까지 만든 영화는 총 14편이며 총 매출액은 90억 달러다.

픽사가 디즈니와 합병될 당시 퓰리처상 수상자이자 뉴욕타임즈에 고정 컬럼을 기고하던 토마스 프리드먼은 신년 컬럼에서 "앞으로의 미국의 경제 정책은 더 많은 스티브 잡스를 만들어 내는 방향으로 나아가야 한다.”고 오바마 대통령에게 제안했다. 즉 ICT 분야에서 최고로 창조적인 경영자 스티브 잡스와 같은 인물이 더 많이 탄생할 수 있게 창조교육에 매진해야 미래 미국의 일자리가 획기적으로 늘어나고 경제의 역동성을 유지할 수 있다는 주장이었다.

이 조언을 받아들인 오바마 대통령은 세계에서 가장 창업하기 좋은 나라가 미국임에도 불구하고 창업에 걸림돌이 있다면 과감히 혁파하겠다는 취지에서 '스타트업 아메리카Start-Up America'라는 정책을 실시했다. 그 결과 매년 250만 개에 달하는 양질의 일자리가 만들어졌고 실업률은 매년 1퍼센트씩 줄어들었다. 4년 만에 9.8퍼센트였던 실업률을 5.8퍼센트까지 떨어졌다.

잡스는 생전에 “실력이 좋은 예술가는 모방하는 것으로 만족하지만 실력이 위대한 예술가는 훔쳐서 사용한다.”는 말을 자주 했다. 그가 혁신적인 제품을 내놓을 때마다 “처음부터 당신의 아이디어는 아니었지 않느냐”고 따질 때 잡스가 맞받아치며 한 말이라고 한다. 사실 스티브 잡스는 이 말마저도 훔쳐서 사용했다. 이 말은 원래 피카소가 한 것이다.

픽사는 어떻게 건조한 컴퓨터 그래픽스 기술을 가지고 세계적인 창의기업으로 거듭날 수 있었을까? 이 회사의 창의력이 출발한 곳은 어디일까?

아마 그 시발점은 과학기술과 ICT 그리고 다양한 상상력이 접목된 데서 찾을 수 있을 것이다. 픽사Pixar라는 회사명은 화소를 뜻하는 'Pixel'과 예술을 뜻하는 'Art'의 조합으로 만들어졌다. 잡스는 이미 1986년 회사 경영을 시작할 때부터 기술과 예술의 결합이 우리의 미래라고 예견했다. 과학과 인문적 상상력의 결합이 가치 창출의 큰 도구라고 본 것이다.

픽사의 건물 외벽에는 "우리는 더 이상 혼자가 아니다."라는 문구가 써 있다. 각자 아이디어를 따로따로 쥐고 있다가 결국 쓰지도 못하는 일이 없어야 한다는 뜻이다. 픽사가 다른 어떤 회사보다도 잘하고 있는 뛰어난 능력 중 하나는 호기심의 활용이다. 아인슈타인은 "우리는 과거로부터 배워야 한다. 오늘을 위하여 재미있게 살아야 한다. 그리고 미래를 위하여 희망을 가져야 한다. 하지만 알고 싶어하는 욕망을 멈추지 않는 것이 가장 중요하다."고 했다. 픽사는 스티브 잡스를 통해 아인슈타인이 말한 호기심을 지고의 가치로 여기며 경영되었고 그 결과 세계 최고의 창의산업을 일궈 냈다. 어린아이의 눈으로 세상을 바라보는 것, 그것이 픽사의 창의 전략이며 이를 온몸으로 보여준 사람이 바로 스티브 잡스다.

우리는 '호모디지쿠스'의 조상

우리의 하루는 디지털과 뗄 수 없다. 아침 기상 시간은 위치정보위성이 보낸 GPS 신호를 휴대폰이 받아 알려준다. 아침 밥상에 올라온 냉이국의 냉이도 협동 생산과 인터넷 경매를 통해 백화점의 바코드에 입력되었기에 구매할 수 있다. 인터넷에 저장된 정보를 셋탑박스를 통해 TV로 보고, 전 세계의 주요 신문도 TV를 통해서 배달된다. 출근길에는 GPS 신호를 받은 내비게이션이 길을 안내하고, 도로 곳곳의 센서가 보내 오는 교통정보를 실시간으로 운전자에게 알려 준다.

초고속 LTE를 통해 출근 시간에 이메일을 체크하고 급한 것은 그 자리에서 핸드폰으로 결재한다. 회사에서는 PC로 점심 메뉴를 주문하고, 비디오 컨퍼런스를 통해 각국의 영업 상태를 점검한다. 인터넷에 저장된 출장 일정 정보가 여행사에 등록되면 전자티켓을 받아 볼 수 있다. 퇴근 무렵 자녀의 학원 출석 확인 메시지가 오고 핸드폰으로 선생님과 상담도 할 수 있다. 인터넷으로 집에 있는 전기밥솥을 가동시키며 거실의 에어컨 온도를 설정한다. 냉장고의 문에 저장된 음식 재료 상황이 나타나며 추가 주문 여부를 물어 온다. 식사 후 화장실에 들렀다 나오니 곧바로 건강정보가 출력된다.

우리의 눈에는 보이지 않으나 한반도는 수많은 디지털 신호로 가득차 있다. 우리는 한국이라는 물리적 공간과 디지털 세상인 디지털코리아에 존재하고 있다. 21세기 대한민국에서 호흡하는 우리 모두는 '호모디지쿠스'로 진화하는 중이다. 현생 인류의 시조격인 '호모사피엔스'의 시대가 저물어 가는 것이다. 알타미라동굴의 벽화에 그려진 크로마뇽인처럼 우리도 수천 년 뒤엔 CD에 기록되어 화성이나 금성에서 발견될지도 모른다. 우리가 이 시대를 남들보다 앞서 현명하게 살 수 있다면 아마도 미래인들은 디지털코리아가 '호모디지쿠스'의 시조들이 살던 곳이라고 말할지도 모른다.

'호모디지쿠스'의 우성인자를 갖고 태어난 우리는 그 소질을 갈고 닦아서 각자가 처한 현재의 어려움을 극복하고 희망찬 미래를 열어 가야 할 것이다.

04

제록스의 몰락과
수많은 벤처의 탄생

70년대 말 세계 최고의 하이테크 기업은 제록스였다. IBM, AT&T와 같이 노벨상을 여러 차례 수상한 회사들이 있었다. 하지만 정작 실리콘밸리에 일찌감치 둥지를 틀고 앉아 당대 최고의 기술에 도전해 온 제록스야말로 알짜배기 기술 개발을 선도해 왔다.

제록스는 당시 떠오르던 사무 자동화 시장에서 엄청난 가능성과 기회를 누리고 있었다. 그러면서도 항상 RCA의 교훈을 잊지 않으려고 노력했다. 미국의 RCA는 최고의 전자장비를 개발하여 하이테크의 대명사로 불렸으나 벨연구소가 개발한 트랜지스터 기술을 얕보다 그만 침몰하고 만 회사이다. 진공관 기술이 지배적이던 때, 벨연구소는 아주 작은 반도체를 응용하여 진공관 크기의 1000분의 1 수준으로 작은 트랜지스터 반도체 소자를 개발했다. 트랜지스터의 발명으로 전자장치들이 획기적으로 작아지고 전력 소모나 성능 면에서 월등히 앞서가게 된 것이다. 벨연구소는 트랜지스터 발명으로 노벨상을 수상했다.

RCA의 입장에서 본다면 트랜지스터의 발명은 엄청난 위협이었지만, RCA는 오히려 진공관의 성능을 개선하는 데 연구 개발비를 퍼붓기만 했다. 결과는 처참한 참패였다. 세계 어느 나라 국민들도 누리지 못하던 라디오, TV 등 첨단 기기의 상징인 RCA가 벨연구소의 트랜지스터로 인해 처참히 무너지고 만 것이다.

제록스 입장에서 볼 때 RCA는 좋은 참고 자료였다. 제록스는 실리콘밸리의 명당자리이자 스탠포드대학교 인근인 팔로알토에 연구소를 세우고 팔로알토연구센터PaloAlto Research Center라 명명했다. PARC라고 불리는 이 연구소는 사실상 실리콘밸리의 모태라고 해도 과언이 아니다. 비록 IBM이나 AT&T처럼 역사와 전통을 앞세울 만큼은 아니었지만, 하이테크를 지향한다는 자부심 만큼은 RCA를 넘어설 수준이었다.

제록스는 엄청난 이익의 대부분을 연구 개발에 쏟아부었다. 제록스의 주력 제품은 복사기였으나, PARC 연구소를 세우며 만든 목표는 IBM을 능가하는 최고의 정보처리 회사였다. 그들이 개발한 기술이 오늘날 PC 산업의 토대가 되었다는 사실을 잘 아는 사람은 별로 없다. 마우스나 로컬에어리어 네트워크Local Area Network, 초고속 구내정보통신망을 구성하는 표준인 이더넷Eithernet도 여기서 만들어졌다. 매킨토시의 영상그래픽은 물론이고 수많은 정보기기의 기초 기술도 PARC에서 고안해 낸 것이다.

문제는 제록스가 신기술을 시장과 연결하는 경영 역량이 부족했다는 점이다. 8,000명의 정예 연구원만으로는 시장에서 들어오는 무수한 피드백을 받아들이는 데 한계가 있었다. 시장 현실은 아직 걸음마 단계인데 그들의 상상력은 몇 걸음 앞서 나간 미래 지향적인 기술을 만들어냈다. 결국 좋은 기술임에도 시장과의 연계가 원활하지 못하여 허덕이는 동안 연구원들은 하나둘씩 회사를 떠나가게 됐다.

이 연구원들을 스카우트하여 의미 있는 사업을 모색하려는 새로운 사람들이 등장하게 되었다. 바로 벤처 투자가들이었다. 이들은 밀려나오는 연구원들의 가치를 알아보고 새로운 투자의 패러다임을 추구했다. 성공 여부는 확실치 않지만, 성공만 한다면 그 이윤이 엄청날 것이라는 가능성 하나에 기꺼이 위험을 감수하는 새로운 금융 기법이 탄생한 것이다.

이들은 수백 명의 퇴직 연구자들에게 달려들어 투자를 제의했다. 그중 성공한 20여 건이 제록스의 수익을 능가하는 데 10년도 걸리지 않았다. 마치 문어가 수만 개의 알을 부화하는 데 온 힘을 쏟고 마침내 알이 부화하는 순간부터 힘이 다해 서서히 죽어가면 그 새끼들이 어미의 살을 떼어 먹으면서 성장하는 것과 같은 모양새다. 거대한 대왕문어 제록스는 많은 선진 기술을 만들었으되 그것을 기업의 이익으로 연결짓지 못했다. 그 과정에서 벤처 산업이 발전하게 되었다. 수많은 기술 가운데 제록스가 유일하게 잘 활용한 것이 있었다면 레이저 기술이었다. 레이저 복사기가 그나마 위안이 됐다.

05

'닫힌 혁신'의 한계,
이제는 '오픈 이노베이션'으로

제록스의 사례는 'NIH신드롬'으로 더 잘 알려져 있다. NIH란 여기서 만들어진 기술이 아니라는 뜻Not Invented Here으로, 그들만의 폐쇄성을 잘 드러내는 말이다. 우리(제록스)는 울타리 밖의 어떤 세계에도 관심을 두지 않는다는 거만함이 묻어난다.

과거 미국의 모든 거대 기업들은 회사 내부에 수천, 수만 명의 연구원을 거느리고 왕국처럼 회사를 꾸려 나갔다. 그러나 기술의 다양화와 수없이 파생되는 새로운 응용법을 혼자만의 역량만으로는 따라갈 수 없다는 사실을 깨닫는 데 너무 많은 시간이 흘렀다. 결국 24개의 성공한 벤처 회사만을 남긴 채 서서히 무너져 갔다.

제록스가 남긴 회사들 가운데는 제록스보다 훨씬 크게 성장한 3Com,

어도비Adobe, 다큐먼텀Documentum, 시놉틱스Synoptics 등이 있다. 이들은 제록스에서 연구한 기술에 벤처 투자자의 자본을 접목시켰다. 벤처기업은 시장의 요구를 선도하면서도 자본주의의 단맛을 즐길 줄 아는 혁신의 전도사가 되었다. 이제 닫힌 공간의 고매함 대신 열린 공간의 신선한 바람이 그들을 신나게 만들었다. '열린 혁신'을 의미하는 '오픈 이노베이션'이 실리콘밸리에 퍼진 것이다.

그 이래로 수많은 연구 역량을 배출하고 있는 스탠포드대학을 중심으로 한 실리콘밸리의 두뇌들은 새로운 생태계를 만들어 왔다. 이제 연구자와 시장의 상상력이 융합하는 것은 강물의 흐름처럼 당연한 일이 되었다. 흐르는 강물을 풍부하게 하는 역할은 벤처 투자자들이 담당하게 되었다.

거대 연구소의 개방과 인터넷이라는 보이지 않는 새로운 디지털 사이버 세상의 등장 그리고 풍부한 상상력을 무기로 들고 위험에 뛰어드는 신흥 자본 계층의 등장. 이러한 삼박자의 경제가 탄생하게 된 것이다.

체스게임에서 포커게임으로

IBM의 전직 연구부장이었던 제임스 맥그로디는 이제 하이테크 산업은 일사불란한 체스게임만 할 것이 아니라 경우에 따라서는 과감히 위험에 뛰어들 수 있는 포커게임도 해야 하는 순간에 다다랐다고 말했다. 새로운 시장에서 초기 기술을 개발하는 것은 기존 시장에서 기술을 향상시키는 것과 판이하게 다르기 때문이다.

새로이 개발한 기술을 기존 시장에 적용할 때는 체스게임처럼 룰에 충실히 게임에만 임하면 끝이다. 그러나 새로운 시장에서의 게임은 전혀 다르다. 이미 가지고 있는 기술이라도 경우에 따라서는 위험을 감수하는 포커게임처럼 도전해야 한다. 새 시장에 대한 검증된 정보가 충분치 않기 때문이다. 역동적인 기술 응용과 개방된 정보 채널 때문에 더 그렇다.

모든 회사는 새로운 시장에서 새로운 기술을 시험하는 능력을 키울 필요가 있다. 회사가 자기 시험 능력을 키울수록 그들은 벤처 자본가, 창업자, 분사회사 입장에서 자신이 가진 기술을 객관적으로 보는 역량을 키울 수 있을 것이다. 회사는 골치를 아프게 했던 복잡한 일들을 훌훌 털어 버리고 외부와의 개방적 협력을 통해 기술 가치를 혁신할 수 있다.

'닫힌 혁신'을 하는 갇힌 문화의 기업은 제록스처럼 좋은 기술을 개발할 수 있을지 모르지만 그 기술로 성공에 이르기는 힘들다. 제록스는 자기 기술로 체스를 두었고 실리콘밸리는 그것을 가지고 포커를 두었다. 결국 제록스의 주주들은 혁신 전략에서 실패한 회사 탓에 이익을 얻지 못했다.

우린 반 발자국만 앞선다

제록스로서는 당시 최고의 컴퓨터 회사였던 IBM이 선망의 대상이었다. 개인용 컴퓨터 기술을 가지고 있었음에도 제록스는 여전히 기술 개발 이후로 사업을 진척시키지 못했다. 그들은 초고속으로 발전해 가는 컴퓨팅 연산기술에 버금가는 초고속 정보통신에 관심을 두었다. 다시 말해 컴퓨터는 IBM에게 맡기고 수많은 컴퓨터 간 통신의 길을 열어 더 큰 가치를 만들어 내려 한 것이다.

광통신 기술은 IBM의 정보 처리 기술에 견줄 수 있는 유망한 도전이자 필연적으로 그와 공존할 수밖에 없는 것이었다. 광통신의 등장으로 정보 전달 속도는 무어의 법칙(18개월마다 반도체의 집적도가 2배씩 높아진다는 법칙)에 견줄 만큼 빠르게 발전할 수 있는 가능성이 있었다. 정보 사무 처리 기술을 다루는 제록스로서는 당연하면서도 미래를 약속할 만한 결정을 한 것이다.

그러나 초고속 컴퓨팅 작업은 대기업이나 초대형 연구소에서나 수요가 있을 뿐, 도무지 일반 시장이 형성될 조짐이 나타나지 않았다. 연구원들이 서서히 지쳐갈 즈음, 벤처 투자가들이 나타났다. 제록스는 밑빠진 독에 물 붓기보다는 기업 합병을 통한 15퍼센트의 지분 확보로 얻는 이윤을 택했다. 이 조건으로 시놉틱스가 탄생하게 되었다.

제록스에서 나눠져 나온 시놉틱스의 전략은 전혀 달랐다. 이들은 혁신적인 근거리 초고속 광통신 솔루션을 재평가한 뒤 반 발자국만 앞서가기로 결정했다. 초대형 슈퍼 컴퓨터 시장보다는 저속이지만 소규모 오피스에 적절한 근거리 정보 통신 전달 시스템으로 조건을 한 단계 낮춘 것이다. 속도가 낮아지니 광케이블이 아닌 기존의 구리선을 활용할 수 있게 되었다. 누구에게나 익숙한 전기 신호로 사무실, 학교, 공장 등 비교적 가까운 거리 내에서 자유자재로 컴퓨터 간 연결이 가능해졌다.

그러자 곧 획기적으로 정보화가 진전되기 시작했다.

광통신 기술만 고집하기보다 구리선을 활용하는 값싼 솔루션을 통해 PC 활용 계층 누구에게나 쉽게 연결성을 보장해 준 것만으로 수요는 확실히 크게 늘었다. 게다가 구리선을 사용하면 비용 면에서도 광통신 방식의 10퍼센트만으로도 충분했다. 최고만을 지향하는 제록스라면 도저히 내리기 어려운 결정이었을지 모른다. 그러나 외부의 상상력이 접목되는 순간 혁신은 단숨에 불타올랐다. '이더넷'이라는 간편하면서도 전 세계 컴퓨터들을 상호 연결하는 필수적인 기술은 이렇게 탄생했다.

그 후 이 기술을 발판으로 시놉티스는 광케이블을 근간으로 하는 초고속 인터넷 연결 솔루션에서 주도권을 잡았다. 이 시장 역시 컴퓨터 산업의 발전과 함께 새로운 패러다임을 열어 가게 되었다.

개방형 혁신 시대를 가능하게 한 요인들

20세기만 하더라도 거대 기업들은 중세 농노제도 이상의 굳건한 성을 쌓고 있었다. 그 누구도 범접하기 어려운 기술과 다수의 인력을 통해 자신만의 노하우를 대대손손 전하면서 그들만의 리그를 고수했다. 그들 중 일부는 막강한 독점력을 바탕으로 거대한 수익을 올렸다. 제1, 2차 세계 대전을 거치면서 군수 물자를 위한 연구도 함께 하면서 정부의 보호까지 받게 되었다.

이들은 자신들의 강점을 앞세워 수직적 결합을 해 나가며 각 산업 분야를 하나씩 차지했다. 그 결과 '국가는 망해도 기업은 영원하다'는 신앙에까지 이르게 되었다. 정보 통신 연구를 하다 보니 우연히 우주팽창 이론을 알게 되었다. 원자폭탄의 성능 개선에도 기업의 노하우가 필요하게 되었다. 식량 문제 해결에도 기업의 힘이 필수적이었다. 20세기는 이른바 기업의 황금기라고 할 수 있었다. 그러나 정보 통신의 발전과 대학 교육의 보편화 그리고 냉전의 산물인 국방기술의 진전은 다른 시대를 열어 나갔다. 제대 군인들의 지적 자산은 새로운 오픈 이노베이션의 가능성을 열어 줌과 동시에 혁신의 새로운 패러다임을 만들어 냈다.

숙련된 많은 두뇌들

'닫힌 기술 혁신'의 종말을 예고한 것은 1차적으로 숙련된 지식 두뇌의 팽창이다. 대학 교육의 보편화와 군인들의 뛰어난 역량 그리고 유연한 노동시장은 두뇌의 이동성을 급격히 높여 나갔다. 제대 군인들에게 대학이나 대학원 교육을 이수하게 하여 이들로 하여금 소모적인 비용에 불과했던 연구 비용을 실제 산업화로 이어지는 비용으로 사용케 하는 것이 급선무였다.

실제로 이스라엘은 적에게 둘러싸여 있어서 정부예산의 9퍼센트를 국방비로 지출하고 또 많은 무기를 개발할 수밖에 없는 처지다. 이스라엘은 기꺼이 국방비를 부담하면서도 개발된 기술을 반드시 산업화하여 GDP의 6퍼센트를 만회했다. 미국을 비롯한 여러 나라를 보아도 제대 군인을 학교와 잘 연결시켜 준 경우, 자원이 없다는 불리한 여건하에서도 잘 사는 경우가 많다. 이런 이유로 두뇌인력은 강인한 군대 정신과 도전적인 기업가 정신을 융합시켜 열린 혁신으로의 길을 열어 갔다.

이들 두뇌집단은 최고의 입찰자에게 언제든지 팔려 나갈 준비가 되어 있다. 더 이상 기업의 부속품이 아니라 혁신의 주연으로서 자신을 필요로 하는 곳이라면 지구 끝까지라도 가겠다는 정신으로 무장한 새로운 전사들이다. 각 나라의 정부들도 이제는 자원이 아니라 기업가 정신으로 무장한 혁신경제, 창조경제라는 새로운 패러다임을 내세우고 있다. 여기에는 모험의 가치와 가능성을 염두에 두고 기꺼이 뛰어들려는 새로운 금융 투자자, 벤처 캐피탈리스트가 함께 하고 있다. 이들이야말로 자원 대신 상상력을 자극하여 혁신을 가능하게 만드는 중요한 구성원이다.

열린 기술의 환경에서 탄생한 많은 혁신기업들은 무無에서 엄청난 부가가치를 만들고 나면 또다시 새로운 창업에 도전하는 연쇄창업의 길을 걷는 경우가 대부분이다. 우리는 이들을 좋은 의미에서 마피아라고 부르기도 한다. 예를 들면 페이팔 마피아가 있다. 인터넷 신용 거래 솔루션을 개발한 9명의 페이팔 창업자들은 2002년 이 기술을 세계 최고의 인터넷 전자 거래 업체인 이베이에 18억 달러에 매각하며 거금을 쥐게 되었다. 이들은 그 돈으로 삶을 즐기는 대신에 각자 또 다시 창업에 투자했다. 우리가 잘 아는 유튜브, 링크트인, 스페이스엑스, 클라리온과 같은 벤처가 바로 그것이다. 이 회사들은 다시금 60억 달러 이상의 부가가치를 만들어 냈다. 4년 전 출범한 100% 전기자동차 회사 테슬라도 페이팔 마피아의 한 명인 엘론 머스크가 만든 회사이다.

혁신 기업의 기술로 벌어들인 거금을 다시 연쇄적으로 투자하면서 창업 투자의 생태계가 자연스럽게 형성되었다. 이를 바탕으로 이스라엘 같은 작은 나라가 세계 최고의 창업국가로 재탄생하면서 21세기 경제의 지도자로 떠오르게 된 것이다. 이런 의미의 마피아가 이스라엘에서만 5개 정도 활동하고 있으며 이들은 전 세계를 대상으로 오픈 이노베이션 생태계를 구축해 가고 있다.

3장

유대인의 창조 정신, 후츠파

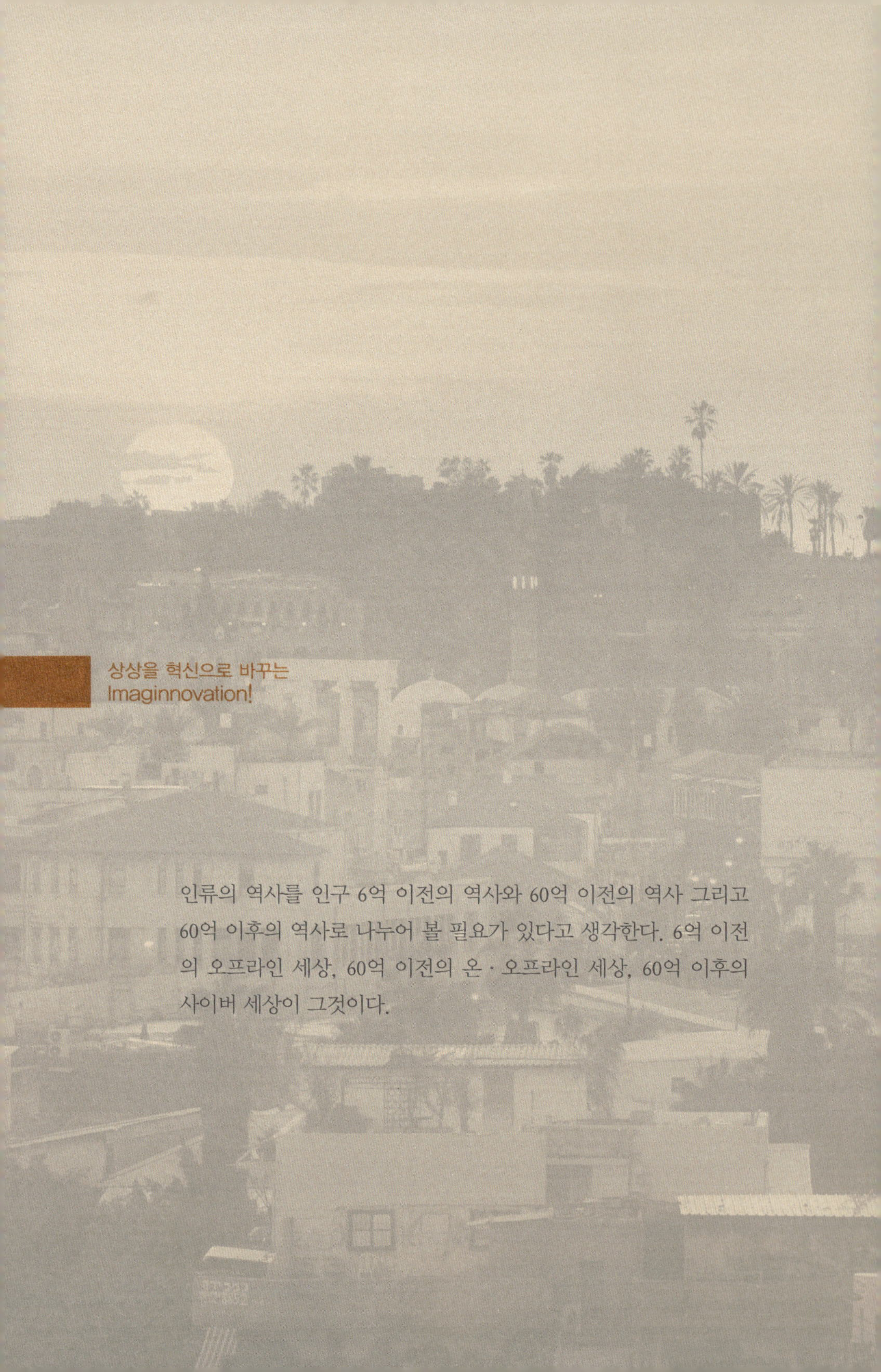

상상을 혁신으로 바꾸는
Imaginnovation!

인류의 역사를 인구 6억 이전의 역사와 60억 이전의 역사 그리고 60억 이후의 역사로 나누어 볼 필요가 있다고 생각한다. 6억 이전의 오프라인 세상, 60억 이전의 온 · 오프라인 세상, 60억 이후의 사이버 세상이 그것이다.

이스라엘
인사이드

우리는 유례없는 인류학적 격변기에 살고 있다. 지구상에 지능을 갖춘 호모사피엔스가 등장한 이래 25만 년이 흘렀고 그 기간 동안 인구는 6억으로 늘었다. 그러나 지난 150년 동안 인류는 질소비료를 개발하여 척박하기 그지없던 지구를 비옥한 토양으로 바꿔 놓았다. 또 의료기술을 개발해 기대 수명을 늘렸다. 이에 세계 인구는 60억 명을 돌파했으며 지난 15년 사이 거기에서 13억 명이 더 늘기에 이르렀다.

6억 이하의 느슨한 인구가 살고 있던 지구의 경제는 동서양 간 편서풍과 실크로드를 통해 수개월에 걸친 무역으로도 충분히 지탱되었다. 그러나 독일의 화학자 하버가 발명한 질소비료는 식물의 생산성을 획기적으로 늘리며 농업혁명을 일으켰다. 이를 통해 인구는 기하급수적으로 늘어났다. 느슨하던 사회가 갑자기 늘어난 인구로 인해 분주해지고 동서양 간의 거래가 더 빈번해지면서 산업혁명으로 이어지게 되었다. 교통과 통신이 물리적 거리를 단축시켰고 시간에 새로운 가치를 부여했다. 그러다 마침내 인터넷이 등장하였다. 인터넷은 70년대에 고안되었으나 연구소 등을 중심으로 이용되다가 우리나라의 경우 세계 인구가 60억을 돌파하던 1999년 바로 그 해에 일반인들이 이용하게 된 것이다.

여기서 인류의 역사를 인구 6억 이전의 역사와 60억 이전의 역사 그리고 60억 이후의 역사로 나누어 볼 필요가 있다고 생각한다. 6억 이전의 오프라인 세상, 60억 이전의 온·오프라인 세상, 60억 이후의 사이버 세상이 바로 그것이다.

우연의 일치인지는 몰라도 인구의 성장 속도와 과학 기술의 발전 속도는 절묘하게 맞아 떨어지면서 그때마다 알맞는 해법을 제시해 왔다. 6억 이하의 세계에서는 실크로드나 편서풍을 이용한 2~3개월에 걸친 무역으로 충분했다. 그러나 농업 혁명과 산업화로 인해 기하급수적으로 인구가 늘어가자 대량 생산과 운송이 가능한 교통과 통신 혁명이 일어났다. 그리고 마침내 인구 60억을 돌파하는 순간, 인터넷을 통한 온라인 경제가 가능해졌다.

만약 지금의 인터넷 경제를 오프라인에서 모두 소화하려면 은행 점포가 지금의 10배 이상 더 필요할 것이다. 이를 인구로 환산하면 전 국민의 10퍼센트가 은행원이어야 할 것이다. 불과 10여 년 만에 우리나라의 인터넷 거래 경제는 전체 거래 경제의 90퍼센트에 이르렀다. 이를 은행에서 오프라인으로 처리한다는 것은 이미 불가능해졌다.

이제 우리는 사이버 세상의 질서와 환경에 맞는 새로운 패러다임에 적응할 수밖에 없다. 자연히 디지털 토양에서 새로운 하이테크를 경작하는 사이버 세상의 새로운 인류 '호모디지쿠스'에 관심이 가게 된다. 인터넷 속도는 농경사회로 비유한다면 비옥한 토양에 해당한다. 대한민국의 경이로운 인터넷 속도는 CNN 뉴스 사이에 퀴즈로 나올 정도다. 이제 우리는 세계에서 가장 비옥한 디지털 토양에서 하이테크를 경작하는 21세기의 농부로 거듭나야 하는 시점에 서 있다. 세계에서 가장 창의적인 두뇌와 가장 비옥한 디지털 토양을 가진 우리에게 21세기는 분명 축복의 시간이다.

오늘날 우리 현실은 아이러니하게도 젊은이들에게 희망보다는 절망을 더 빨리 느끼게 하고 성취의 기회도 주지 않고 있다. 반면에 우리나라보다도 훨씬 열악한 환경 속의 이스라엘 젊은이들은 최고의 창의력을 발휘하며 21세기 경제 기적을 일구어 가고 있다. 인구 750만의 충청도만 한 면적의 사막에 세워진 작은 나라가, 60년대까지는 세계 최고의 농업국으로 자리매김했으며 우리나라에 새마을운동을 싹트게 하였고, 이제 지식국가로 탈바꿈하여 21세기를 선도하고 있다.

지구상의 모든 컴퓨터에 인텔의 칩이 박혀 있다면, 이스라엘은 세계인의 모든 일상생활에 이스라엘의 하이테크가 담겨 있다는 의미에서 '이스라엘 인사이드'를 지향하고 있다. 위성 신호로 울리는 알람에 맞춰 일어나서 메일을 체크하고 일정을 확인하며 내비게이션의 지시로 혼잡을 피해 회사에 도착한다. 전자결제 후 거래선과 화상회의를 하고 점심

약속을 잡고는 전자계약을 서명한다. 이 사이사이에 보이지는 않으나 매우 중요한 인터넷 보안 기술이 자리잡고 있는데 거의 대부분이 이스라엘의 것이다.

세계에서 일어나는 새로운 창업투자의 31퍼센트가 이스라엘에서 이루어지고 있다. 이스라엘 젊은이들은 나스닥 시장을 장악했고 지식 자본의 규모를 세계 3위로 끌어올렸다. 학생 수가 서울대학교의 절반밖에 안 되는 히브리대학이 1년에 만들어 내는 특허 수익은 한때 자그마치 1조 원에 이른 적도 있었다. 세계 최고의 농업 국가였고, 원자력 안전 기술을 장악했고, 해수 담수화 기술 등 물 관리 기술에 일가견이 있던 이스라엘이 이제 21세기 하이테크를 선도하고 있다. 그 덕분에 2008년 월스트리트 발 세계경제 위기 때에도 캐나다와 더불어 단 한 개의 은행도 파산하지 않았다.

우리처럼 자원이 없는 나라이지만 디지털 토양을 일구는 탁월한 농사꾼으로서 하이테크 농사를 세계에서 가장 잘 짓는 이스라엘인들의 세계로 들어가 보자. 이번 여행이 호모디지쿠스로 새로이 태어난 한반도의 젊은이들에게 탄생의 아픔을 훌훌 털고 일어서기 위한 믿음직한 손잡이가 될 것이다.

창조 정신의 충분조건,
후츠파

'후츠파'를 굳이 번역하자면 '뻔뻔함'이라는 뜻에 가장 가깝다. 사실 히브리어에는 "Excuse me."라는 표현이 없다고 한다. 이를 좋은 의미로서의 '당돌함'으로 재해석한다면 긍정적 의미를 부여할 만한 단어라고 느껴진다.

그동안 후츠파라는 그들만의 고유한 국민성은 부정적 이미지로 인해 수천 년 동안 외부 세계에 그다지 알려지지 않았었다. 따라서 이 장에서는 유대인 창조 정신의 비밀을 담고 있는 후츠파를 발굴하는 탐사 여행을 떠나 보고자 한다.

후츠파에 담긴 일곱 가지 처방전

후츠파에 담긴 뜻은 생각보다 다양하다. 그래서 이스라엘 경제 기적을 다룬 책 『창업국가』의 저자에게 이스라엘 창조 정신의 저변에 깔려 있는 후츠파의 의미를 해부해 줄 것을 요청했다. 그는 후츠파에 담긴 일곱 가지 무지개 빛을 통해 뜻을 전해 왔다. 다행히도 일곱 가지의 의미는 우리의 국민성과 그다지 중복되지 않아 우리의 젊은이들에게 훌륭한 처방 약이 될 것이라 생각된다. 이스라엘인을 이끌어 온 후츠파라는 처방전을 통해 주저앉은 우리 청년들이 벌떡 일어서길 기대한다.

앞으로 살펴볼 일곱 가지 후츠파의 뜻은 다음과 같다. ❶ Informality(형식의 파괴), ❷ Questioning Authority(질문의 권리), ❸ Mash-up(상상력과 섞임), ❹ Risk Taking(위험의 감수), ❺ Purpose Driven(목표 지향), ❻ Tenacity(끈질김), ❼ Learning from Failure(실패로부터의 교훈).

처방 1 Informality(형식의 파괴)

히브리어에는 'Excuse me'가 없다

멋진 핸드백을 메고 길을 걷고 있는 아가씨에게 다짜고짜 가방의 가격과 브랜드를 물어보는 것이 당연하다. 장군이 회의장에 늦게 도착하는 바람에 입구 쪽의 빈자리에 앉았는데 우연히 커피포트가 그 뒤에 놓여 있다면 회의 내내 커피 시중은 당연히 장군의 몫이다. 이런 나라가 바로 이스라엘이다.

2000년 동안 나라 없이 떠돌며 살아온 유대인은 거두절미하고 곧바로 본론으로 들어가야 하는 상황과 자주 맞닥트렸을 것이다. 이런 거추장스러운 형식의 파괴는 초고속으로 발전해 가는 지식 창조 경영의 환경 아래에서 오히려 미덕으로 작용하였다.

히브리어에는 존칭어가 없다. 유대인 아이들은 부모를 이름으로 부르는 게 보통이다. 정부 수반, 부대 사령관 같이 사회적 지위가 높은 사람의 경우 이름 대신에 친근함을 더하는 별명으로 부른다. 예를 들면 키가 큰 사령관에게는 면전에서 '꺽다리'라고 부르는 것이 용인되는 것이다.

형식의 파괴는 이스라엘 어디서나 볼 수 있다. 가령 학생이 교수와 이야기할 때, 직원이 상사를 대할 때, 서기가 장관을 대할 때 뻣뻣하고 뻔뻔한 태도를 취하는 것이 일상이다. 그들은 집이든 학교든, 심지어 군대에서도 강하게 자기 주장을 내세우는 것이 올바르다고 배운다. 오히려 그렇게 하지 않을 때 자기 발전과 경쟁에서 낙오할 가능성을 염두에 두고 생활한다. 우리나라의 신입사원이 숨죽인 채 상사의 눈치를 살피는 시간에 이스라엘 신입사원은 서슴없이 "당신이 내 상사여야 하는 이유를 대라."고 한다. 그 정도로 유대인은 당돌하며 자기 역량을 드러내 놓은 채 도전을 기다린다. 이것은 만용이 아니라 그들의 평범한 문화의 한 모습일 뿐이다.

로시가돌(큰 머리) 문화와 로시카탄(작은 머리) 문화

미국의 아폴로 계획은 러시아의 스푸트니크 발사 성공으로 깜짝 놀

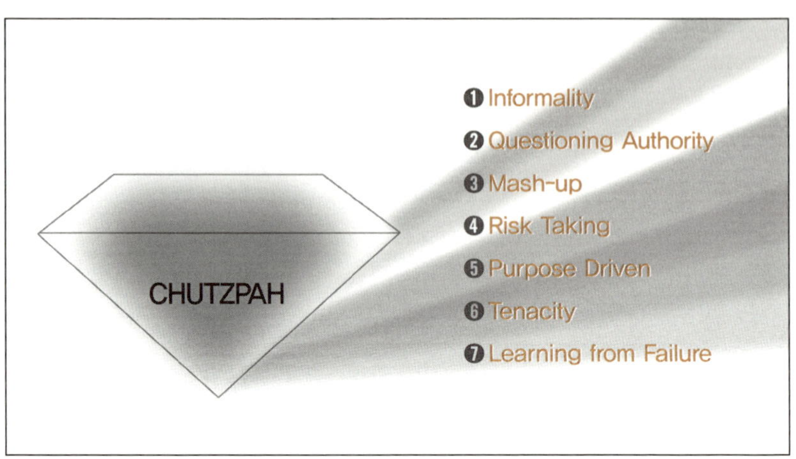

후츠파라는 진단서에 담긴 7가지 처방전

란 케네디 대통령이 70년대가 가기 전에 인간을 달에 착륙시키라는 명령을 내리면서 출발하였다. 나사NASA는 책임자를 선정하고 그에게 모든 권한과 책임을 위임하여 1969년 7월 20일 달 착륙에 성공했다. 그후 닉슨 정부에서는 항공기처럼 활용하는 우주 왕복선 제작 계획인 '콜럼비아 프로젝트'를 추진하였다. 이때 정부 관리는 아폴로 계획의 자료를 토대로 표준 지침을 만들어 모든 과정을 집중 통제했다. 하지만 프로젝트는 결국 발사 도중 폭발로 인해 실패하고 말았다.

히브리어로 '작은 머리'를 의미하는 로시카탄적인 행동은 책임과 추가적인 업무를 회피하기 위해 위에서 내려오는 지시를 최소한으로 해석하는 것이다. 반면 '큰 머리'를 의미하는 로시가돌적 행동은 지시를 따르되 거기에 자신의 판단을 더하여 더 좋은 방법으로 따르는 것이다. 세계 과학 경시 대회에 가 보면 한국과 싱가포르의 학생들이 이스라엘 학생들보다 더 좋은 성적을 얻어 간다. 그러나 이스라엘 젊은이들이 창업에 더 도전적이고 앞서나간다. 이는 즉흥적인 판단을 규율보다 우선하고, 상관에 대한 도전이 용인을 넘어 오히려 권고되는 문화이기 때문이라고 『창업국가』의 저자는 진단했다.

인텔 이스라엘 연구소의 도전

무어의 법칙에 따라 지난 30년 동안 인텔의 프로세서는 매 18개월마다 그 성능과 속도가 두 배씩 성장해 왔다. 하지만 8088칩에 이르러 발열 문제가 심각해지면서 무어의 법칙이 중단될 위기에 놓였다. 미국 산타클라라 본사가 오직 '속도=경쟁력'이란 공식에 집착하고 있을 때, 이스라엘 연구소는 속도에 주목하는 대신 소프트웨어적 변속기어를 개발하여 칩의 구동속도를 늘리지 않고도 성능을 올리는 방법을 개발하였다.

이는 변속기가 없는 엔진의 속도가 지나치게 높아져 생기는 발열 문제를 해결한 것과 같았다. 그러나 엔진 속도가 곧 인텔의 기술력이라는 생각을 가진 경영진을 설득해야만 했다. 이 때문에 시도 때도 없이 이스라엘 하이파연구소에서는 오텔리니 회장(당시 본부장)에게 전화를 했고, 결국 이스라엘 연구소의 안이 채택되었다. 듀얼코어, 트리플코어와 같은 지금의 멀티코어 칩이 바로 그때 하이파연구소에서 제안했던 다단계 변속기가 달린 칩이다. 이 개발은 무어의 법칙을 계속 이어 갔을 뿐 아니라 침몰 직전의 인텔을 구해 냈다. 그 뒤로 세계 다국적 기업들은 불안한 안보에도 불구하고 앞다투어 이스라엘에 연구소를 지었다.

이스라엘 젊은이들이 매사에 성공하는 건 아니다. 실패할 경우 구구

절절 변명하는 것은 절대 용납되지 않는다. 대신 그 실수로부터 무엇을 배웠는지를 분명히 보여 주어야 한다. 자기 자신에 대해 방어적인 사람으로부터는 아무것도 배울 수 없다고 믿기 때문이다.

청춘, 당돌하게 도전하라! 혼돈의 모서리(Edge of Chaos)를 향해

이 시대 우리나라 젊은이들이 넘어야 할 문화적 장애물은 이스라엘의 그것과는 사뭇 다르다는 느낌을 지울 수 없다. 하버드대학 심리학 교수 존 하워드는 "혁신적인 아이디어는 불규칙하고 비일상적인 패턴에서 나온다."고 말했다. 풍부한 창조력의 근원을 연구하는 칼 슈람 박사는 21세기 지식 창조 경영을 위해서 "사회는 젊은이들을 '혼돈의 모서리'로 안내하라."고 했다. 그는 이 혼돈의 모서리를 '질서와 혼돈이 만나서 새로운 적응력과 창조성을 만들어 내는, 강과 바다가 만나서 플랑크톤이 풍부한 지역과 같은 곳'이라고 정의했다.

우리는 가장 높은 지적 역량의 인적자원과 가장 비옥한 디지털 토양이라는 21세기 지식경제의 필요충분조건을 다 갖추고 있으면서도 주춤거리고 있다. 격동의 21세기를 맞아 기성세대는 과감한 형식의 파괴 Informality를 통해 기존의 체질을 창조경제에 맞도록 바꾸어야 할 것이다. 이미 세계경제는 하이테크에 도전하는 젊은이들의 창의력에 달려 있기 때문이다. 우리 모두 젊은이들을 격려하고 일으켜 세우자. 그들이 좀 더 당돌하고 뻔뻔스러워질 수 있도록!

토론은 상상의 확대 수단, 질문은 생각의 교환 수단

이스라엘의 어머니들은 아이가 학교에서 돌아오면 맨 먼저 "오늘은 학교에서 무엇을 질문했니?"라고 묻는다. 어렸을 때부터 끊임없는 토론과 질문을 하도록 짜여진 교육 시스템으로 인하여 이스라엘인들은 위아래를 막론하고 질문하는 것을 당연한 권리로 여긴다.

소설가 버나드 쇼는 "두 사람이 각자 가지고 있는 하나의 사과를 교환하면 사과 하나씩을 갖게 되지만, 가지고 있는 아이디어를 하나씩 교환하면 각자 두 개의 아이디어를 갖게 된다."고 했다. 보이는 것은 나눌수록 작아지지만 보이지 않는 지식은 나눌수록 커지는 진리를 그들은 일찍부터 가르친다. 토론은 생각을 생산하고 질문은 생각을 교환하는 수단으로 여기는 자세는 질문을 당연한 권리로 여기게 만들었다.

미국의 법학전문대학에서는 모든 수업이 질문과 토론으로 진행된다. 교수는 다음 강의의 주제와 자료를 미리 나누어 주고 수업은 곧바로 질문으로 시작한다. 학생들은 수업시간 내내 언제 질문의 화살이 자기에게 돌아올지 몰라 초긴장 상태로 수업을 받는다. 그러나 운 좋게 첫 질문이 유대인 학생에게 떨어지면 나머지 학생들은 편안하게 수업을 듣는다고 한다. 유대인 학생이 오히려 교수에게 끊임없이 질문 공세를 펼쳐서 그날 수업은 그것으로 끝이 나기가 일쑤이기 때문이다.

유대인의 관점에서 질문 없는 교육은 상상력의 단절을 의미한다. 상상력이란 가 본 적 없는 미래로의 여행이며 지식의 파이를 늘리는 출발선이다. 제조업 중심의 생산 경제에서는 손발이 부지런해야 했으나 지식경제에서는 머리가 번뜩여야 한다. 끊임없이 상상하고 질문하며 토론하는 문화에서 지식경제는 확대 재생산될 수 있다. 전체 유대인 인구는 세계 인구의 0.2퍼센트에 지나지 않지만, 이들이 받은 노벨상의 수가 전체 수상자의 22퍼센트이고 매년 유럽 전체가 만들어 내는 창업회사만큼을 유대인들이 일구어 내고 있다. 또한 경제 규모는 세계 20위권이지만 지식 자본의 규모는 세계 3위라고 자랑하는 이유이기도 하다.

이스라엘에서는 농업도 95퍼센트가 과학이다!

1948년 이스라엘 독립 당시 25세의 나이로 정치에 입문한 이래 64년 동안 전 부처의 장관, 두 번의 수상을 역임한 뒤 노벨 평화상을 받고 대통령이 된 시몬 페레스는 『창업국가』 한국어판이 나오자 한국 독자에게 특별한 메시지를 보내 왔다. 89세 청년 대통령이 보내온 메시지의 첫 문장은 다음과 같다.

"사람들은 상상하는 것보다 기억하는 것을 좋아합니다. 기억은 이미 익숙한 것들과 관련이 있는 반면 상상은 알지 못하는 미지의 것들을 떠올려야 하지요. 상상은 때로는 무서운 일이기도 합니다. 익숙한 것을 떨쳐 버려야 하는 리스크가 동시에 따르기 때문이지요."

그는 대한민국 독자에게 덧붙이길 "앞으로도 이스라엘은 항상 작은 영토와 인구를 가진 나라일 것입니다. 그래서 우리는 절대 거대한 산업이나 시장을 발달시킬 수 없습니다. 크기가 양적인 우세함을 만들어 내지만 반면에 작음은 질적인 면에서 앞설 수 있는 기회를 만들어 줍니다. 이스라엘의 유일한 선택은 창조성을 살려 질적인 향상을 추구하는 것밖에 없습니다."라고 했다. 같은 처지의 우리에게도 시사하는 바가 큰 말이다.

어려서부터 키부츠에서 성장해 온 페레스는 "상상하지 않으면 농업은 농업으로 그치겠지만, 끊임없는 상상으로 커 가는 이스라엘의 농업은 95퍼센트가 과학"이라고 주장했다. 사해에 녹아 있는 광물자원을 제외하면 천연자원이라고는 전무한 이스라엘 경제의 95퍼센트는 과학기술이 떠받치고 있다. 그들에게 과학기술은 그 자체로 경제를 의미한다. 따라서 교육제도는 열린 교육을 지향하며 질문과 토론으로 상상력을 장려한다. 수직적 명령 체계가 엄격해야 할 군대조차도 과학기술 중심의 엘리트 부대를 편성하여 과학국방을 지향한다. 제대 후 그 기술이 곧바로 산업화하여 창업으로도 이어질 수 있도록 배려하고 있다. 이스라엘의 엘리트 부대(탈피오트, 8200부대 등) 출신들이 미국 나스닥을 주름 잡다시피 하는 이유가 이것이다.

세계 바이오 벤처의 40퍼센트 점유 비결 - 간섭과 토론

미국은 세계 최고의 의과대학이 모여 있는 나라다. 그 수는 이스라엘에 비해 30배나 되며 학생 수는 50배를 넘는다. 그러나 현재 가장 각광받는 분야의 하나인 바이오/헬스 벤처기업의 40퍼센트는 이스라엘에서 탄생하고 있다. 이스라엘의 의료진이 훨씬 우수한 것도 아닌데, 왜 이런 현상이 생긴 것일까? 주사기 대신 약물패치를 피부에 대면 7초 만에 약물이 피부를 통해 흡수되는 기술(트랜스파머 메디컬)이나, 머리카락 몇 가닥에서 유전자를 분석하여 발생할 가능성이 있는 질병을 미리 알려 주는 바이오 기술(컴퓨젠) 등, IT를 뛰어넘는 거대한 융합기술의 파도가 왜 미국이 아닌 이스라엘에서 일어날 수밖에 없었을까?

답은 의외로 간단하다. 그들의 뻔뻔하고 당돌한 후츠파 정신이 학문과 산업의 장벽을 허물고 서로에게 간섭하고 토론하는 데 익숙하도록 만들었기 때문이다. 7초 만에 약물을 흡수시키는 패치는 유체역학자인 친구의 실내 풍동 실험실에 들렀던 의사가 점심시간에 고안해 낸 것이었고, 유전 분석을 통한 질병 예측 기술은 유전학자와 결혼한 클라우드 컴퓨팅 엔지니어가 신혼여행에서 생각해 낸 아이디어다.

이스라엘 최고 공과대학인 테크니온대학 총장에게 우리나라 이공계 졸업자들의 의대 진학 현상에 대한 의견을 물어본 적이 있다. 그의 답은 우리의 상식을 뛰어넘는 것이었다. 테크니온공대에는 이미 의대가 있었고, 총장도 의대 출신이었다. 테크니온공대는 이미 의학과 공학의 거대한 융합실험실이다. 누구에게나 열린 커리큘럼을 통해 졸업할 때까지 꾸준히 재미있는 영역을 향해 접근할 수 있는 기회를 갖게 한다. 하고 싶은 일을 찾게 되면 열정은 자연스럽게 따라오기 때문이다. 의학을 공부한다고 해서 반드시 의사가 되어야 한다는 생각 자체가 울타리를 만드는 것이다. 이스라엘이 미국 유수의 의과대학보다 더 많은 바이오/헬스 벤처를 만들어 내는 데는 충분한 이유가 있다.

상상은 생각의 틈새에서 싹튼다. 생각이 맞닿아 서로 간섭할 수 있는 틈이 생겨야 창조의 싹이 돋아날 공간이 확보된다. 이른바 틈새 영역에서 마치 싸우듯 얼굴이 벌개지며 토론한 끝에 결론에 도달하고, 그 후 아무 일도 없었다는 것처럼 웃으며 함께 나서는 것이 바로 후츠파다.

이어령 교수가 어느 강연에서 말한 본인의 일화다. 국민학교 국어 시간에 『흥부전』을 공부하다가 갑자기 어미 제비가 갓 부화한 아홉 마리의 새끼들에게 먹이를 골고루 나누어 주는 방법이 궁금해졌다고 한다. 그는 선생님에게 어미 제비가 먹이를 나누어 주는 비결이 무엇인지 질문했다고 한다. 그런데 국어 시간에 엉뚱한 질문을 한 죄로 선생님께 뺨만 얻어맞았다고 한다. 그 뒤로 상상력이 풍부했던 이 어린이는 졸업할 때까지 학교에서 입을 다물었다고 한다.

우리 젊은이들이 이런 환경에서나마 이만큼 이루어 냈다는 사실은 가슴 시린 일이다. 이제 창조적인 두뇌가 선도하는 지식경제에서 블루오션을 장악하는 대한민국이 될 수 있도록 어디서나 열린 질문과 토론을 가능케 하는 문화를 만들 방법을 함께 고민할 때다.

청춘이여, 질문은 그대의 권리다!

처방 3 Mash-up(상상력과 섞임)

승자 독식의 지식경제는 피할 수 없다

오늘날 세계경제의 침체는 단순한 부침의 한 과정이 아닌 패러다임의 변화를 앞둔 조짐이다. 선진국들은 국가 부도를 눈앞에 두고 있고, 미국 최대의 통신회사 AT&T 같은 회사마저 사라지고 있다. 최고의 기술과 이론으로 무장한 기업이라 하더라도 완전한 우위를 차지할 수 없는 처지에 몰렸다. 산업사회의 효율성만으로는 더 이상 경쟁하기 어려운 지식 본위의 새로운 경제 질서가 다가오고 있다.

이스라엘의 지식형 신흥 강소재벌 'RAD 그룹'의 상상력

지식 기반의 새로운 경제는 1만 명이 모여서 1만 개의 가치를 만들고 1만 명이 그것을 나누어 갖는 산업경제와는 다르다. 100명이 모여서 1만 개의 가치를 만들고 그것을 분배하는 것이다. 상대적으로 9,900명에게는 참여의 기회도 분배의 기회도 가질 수 없는 것이다. 더욱이 이 같은 새로운 경제 질서는 빈부 격차를 더욱 벌리고, 고용 기회보다는 부의 편중을 가속하는 추세를 보이고 있다. 이것이 세계 젊은이들이 분노해 들고 일어난 월가 점령 시위Occupy Movement의 단초이기도 하다.

삼성, 엘지와 같이 산업 사회에서 출발한 대기업과는 성격이 많이 다르지만 이스라엘에도 대기업은 있다. 한국의 대기업은 제조업에서 출발하여 수십만 명의 노동자를 사용하는 모델이다. 반면 이스라엘의 IT 기업인 RAD 그룹은 주력 사업인 정보통신을 중심으로 끊임없이 기업을 만들고 육성하여 그 기술을 필요로 하는 사람에게 되파는 모델이다.

RAD는 나스닥에 상장된 8개의 계열사 외에 20여 개의 계열사를 가지고 있다. 그러나 전 직원이 불과 2,500명 정도밖에 되지 않는 하이테크 기업으로, 수백 개의 특허를 앞세워 글로벌 시장을 대상으로 로열티를 제공하거나 연구 개발 업무를 대행하는 사업 형태를 취한다. 이들은 주력인 IT 기술 위에 끊임없이 새로운 기술을 결합하여 세상에 없는 새로운 사업을 만들어 낸다. 융합 기술 복합체로 새로운 경제 생태계를 만들어 가는 21세기 지식형 기업 모델의 좋은 예다.

RAD의 각 계열사는 어떤 기업과도 결합하여 기존 생산 모델을 서비스 모델로, 서비스 모델을 솔루션 모델로 바꾸며 끊임없이 새로운 비즈니스를 만들어 내는 비즈니스 인에이블러Business Enabler를 지향하고 있다. 인터넷 네트워크에 필요한 가입자 연결장치, 인터넷 교환기, 각종 서비스 플랫폼 기술을 개발하여 세계적인 생산회사에 매각하거나 기술 라이선싱을 통해 거대한 이익을 창출하고 있다.

우리가 지난 30년 동안 선도해 온 제품 생산Product은 개도국에 넘어가고 있다. 이제는 제품 생산 대신, 그들이 만든 제품에 서비스나 솔루션을 더하여 가치를 높이는 데 주력해야 한다. 주인이 다가가면 반갑다고 인사를 건네는 자동차, 주인의 운동량과 걸음걸이를 교정해 주는 신발, 식사 중인 주인의 염분 섭취량을 알아내고 초과 시 제지하는 숟가락 등이 이스라엘식 상상 개발 모델이다.

방전된 축전지는 충전 대신 교체하라

방전된 자동차 축전지를 충전하는 대신 새것으로 갈아 끼우면 어떨까? 차량 가격의 거의 절반을 차지하는 축전지를 충전소가 소유하고, 차량 소유자는 몇 년 동안 그것을 임차하는 방식이다. 운전자는 축전지가 방전되면 전국 200개의 충전소 어디서나 금방 새것으로 갈아 끼는 것이다.

이 아이디어는 전투기 조종사 출신 직원이 미사일 장착용 로봇을 보고 얻은 아이디어였다. 이제 더 이상 충전 속도 경쟁은 무의미하게 되

전투기 조종사 출신의 눈으로 고안된 이 축전지 교환 장치는 '베터플레이스'에 차가 들어오면 300킬로그램이 나가는 방전된 축전지를 2분 이내에 새것으로 교환한다. 이 개념을 발전시켜 '엘런 머스크'가 '테슬라'라는 브랜드로 100퍼센트 전기 자동차 시대를 구현하였다.

었다. 원유가 전혀 생산되지 않는 이스라엘은 '석유가 없어도 돌아가는 지구'를 국가적 미션으로 정했다. 이런 이스라엘에 하이브리드(석유와 전기를 같이 사용) 전기 자동차는 아예 발붙이지도 못한다.

이런 이유에서 생겨난 회사가 베터플레이스다. 만약 이 회사의 축전지 탈착 규격이 세계 표준으로 채택된다면 아마 구글보다도 더 큰 회사로 발돋움할 수 있을 것이다. 전기기술자가 아닌 전투기 조종사의 눈으로 바라봐 얻은 간단한 해법이었다. 이 회사는 파산하였으나 회사의 노하우는 진화하여 100퍼센트 전기로 가는 자동차 테슬라가 탄생하는 계기가 되었다.

도서관을 '무한 상상실'로!

스티브 잡스가 만들어 낸 혁신은 전부 상상력에서 출발했다. 새로운 기술을 만들어 낸 것은 하나도 없지만, 이미 존재하는 기술에 상상력을 섞어서 실현한 결과였다. 아침에 일어나면 컴퓨터로 메일을 체크하는 대신 이불 속에서 핸드폰으로 확인한다. 손가락을 움직이는 것도 귀찮아서 음성으로 명령을 내리는 상상 역시 실현됐다. 세상에 있는 기술을 끌어모으는 것만으로도 충분했다. 연구 개발R&D이 아닌 상상 개발I&D: Imagination & Development을 통해 남보다 앞설 수 있었다.

연구 개발이 불과 1퍼센트 남짓한 최고 과학자의 영역이라면 상상 개발은 누구나 참여할 수 있는 열린 개발이다. 전국의 공공 도서관에 '무한 상상실'을 꾸미는 것은 어떨까. 책을 읽고 탐구할 뿐 아니라 서로의 상상력을 엮어 창조적인 기회를 만들어 내는 장으로 활용할 수 있을 것이다. 『해리 포터』도 5만 개나 되는 영국의 스토리텔링 클럽에서 각자의 상상력을 엮어 나가는 문화에서 출발했다고 한다. 이제 전 국민의 상상력이 자원이다. 무한 상상실을 통해 전 국민의 상상력을 자원화시켜야 할 때다.

처방 4 Risk Taking(위험의 감수)

'히브리'가 가진 의미―리스크 감수

프로스트의 시 『가지 않은 길』에서와 같이 두 갈래의 길이 제시된다면, 이스라엘 청년들은 당연히 누구도 가 보지 않은 길을 택할 것이다. 그들은 기억Memory의 반대말이 망각이 아니라 상상Imagination이라고 생각한다. 기억은 낯익은 과거로의 여행이고 상상은 낯선 미래로의 여행이기 때문이다. 비록 위험할지라도 히브리어를 쓰는 유대인의 호기심은 리스크를 향한다. 우연인지 그들의 언어인 히브리Hebrew에는 '반대편에 선다.'는 뜻이 있다.

리스크를 감당하지 않고 어떻게 성공할 수 있을까? 고속도로를 전속력으로 달리는 범인을 잡으려면 범인과 같은 차선으로 달리면 안 된다. 설령 다른 차선이 막힐지라도 차선을 수시로 번갈아 타서 범인보다 앞서 나가야 한다.

이스라엘 고교생의 90퍼센트는 바로 대학에 진학하는 대신 군 복무를 먼저 마친다. 수학, 과학 성적 우수자들은 엘리트 부대가 우선 선발한다. 그들은 엘리트 부대에서 집중 훈련을 마친 후 수십 명의 병사를 지휘하고 수백만 달러나 되는 장비를 다루며 생과 사를 가르는 중요한 결정을 스스로 내리게 된다. 또 첨단 시스템을 개발하는 프로젝트에 참여하면서 자기 나이의 두 배나 더 산 사회인들도 얻기 어려운 풍부한 경험을 누리게 된다.

군대에서의 구호는 항상 "나를 따르라!"다. 그러나 이스라엘에서 이는 우리가 생각한 것과 사뭇 다른 의미를 가진다. 지휘자는 최소한의 지침만 내릴 뿐이다. 나머지는 명령을 어기는 한이 있더라도 지휘를 받는 자가 알아서 처리하도록 교육받는다. 초급 장교는 상관을 부를 때 이름을 부르고, 상관이 뭔가 잘못했다면 지적하기도 한다. 지침을 수행하는 데 필요하다면 어떤 위험도 스스로 판단하고 도전할 권한을 갖는 것이다. 이스라엘의 남녀 고교생들은 세계에서 유일하게 대학 입학 전부터 준전시 상황에서 2~3년 동안 스스로 결정하고 도전하는 리스크 테이킹 기간을 갖는다.

이스라엘의 기업들이 지속 성장할 수 있는 비결은 인텔 이스라엘 연구소의 슬로건에서 엿볼 수 있다. '문 닫을 위기에서도 끝까지 버티는 것'이 아니라 '혁신을 통해 끝까지 살아남는 기업'을 지향하는 것이다. 컴퓨터 회로의 밀도가 높아지며 발생한 발열 문제를 다단계 변속기어 개념을 접붙여 풀어낸다. 멈춰 버릴 것 같던 무어의 법칙을 지속시킨 것은 호기심 어린 눈으로 남들이 전혀 가지 않은 길을 택한 용기 덕분이다. 인텔의 듀얼코어, 트리플코어, 쿼드코어 칩은 자동차 엔진의 2단 기어, 3단 기어, 4단 기어에 해당한다. 이런 멀티코어 기술로 인하여 다양한 태스크를 동시에 처리하는 지금의 스마트 기기들이 탄생할 수 있었다.

지난 60년 동안 이스라엘 인구의 70퍼센트가 이민자로 채워지기까지 수많은 이민 작전들이 있었다. 에티오피아의 유대인 1만 5천 명을 36대의 비행기를 동원해 하룻밤 만에 실어 온 솔로몬 작전, 4만 9천 명의 예멘 거주 유대인을 3주에 걸쳐 데려온 마법의 양탄자 작전 등이 그것이다. 심지어 루마니아의 유대인 4만 명을 데리고 오는 대가로 독재자 차우셰스쿠에게 11억 2천 5백만 달러를 지불하기도 했다.

만약 연말 라디오에서 이민자 수가 줄었다는 뉴스가 나오면 마치 그해 강수량이 모자란다는 예측처럼 나쁜 소식으로 받아들인다. 이스라엘에게 이민자들이란 다시 시작하기를 두려워하지 않는, 위험을 무릅쓰는 사람들이다. 이민자의 나라는 바로 기업가의 나라다. 구 소련으로부터 하이테크 기술로 무장한 80만 명의 이민자를 받아들인 뒤, 더 이상 잃을 게 없는 유대인의 정신과 정부의 배려가 더해지면서 이스라엘은 확실한 과학기술 중심국가로 도약할 수 있었다.

인텔, 구글, 델 컴퓨터, 오라클, 시스코, 노텔, 컴팩 등 수많은 기업의 CEO들은 이민자들이다. 이들의 성공이 하나둘 알려지면서 이스라엘의 젊은이들은 부모 대에서 선망되었던 의사, 변호사의 꿈을 접고 너도나도 새로운 기술을 이용한 창업에 나섰다. 이들에게 창업이란 이미 타인에 의해 검증된 사업을 따라 하는 것이 아니다. 오직 나만의 아이디어와 상상력으로 블루오션을 만들어 내야만 한다.

이스라엘의 젊은이는 마음에 드는 사람을 만나면 그날 해가 지기 전에 프로포즈를 하고, 사업의 아이디어가 떠오르면 그 주가 가기 전에 창업한다는 말이 있을 정도로 실행력을 중시한다. '내일 몇 시에 어디서 만납시다.'가 아니라 '다음에 봅시다.'라고 했다면 그 일은 없는 것이 된다.

내가 KT 상임이사 임기를 마치고 뉴욕 벨연구소로 근무하러 갔을 때의 일이다. 도착한 지 1주일 만에 모르는 이스라엘 청년들이 메일을 보내왔다. "당신이 뉴욕에 와 있다고 들었는데, 이번 주 토요일 맨하탄 32번가의 246번지에 있는 음식점에서 점심때 보자."는 내용이었다. 그들은 만나자마자 지난주에 퀼트Qwilt라는 이름의 벤처회사를 차렸는데 고문을 맡아 달라고 했다. 부탁이 아니라 거의 명령이었다.

그들은 거의 반 강제로 승낙을 얻은 다음 나를 찾아온 경위와 회사의 사업 모델을 차근차근 설명하였다. 2005년 에후드 올메르트 이스라엘 전 수상의 초청으로 이스라엘을 방문했을 때의 신문 기사를 읽고 나에 대해 알게 되었고, 이스라엘에 있는 나의 지인을 통해 여기까지 찾아왔다는 것이었다. 그들은 각각 28세, 31세의 젊은이들이었고 이미 벤처를 두 번이나 실패한 경험이 있는, 우리나라로 치면 신용불량자쯤 되는 친구들이었다. 놀랍게도 그 회사의 이사장(사외이사)은 내가 2005년에 이스라엘에서 만난 적 있는 히브리대학의 기술지주회사인 이숨Yissum의 이사장이었다. 사실상 세계 최고의 기술지주회사라고 해도 손색이 없을 이숨의 이사장에게는 20개도 넘는 갓 창업한 벤처회사 이사장 직함이 함께 따라다니고 있었다.

사회적으로 덕망 있는 리더들이 자청해서 멘토를 자청하며 무보수로 봉사하고 있는 것이다. 전 세계 휴먼 네트워킹을 통해 아이디어와 경험을 연결해 주고 새로운 길을 열어 주는 그들의 통 큰 리더십을 나중에야 알게 되었다.

이스라엘인은 군대 복무 경험을 통해 한 다리 건너면 모두가 연결되는 세상을 만들었다. 누군가가 창업에 성공하면 금방 소문이 퍼지고, 그 사업에 도움을 줄 만한 사람이 즉시 나타나 그들이 또다시 새로운 네트워크를 만드는 식이다. 이 청년들은 결국 나의 소개로 미국 벨연구소와 협력관계를 맺고 양사 공동으로 미국은 물론 세계 주요 인터넷 사업자들과 사업을 시작하게 되었다.

그들은 인터넷 트래픽이 집중되는 병목구간을 재빨리 예측하고 소프트웨어를 가동하여 즉시 논리적으로 다른 루트를 만들어 내는 개념 하나로 무작정 사업을 시작했다. 기술개발은 여러 인적 네트워크를 통해 연결된 벨연구소의 노하우를 활용하기로 하고 말이다. 이 창업에서 청년들의 아직 설익은 아이디어가 생각으로 그치지 않고 실행된 것이 필요조건이었다면, 그것을 구현할 수 있는 연구소와의 연계는 충분조건이었다.

2년 만에 성공을 눈앞에 둔 두 젊은이들은 '가지 않은 길'을 선택했다. 이들이 성공할 수 있게 세계 어디에 있든 필요한 네트워크를 찾아내어 연결하고 도와주는 시스템은 사회가 갖추어야 한다. 오바마 대통령이 2012년 국정연설에서 일자리를 42번이나 언급하며 "일자리 창출을 위해 필요하다면 지구 끝이라도 기꺼이 달려가겠다."고 한 것도 그런 맥락에서 나온 것이다.

처방 5 Purpose Driven(목표 지향)

서기 70년, 성경에 나온 대로 예루살렘성은 로마에 의해서 초토화되었다. 그 뒤 유대인들은 2000년에 걸친 혹독한 방랑 끝에 마침내 1948년 팔레스타인에 독립국가를 건설한다. 유대인들은 많은 박해, 위협, 학살 등으로 점철된 고난의 역사를 거치는 동안 단 한 번도 굴하지 않았다. 선민의식과 유대교 그리고 고유한 문화 보존은 본능에 따라 다시 태어난 곳으로 회귀하는 연어와 같이 불가사의하게 여겨질 정도다. 그들은 어쩌면 칠흑 같은 어둠 속에서도 그림자를 찾아내어 방향을 알아내는 감각을 가진 것일지도 모른다.

유일신을 믿는 유대인은 비록 떠도는 신세였으나 선민의식을 가지고 다른 종교와 타협하지 않았다. 또 기독교인들이 천하게 여긴 금융(고리채, 부동산, 다이아몬드 등)을 통해 살아왔다. 이런 처절한 몸부림은 유전자 깊숙이 박혔다. 오직 남들이 따라올 수 없는 블루오션을 차지하는 길 외에는 유대인들이 살아남을 방법이 없었다. 따라서 이들의 생존을 향한 방향 감각은 가히 동물적이다. 유대인들은 선견선점先見先占의 재주가 있다. 이스라엘 정부의 최고 과학실에서 10년 단위로 트렌드를 예측해 핵심 기술을 육성하고 시기를 기다렸다가 보란 듯이 블루오션을 독점한다. 해수의 담수화 특허, 원자력 안전기술, 인터넷 보안 기술이 좋은 예다.

지금 유대인은 수명 100세 시대를 맞이해 예방의학을 리드함과 동시에 더 길어진 노년기를 노린 웰빙 산업을 장악해 가고 있다. 현재 전 세계 바이오/헬스 융합시장의 40퍼센트를 장악한 상태다. 한때 히브리대학의 1년 특허 수익 1조 원의 50퍼센트가 의약품 관련에서 나왔다는 사실이 이를 잘 대변해 준다. 블루칩 산업의 인풋Input은 아이디어이고 아웃풋Output은 주로 조 단위의 부가가치로 드러난다. 세계 인구의 0.1퍼센트를 차지하는 이스라엘의 비즈니스는 99.9퍼센트의 해외시장을 위해 존재한다. 따라서 모든 기업은 미국 나스닥에 상장하거나 외국 기업과 M&A하는 조건으로 투자를 유치한다. 나스닥의 경우 한때 미국 기업을 제외한 나머지 상장기업의 40퍼센트가 이스라엘 기업으로 채워지기도 했다.

지식경제의 트렌드는 제품 생산에서 탈피하여 서비스, 솔루션으로 진화하고 있다. 가축사료를 만들던 헨드릭스사는 가축 질병을 간편하게 진단하는 키트 개발에서 나아가 최종적으로는 질병을 예방·치료하는 백신회사로 진화하여 지속적으로 성장하고 있다. 캐나다의 다이너마이트 생산 기업 ICI는 땅에 폭약을 매설하여 폭발시켜 그 반사파를 분석, 정밀한 지질도를 만들어 냈고 지금은 세계 최고의 지질탐사회사로 변신했다. 이 같은 트렌드의 선점과 그와 병렬된 방향성은 지속 가능한 성장의 필요충분조건이다.

우리나라도 한때 전 세계인 중 1억 명에게 우리가 만든 신발을 신게 한 적이 있었다. 그러나 신발 대신 그 자리를 1억 대의 스마트폰이 차지했다. 이스라엘의 시각에서 본다면 스마트폰Smart Phone에 만족하지 않고 사람과 기계가 동시에 활용할 수 있는 스마터폰Smarter Phone을 생각해 낼지도 모른다. 사람에게는 단말기로, 기계에게는 인터넷 접속 입구 역할을 하도록 하는 것이다. 최대 70억의 인간이 이용하는 인터넷을 뛰어넘어 수백 억, 수천 억의 기계나 센서가 함께 이용하는 보다 더 스마트한 인터넷 단말기는 지난 10년 동안의 인터넷 혁명을 무색하게 하는 '제2의 인터넷 이코노미'를 일으킬 것이다.

노벨상을 13번 수상한 벨연구소를 거느렸던 전화회사, AT&T와 미국에서 두 번째로 큰 정보통신회사, 월드컴Worldcom이 21세기 정보화 시대의 문턱에서 흔적도 없이 사라졌다. 이제 방송산업의 차례다. 1980년 미국의 케이블 보급률이 70퍼센트를 넘어선 순간 CNN이 탄생했다. 30여 년이 흐른 지금, 전 세계에 초고속 인터넷이 보급되었다. 이제 CNNCable News Network이 아닌 INNInternet News Network을 상상한다. 수백 명의 특파원이 취재한 뉴스를 미국 애틀란타로 보내 모아 방송하는 모델CNN이 아니라, 전 세계의 방송 사업자들이 취재한 내용을 모두 모아서 인터넷 방송망을 통해 서로 나누어 갖는 모델INN이 더 경쟁력이 있을지도 모른다. 다행히 KT가 INN 사업 모델과 관련된 특허와 인터넷 도메인(inn.tv)을 확보하였다는 점은 매우 긍정적이다.

이런 예민한 방향 감각과 생존 본능이 더해지면서 유대인의 도전 정신인 후츠파가 탄생한 것이다. 현재 세계 100대 하이테크 기업의 75퍼센트가 이스라엘에 연구소나 생산기지를 두고 있다. 만약 이들이 취약한 안보를 이유로 하나둘씩 이스라엘 땅을 떠난다면 이스라엘 국가경제는 무너지고 말 것이다. 이스라엘은 21세기가 시작되자마자 10년 동안 레바논과 두 차례 전쟁을 치렀다. 세계 언론은 전쟁 기사를 쏟아냈지만 적어도 이스라엘 기업의 고객은 전쟁이란 단어를 떠올릴 수 없었다. 이스라엘인은 하루 8시간 일하던 것을 자발적으로 18시간으로 늘렸고 품질 관리를 혁신하는 한편 납기를 당기기까지 했다. 국가 이스라엘이 전쟁을 벌이는 동안에도 기업 이스라엘에 전쟁은 없었다.

산업경제와 지식경제의 경계선상에서 우리 청년들이 힘들어 하고 있는 것은 사실이다. 어둠 속에서도 그림자를 볼 수 있는 눈을 갖는 방법은 무엇일까? 그 희미한 그림자를 통해 방향을 찾는 방법은 무엇일까? 절박함을 디딤돌 삼아 조금 더 당돌하고 뻔뻔해지는 것, 그것이 답이 아닐까 한다.

작은 나라라서 우리는 큰 꿈을 꾼다

이스라엘은 '그렇게 하지 않으면 안 되는 이유'가 있어서 끊임없이 혁신할 수밖에 없다고 주장한다. 에후드 올메르트 전 이스라엘 수상이 한글로 번역된 『창업국가』의 추천사를 통해 한국 독자에게 보내 온 메시지에서 "이스라엘의 성공은 '자원이 없는 것이 오히려 축복'일 수 있음을 보여 준 것"이라고 역설하고 있다. "작은 나라이기 때문에 우리는 큰 꿈을 꾼다."는 끈질긴 도전의식은 건국 후 지금까지의 이스라엘이 위태로운 주변 환경에도 불구하고 성공할 수 있었던 이유의 전부이다.

천재적인 두뇌가 아닌 '어쩔 수 없는 절박함'이 유대인으로 하여금 도전할 수밖에 없도록 한다는 말은 그들에게 평범한 진리다. 그들의 땅은 척박하기 때문에 물에 집착했고 그 결과 사막 위에 세계 최고의 농업국가를 세우게 됐다. 석유가 생산되지 않기 때문에 일찌감치 1980년대에 원자력 기술의 정점에 섰다. 사방이 적으로 둘러싸여 사실상 섬과 같은 고립국가이기에 국방기술을 육성하고 그것을 근간으로 하여 민간산업을 육성했다. 물리적 영토가 협소했기에 일찍이 인터넷과 같이 제약 없는 사이버 세상에 관심이 많았다. 또 시오니즘Zionism으로 인해 밀려드는 이민을 바탕으로 인력Brain Power기반의 지식 재산을 넓힐 수 있었다.

이스라엘은 사막에 자리잡고 있다. 이런 열악한 환경에서 물 관리는 생존 그 자체다. 이런 환경인데도 물 관리 회사인 네타핌은 40퍼센트의 물만 이용하고도 생산량을 50퍼센트나 더 늘리는 기술을 탄생시켰다.

석유가 없기에 석유와 전기로 움직이는 하이브리드 전기 자동차 대신 100퍼센트 전기로만 가는 자동차를 구현하였다. 자주국방을 위해 핵심 기술은 스스로 개발하는 대신 그 기술을 온전히 민간산업으로 활용할 수 있도록 스핀오프Spin Off하여 국방기술이 국민총생산GDP에서 차지하는 비율을 6퍼센트대로 끌어올렸다. 이로써 국방비의 70퍼센트를 국방기술의 산업화로 충당하는 것이다. 조만간 국방비의 거의 전액을 국방기술의 산업화를 통해 충당할 것으로 예상된다.

한국의 충청도를 합한 면적과 비슷한 이스라엘은 자동차로 2시간 정도면 전부 돌아볼 수 있다. 이스라엘인은 태어나서 군 복무를 마칠 때까지 좁은 국토에 틀어박혀 있어야 한다. 그러다 보니 국토의 한계를 뛰어넘을 수 있는 인터넷에 매료될 수밖에 없다. 유대인이 인터넷 세상의 안전을 책임지는 보안 알고리즘을 장악하고 인터넷 세상의 주요 항구에 해당하는 포털서비스를 장악한 것은 자연스런 일이다.

남자는 3년, 여자는 2년 동안 짊어져야 하는 병역 의무와 그 이후 50세까지 이어지는 예비군 제도는 그들의 사회적, 인적 네트워크를 공고히 했다. 이를 통해 한두 사람만 건너면 전 세계 유대인들과 모두 연결되는 효율 만점의 사회를 일굴 수 있었다. 이스라엘 건국을 촉발한 시오니즘 운동의 영향으로 전 세계 70개국에서 이민자가 물밀듯 몰려들었다. 이로 인해 실업 등 극심한 사회적 혼란이 일어났지만 이스라엘은 이를 부족한 일손과 지식 자산을 쌓는 계기로 삼았다. 이후 건국 당시 80만 명이던 인구가 750만 명으로 늘게 되었다. 특히 1990년대 초 소련이 붕괴될 때 몰려온 80만 명의 과학자, 의사 등 고급 인력을 모두 받아들였다. 이들이 현재 인터넷 보안 기술, 의료/바이오 융합기술을 선도해 가는 초석을 만들었다.

히브리어에 다브카Davca라는 단어가 있다. 우리말로는 '그럼에도 불구하고'와 같은 의미다. 이스라엘에 투자하는 투자자들은 이구동성으로 투자 유치 설명회에서 가장 많이 듣는 단어가 '다브카'라고 한다. 그들의 조건과 환경은 다른 나라에 비해서 나을 게 없다. 그렇지만 이스라엘인은 그것을 극복하기 위한 노하우를 반드시 보여 준다.

2006년 레바논과 전쟁 중에도 구글은 하이파(레바논 국경에서 30킬로미터 떨어진 지점에 있는 이스라엘의 지중해 항구)에 연구소를 지었다. 워렌 버핏은 미국이 아닌 나라에 최초로 5조 원 투자를 결정하면서 "우리는 이스라엘 땅에 투자한 게 아니라 다브카에 투자한 것이다."라고 말했다. 현재 세계의 위험한 나라 가운데 하나로 여겨지는 이스라엘에 연구소나 생산기지를 둔 대표적인 기업은 인텔(7,500명), HP(4,000명), IBM(2,000명) 등이다. 애플은 플레시메모리 벤처기업인 Anobit를 흡수, 합병하여 대대적인 연구 개발센터를 설립한 바 있다.

지금 이 순간에도 이스라엘 경제 수도 텔아비브 외곽에 있는 컨벤션 도시 요파에서는 거의 매주 300개의 벤처기업과 글로벌 투자자 간의 만남이 주선되고 있다. 젊은이들은 각기 자신의 아이디어에 투자해 달라고 크게 외치며, 그중 평균 30개 기업이 투자 유치에 성공한다. 이스라엘에 투자하는 벤처펀드의 규모는 국민 1인당 규모로 볼 때 세계 1위이며, 유럽 전체가 1년에 만들어 내는 창업의 규모와 맞먹는다. 특히 현재 부가가치가 가장 커진 바이오 벤처의 40퍼센트가 미국이 아닌 이스라엘에서 탄생한다. IT 중심의 산업구조가 타 산업과의 융합구조로 바뀌면서 이 분야의 시장규모가 압도적으로 성장한 것이다. 트렌드를 먼저 읽고 기다리는 유대인만의 혜안이 빛난다.

지난 40년간 우리나라의 눈부셨던 경제성장에 확실한 동기부여를 했던 요소는 부족함에서 나오는 헝그리 정신이었다. 협소한 국토, 부족한 자원, 불안한 안보, 의무 병역 등 이스라엘과 굉장히 닮은 꼴을 하고 있다. 우리도 이스라엘처럼 사람을 귀중한 자원으로 여겨 왔다. 지금껏 좋은 의미의 부족함과 불만족을 바탕으로 부지런히 손발을 움직여 경제를 일궈 왔다면, 이제 번뜩이는 창의력으로 하이테크 신화를 만들 때다. 부족함과 불만족이 지난 한 세대에 축복으로 보답했다면, 앞으로를 위한 과제를 완수하는 건 더 큰 도전이 될 것이다.

우리 사회와 기성세대는 눈에 보이는 것의 가치에 집착하는 걸 그만둬야 한다. 우리 젊은이들의 상상력이 자원으로 여겨지지 않고, 또 그것이 투자 가치로 인식되지 않는 한 부족함에서 나오는 헝그리 정신은 새로운 도전이 아닌 미완성으로서의 부족함 그 자체로 남을 수밖에 없다.

처방 7 Learning from Failure(실패로부터의 교훈)

이스라엘 군대의 전통은 '전통이 없는 것'이다. 과거에 잘 통했다는 이유로 특정 아이디어나 해법에 얽매여서는 안 된다는 생각이 이스라엘 군대에 확고히 자리잡고 있다. 심지어 그들은 전쟁 개시 5시간 만에 판세를 뒤집고 6일 만에 영토를 3배나 넓힌 '6일 전쟁' 동안에도 매일 그날의 전황을 되짚어보는 엄격하고 꼼꼼한 점검 시간을 가졌다.

한번은 전쟁 중에 정부 조사단이 작전 수행 중인 군 간부들을 3일간 불러 작전 방식에 대한 조사를 벌인 적도 있다. 매일매일이 승리의 연속이었으나 그날의 작전 중에 실패할 뻔한 내용들을 되짚으며 통상 90분간의 토론을 해야만 하루가 마무리된다. 전쟁 교본은 매일 새로운 교본으로 재탄생하기 때문에 전통은 애시당초 존재할 수 없다. 잘못된 결정에 대해 변명하는 것은 용납되지 않는다.

이스라엘 사회에서는 잘못을 저지른 뒤 그 실수에서 무엇을 배웠는지를 반드시 보여 주어야 한다. 자기 방어적인 사람에게서는 아무것도 배울 수 없다고 여기지만, 실패로부터 교훈을 얻은 자의 가치는 더욱 올라간다.

'건설적인 실패' 또는 '도전적 실패'는 이스라엘에서는 전부 용인된다. 이는 미지의 세계에 대한 도전 의식과 실패를 두려워하지 않는 진정한 용기를 키워 준다. 투자가들도 실패를 감안하지 않으면 진정한 이익을 얻을 수 없다고 믿는다. 이스라엘의 진취적인 행동주의자를 의미하는 비추이스트Bitzuist의 정신은 살던 곳을 등지고 건국된 나라로 온 사람들, 척박한 땅의 늪지대조차도 말려 버린 정착민들 그리고 작은 가능성만으로도 꿈을 이루기 위해 도전하는 기업가들에게 흐르고 있다.

그렇다고 이스라엘 청년들이 모두 창업의 귀재라는 뜻은 결코 아니다. 이들에게도 창업 성공 확률은 5퍼센트에 불과하다. 그러나 2006년 하버드대학의 연구에 의하면 한 번 실패한 창업자가 그 다음에 성공할 확률은 거의 20퍼센트로 올라간다고 한다. 재시도 시 성공 확률은 첫 창업자보다는 높고 이미 성공한 적이 있는 창업자보다도 그다지 낮지 않다고 한다. 그래서 이스라엘 법은 비록 전 회사가 파산을 했더라도 새로운 회사를 다시 만드는 데 어려움이 없도록 되어 있다.

그렇다면 우수한 디지털 토양과 인재를 모두 갖춘 한국에서 이스라엘만큼 벤처창업이 이루어지지 않는 이유는 무엇일까? 2006년부터 벤처문화를 주제로 매년 열리는 리프트 컨퍼런스의 창시자 로렝 허그는 그 이유로 '체면을 잃는 것에 대한 두려움'을 꼽았다. 그는 "한국에서는 실패가 남에게 알려져서는 안 된다. 2000년대 초반 수많은 벤처 사업가들이 새로운 경제 시류에 뛰어들었다. 하지만 버블이 꺼지면서 사업이 실패하자 그들은 즉시 사회적으로 손가락질을 받았다. 실패한 벤처 사업가는 비좁은 한국 사회에서 숨을 곳을 찾기가 쉽지 않았다."라고 지적한 바 있다. 1998년 한국이 창업국가에 첫발을 들여놓을 당시 벤처 투자 규모는 8000억 원 수준이었으나 지금은 500억에 그치고 있다. 이스라엘에서는 "아이디어가 있는 곳에 투자가 있다."라고 하지만 한국에서는 "아이디어가 없어도 융자는 있다."라고 한다. 투자가 아닌 융자는 실패할 경우 그 순간 신용불량자로 전락할 수밖에 없다.

삼성전자의 애니콜 신화는 실패로부터 얻은 교훈의 좋은 일례다. 1980년대 중반까지만 해도 삼성전자에는 이동통신 기술이 전무했다. 당시 삼성전자는 일본 도시바의 카폰을 수입해 국내에 판매하는 수준이었다. 품질은 항상 삼성의 발목을 잡았고, 소비자의 원성이 컸다. 이를 극복하기 위해 미스터 애니콜로 유명한 이기태 이사는 1995년 3월 9

일 삼성전자 구미사업장에서 불량 제품 화형식을 벌였다.

2,000명의 임직원이 지켜보는 앞에서 산더미처럼 쌓인 15만 대의 핸드폰과 무선전화기 등이 해머에 산산이 부서져 나갔다. 조각난 제품은 시뻘건 불구덩이 속으로 던져졌고 불길이 사그라질 즈음 불도저가 다시 가루를 냈다. 돈으로 따지면 500억 원이 연기와 함께 사라진 셈이다. 임직원들은 제품이 불길에 휩싸이는 것을 지켜보면서 하나둘 눈물을 흘렸다. 재가 된 제품을 밑거름 삼아 애니콜은 다시 태어났다. 설계부터 대대적인 업그레이드 작업이 시작되었고, 오늘날 삼성은 세계 최고의 스마트폰을 만드는 회사가 되었다. 세계 3류 기업의 입지가 줄어들고 있다는 두려움을 극복하기 위해 새로운 창의력을 찾아 나선 좋은 사례다.

미국 IT 산업의 1세대 격인 인텔의 앤드류 그로브 회장은 수년 전 「포브스」와의 인터뷰에서 창조적인 힘의 근원은 '두려움Fear'이라고 밝혀 눈길을 끌었다. "편안하게 안주하는 생활에서 벗어나게 해 주는 것은 두려움이다. 그것은 불가능해 보이는 어렵고 힘든 일을 가능하게 만들어 준다. 육체적 고통을 경험한 사람들이 더욱 건강 유지에 노력하는 것과 마찬가지다."

실패가 실패로 끝나지 않고 발전의 기회가 되려면 실패를 사회적으로 용인하는 문화와 두려움에 이어 다른 한 가지가 더 필요하다. 바로 좋은 의미의 '불만족'으로, 이는 유대인들에게서 흔히 볼 수 있는 태도다. 유대 신앙의 기본 원리로서 세계를 고친다는 뜻의 티쿤 올람Tikun Olam이라는 히브리어가 있다. 신이 세상을 미완성의 상태로 창조했기 때문에, 인간은 미완성인 세상을 위해 끊임없이 창조해야 하며 그것이 바로 신의 뜻이자 인간의 의무라는 것이다. 이는 곧 세상을 개선해야 한다는 불만족에 기인한 창조 정신이다. 이들의 창업 정신은 유명 음식점 옆에 또 하나의 음식점을 차리는 것이 아니라, 세상에 존재하지 않았던 새로운 비즈니스를 만들어 내는 것이다. 그들은 한정된 파이를 나누는 대신 파이 늘리기를 선택했다.

오늘날 지식기반의 창조경제에서는 경제의 파이를 늘리는 것이 시급한 과제다. 산업경제는 경제가 커 가는 만큼 고용이 함께 커 가지만 지식경제는 경제 성장과 고용 성장이 정비례하지만은 않는다. 2008년 미국 발 경제 쇼크 직후 미국의 실업률이 10퍼센트라고 했지만, 「뉴욕타임즈」는 사설에서는 실질 실업률이 20퍼센트를 상회한다고 주장했다. 월가의 시위도 이 같은 맥락에서 출발한 것이다.

이제 이스라엘의 노하우를 배워야 할 때다. 한 번의 실패만으로도 신용불량자로 전락할 수밖에 없는 환경에서는 아무리 세계 최고의 인터넷 환경을 갖추었더라도 우리 젊은 세대가 도전할 수가 없다. 눈에 보이지 않는 기술과 창의를 객관적 잣대로 계량화하여 그 자체를 담보로 할 수 있는, 융자가 아닌 투자의 눈을 가지고 창업경제의 토양을 만들 때다.

군대와
도전 정신

이스라엘과 미국 군대의 비교

이스라엘의 국토 면적은 우리나라의 20퍼센트에 불과하다. 인구는 750만 명이며 사방이 모두 적대국인 아랍 국가로 둘러싸인 섬 아닌 섬나라다. 제2차 세계대전 후 히틀러의 유대인 학살 등 유대인 문제를 해결하기 위해 벨포어 선언이 나왔다. 이는 유대인에게 나라를 만들어 주는 선언이었다. 2000년 동안 세계에 흩어져 살아온 유대인들은 1948년 팔레스타인 지역에 나라를 세웠다.

이스라엘은 우리처럼 군대 의무 복무 제도를 채택하고 있다. 남자는 3년, 여자는 2년 동안 군대에 가야 한다. 보통 고등학교 졸업자의 90퍼센트가 군대에 간다. 고3이 되면 서로 엘리트 부대에 지원하기 위해 줄을 설 정도다. 미국 학생들이 하버드나 예일과 같은 좋은 대학에 진학하는 것이 꿈이듯, 이들은 탈피오트부대나 8200부대와 같은 엘리트 부대에서 초청장이 날아오기를 손꼽아 기다린다.

이스라엘은 엘리트 부대를 적극 편성하여 많은 우수한 학생들을 유치하고 있다. 그것은 창의력이 왕성한 20대의 젊은이들이 피할 수 없는 군 복무 기간 동안 연구개발 능력을 키울 수 있도록 하기 위함이다. 국방의 의무가 자칫 시간과 창조력의 낭비로 이어져서는 안 된다는 취지에서 그들이 추구하는 지식경제의 환경에 맞는 시스템을 구축한 것이다.

이스라엘 군대에서 배워야 할 점

창업국가 이스라엘은 열악한 환경하에서도 21세기 경제 기적을 이룬 나라다. 이스라엘 젊은이들은 세계에서 가장 도전적으로 창업을 하며, 지식자원을 무한히 넓혀 가는 지식경제의 성공적인 모델을 보여 준다. 중요한 것은 이스라엘 젊은이의 도전정신이 군대에서 육성되고 있다는 점이다.

2억 5천만 명 인구의 주변국들을 항상 긴장하면서 경계해야 하는데 고작 750만 명으로는 감당하기 어렵다. 수직적 명령 체계만으로도 효율성을 기대하기 힘들다. 그래서 이스라엘의 군대는 세계에서 계급의 단계가 가장 적다. 병장에게는 우리의 소대장에 버금가는 권한과 책임이 주어진다. 작전에 투입되면 기본 목표만 주어지고 모든 판단은 본인 스스로 하도록 교육받는다. 교본이 있다 하더라도 그것을 응용하는 것은 지휘자의 권한이다. 작전이 실패했다 하더라도 교본에 충실하지 않았다는 점에 대해서는 따지지 않는다. 이스라엘 군대의 전통은 '전통이 없는 것'이라고 한다. 항상 변화하는 상황에 유연하게 대처해야 하도록 교본에 얽매이지 말라는 뜻에서다. 이 점이 군대에서조차 새로운 것을 찾아 아이디어를 계발하도록 하는 문화로 활용되고 있다.

21세기 환경에서 군대가 갖춰야 할 마인드

이스라엘은 국방비의 상당 부분을 국방 관련 기술의 산업화를 통해서 회수한다. 수많은 젊은이들은 군대에서 창의력을 발휘해 자주국방에 우선 활용한 뒤 제대하여 학교나 산업계로 돌아가면 그 기술을 민간산업에 응용한다. 이러한 선순환체계가 잘 정착되어 국방기술을 활용하는 신산업의 규모가 이스라엘 전체 GDP의 7퍼센트를 차지한다고 한다.

예를 들면 미사일 유도장치에 탑재된 광학렌즈를 초소형화하여 인체 장기 내부를 정밀하게 촬영하는 기술이라든가, 전투기의 유체실험을 위한 풍동장치의 원리를 이용하여 주사기 대신에 호흡으로 약물을 인체에 투여하는 기술이 그 예다. 세계 최초의 인터넷 방화벽도 이스라엘 사이버 방위군 출신이 제대 후 만든 회사에서 나왔다.

이처럼 두뇌가 한창 번뜩이는 젊은 엘리트 부대원들에게 자주국방을 위해 열심히 일하게 하고 그 기술을 사회에 나가서 지식경제로 활용하는 것이 바로 지혜다. 우리도 이제 군대의 역할이 21세기 지식사회에 기여하는 방향으로 전환되어야 한다. 그래서 국가와 개인 모두에게 성취와 보람으로 돌아올 제도가 필요한 시점이다.

창조경제와 군대의 역할

　　　　　『창업국가』에서 저자는 이스라엘 군대의 강점으로 기업가적 정신이 살아 있는 조직이라는 점을 들었다. 주변 아랍국가와의 인구 비례만 해도 40:1로 압도적 열세이기 때문에, 능률과 창의력에서 반드시 앞서야만 했다. 따라서 군대 조직에도 엘리트 병사를 중심으로 하는 기술연구 부대가 있고, 대학 교육과 연계된 산학군이 하나의 생태계를 만들고 있다. 물론 일반 전투부대의 형태가 주를 이루지만, 군대에서 단순히 몸으로만 나라를 지키는 것보다는 창의로 앞서 나가는 국방을 통해 산업을 주도한다는 개념이 주류를 이룬다. 따라서 이스라엘의 군대는 방어 기술Defense Art 개념으로 움직인다. 의무 복무 기간이 끝나도 군대라는 조직에서 얻은 새로운 기술을 익히거나 창업 정신을 발휘할 수 있도록 생산적 군대를 지향한다.

이스라엘 청년의 국가관

　　　　　군 복무 기간이 인생에서 차지하는 의미는 생각과 실천 여하에 따라 천차만별일 수 있다. 매사에 적극적이며 긍정적으로 임하고 거기에 창의적인 생각을 더할 수도 있고, 수동적으로 움직이면서 현실에 안주할 수도 있다. 영국의 역사학자인 아놀드 토인비는 모든 역사와 문명은 도전과 응전을 통해 발전한다고 했다. 물론 모든 도전에 전부 제대로 응전한 것은 아니다. 일부의 훌륭한 응전을 보고 그 응전자들을 '창조적 소수'라고 부른다.

이스라엘의 젊은이들은 잘 응전하는 것보다 도전을 인식하는 것을 더 중요하게 여긴다. 인식이 되어야 그 다음에 응전을 할 수 있기 때문이다. 어디에 있건 눈에 보이지 않는 다양한 도전이 그들 앞에 있다고 믿는다. 응전은 그 도전을 예리한 눈으로 잘 파악하는 것에서부터 출발하는 것이다. 아울러 군 생활이 아니고는 경험하기 힘든 극기, 인내, 용기의 함양을 통해 다른 나라의 젊은이들이 감히 따라 할 수 없는 강인함을 키워 글로벌 경쟁시대를 주도할 수 있다고 믿는다.

블루오션으로 출항하라

손발에 의존하는 산업사회의 파고를 넘어 두뇌집약적인 지식경제에 접어든 선진국형 경제는 새로운 복병을 만나게 된다. 지금까지와는 달리 경제의 파이가 노력한 만큼 늘어나지 않는 것이다. 조금씩 파이가 성장한다 해도 일자리가 비례하여 동반성장하지는 않는다. 창조적인 소수가 대중이 만들어 내는 규모 이상의 부가가치를 만들어 내기 때문이다. 이제 수백 킬로그램 나가던 늙은 젖소는 젖이 말라 가고 있다. 미래의 우유 생산을 보장받기 위해서 목장에서는 끊임없이 젊은 송아지가 태어나야만 한다.

그동안 미국 상위 10퍼센트 소득자의 수익은 하위 10퍼센트의 10배 수준을 유지해 왔다. 그러나 2011년 5월 미국의 월스트리트 저널에 의

하면 2008년 세계경제 위기 이후 그 격차는 12배로 벌어졌다고 한다. 세계에서 가장 경제 활력이 강한 이스라엘의 경우는 15대 1의 수준으로 악화되어 가고 있다. 이 같은 현상은 사회적으로 우려스러워 보이지만 경제적으로는 지식형 구조로 자연스럽게 진화되어 가는 징후의 하나로 여길 수도 있다. 창조적 소수가 획기적으로 경제적 부가가치를 늘리고 거기에 상응하는 수익을 차지하는 것이다. 따라서 이 격차가 커져 가는 것은 선진국형 지식경제가 무르익어 가고 있다는 의미이기도 하다.

상위층이 무한히 성장하는 동시에 파이가 커진다면 문제가 없다. 그러나 하위층이 피폐해지고 있다면 심각한 문제가 된다. 선진형 지식경제하에서 한 가지 분명한 사실은 목장에서 새로운 송아지가 탄생하듯이 끊임없이 창업이 이루어지는 창업경제로의 진화가 이루어져야 한다는 것이다. 미국 통계청의 자료에 의하면, 지난 20년 동안 미국의 일자리는 생긴 지 5년 안 된 기업이 만들어 냈다고 한다. 바꿔 말하면 창업 후 5년이 지나면 일자리를 줄인다는 뜻이다.

세계경제 위기에도 이스라엘에서 단 한 군데의 은행도 문을 닫지 않은 비결은 끊임없는 일자리의 창출이었다. 은행이 건실하다는 것은 경제에 거품이 없다는 의미와 같다. 새로 태어난 송아지가 우유를 만들기 시작하면서 안정적인 생산이 가능해졌다는 말이다. 이제 우리 경제의 성패는 젊은이들의 상상력과 창의력에 뿌리를 둔 창업경제에 달려 있다고 해도 과언이 아니다.

2차 대전 이후 독립한 자주국가 중 이스라엘과 싱가포르 그리고 한국만이 경제적으로 자립했고 이제는 외국에 경제적 원조를 할 수 있는 수준에 이르렀다고 한다. 우리나라와 이스라엘은 전통적으로 교육에 대한 열의가 강하고 종교적 혹은 민족적 자존심이 굳건했다. 우리의 끈질김과 빨리빨리 그리고 이스라엘의 후츠파 정신은 서로 비슷한 듯하면서도 사뭇 다른 점이 많다.

후츠파 정신에 담긴 일곱 가지 처방을 다시 한 번 정리하면 다음과 같다.

Informality(형식의 파괴), Questioning Authority(질문의 권리), Mash-up(상상력과 섞임), Risk Taking(위험의 감수), Purpose Driven(목표 지향), Tenacity(끈질김), Learning from Failure(실패로부터의 교훈)이다. 이 일곱 가지 요소 중 끈질김을 제외한 나머지 여섯 가지는 문화와 전통, 교육 등 여러 가지 요인으로 인해 우리 국민에게서 찾아보기 어려운 것들이다. 다행히 우리가 그다지 접한 적 없는 것들이기 때문에 잘 받아들일 수만 있다면 효과적이리라 여겨진다. 단지 이 처방은 사회, 제도, 문화, 교육 등 여러 분야에 도사리고 있는 고질적인 문제를 함께 치료해야 효과가 있을 것이다.

형식적이지 않고, 누구나 마음을 열고 질문하며, 남이 하는 일도 스스럼없이 들여다보고, 위험을 인정해 주고 그에 따른 실패에서도 배운 바가 있다면 이런 모든 것을 용인해 주는 사회를 만들어 기운을 잃은 젊은이를 일으켜 세워야 한다. 훌륭한 디지털 토양과 최고의 두뇌를 자랑하는 우리의 젊은이들이라는 필요충분조건을 다 갖추고도 이스라엘 젊은이들의 패기를 앞지르지 못할 이유는 없다. 자원이 없다고들 하지만 우리는 이스라엘보다 넓은 국토와 풍부한 물 그리고 더 많은 인구를 가지고 있다. 게다가 빨리빨리 문화라는 효율성도 덤으로 갖고 있다. 다음 세대의 국가 지도자들은 이 점을 잘 헤아려야 할 것이다. 미국의 오바마 대통령은 이스라엘의 경제 기적을 담은 『창업국가』를 읽고 '창업국가, 미국Start-Up America'을 선언하고 다섯 가지 정책을 곧바로 마련했다. 그 골자는 다음과 같다. Unlocking Access to Capital(투자 개방), Connecting Mentors(멘토와 연결), Reducing Barriers(제도적 장벽 완화), Accelerating Innovation(혁신의 가속), Unleashing Market Opportunity(시장 개방).

사실 『창업국가』를 번역하면서 책에 소개된 여러 가지 통계에 대한 의구심을 떨칠 수 없었다. 미국 기업을 제외한 나스닥 상장사의 40퍼센트가 이스라엘 기업이라든가, 히브리대학의 연간 특허 수익이 수천억 원이라든가, 이스라엘에서 창업한 회사 수가 유럽 전체와 비슷하다든가, 세계 3위의 지식자본국가라는 사실 모두가 말이다. 그러나 이 모두가 사실이라는 것을 확인한 순간 전율을 느끼지 않을 수 없었다.

2005년 올메르트 수상의 초청으로 이스라엘을 방문했을 때 자원이 없는 나라의 국가 경영은 그렇지 않은 나라와 반드시 달라야 한다는 것을 느낀 바 있다. 척박한 사막에서의 농업은 농사가 아니라 과학임을 이해했고, 부족함과 불만족이 오히려 축복이라는 말의 의미를 깨달았다. 북아프리카에서의 지도력 수복을 위해 이스라엘을 배신한 프랑스 덕택에 세계 최고의 전투기를 자체 개발할 수 있었고, 유사시를 대비한 자체 원자력 기술 개발을 통해 세계 최고의 발전소 운영 기술을 축적할 수 있었다.

이스라엘의 시몬 페레스 전 대통령은 1948년 이스라엘이 건국할 당시 25세의 청년이었는데 초대 수상 벤구리온의 보좌관으로 정치에 처음 발을 들여놓았다. 그는 지금까지 67년 동안 전 부처의 장관과 두 번의 수상직을 역임했고, 오슬로협정으로 노벨 평화상을 수상한 바 있다. 그는 허허벌판에 갓 태어난 나라를 한평생 가꾸어 왔으며, 92세의 청년 대통령으로서 지금껏 존경받고 있다. 2014년 은퇴한 이후로도 그는 5평 남짓한 집무실에서 바쁜 시간을 쪼개어 젊은 창업자들을 위한 멘토로서의 역할을 자임하고 있다. 그는 투자자와 벤처의 가교 역할을 하는 데 전체 시간의 50퍼센트를 할애하고 있다고 한다. 우리로 치자면 이승만 대통령의 보좌관이 지난 세월 동안 수많은 역대 대통령과 정치적 혼란에도 흔들리지 않고 지금까지 국가에 봉사하고 있는 것과 같다.

어느 모임에서 이 같은 불가사의가 어떻게 가능할 수 있는가라는 질문을 받았다. 나는 망설임 없이 "그분의 애국심이 99퍼센트였다면 불가능했을 것"이라고 답했다. 열정과 애국심이 후츠파 정신과 결합되면서 많은 창조적인 정책이 만들어졌던 것이다. 우리도 기성세대, 기득권층이 양해와 공감을 해서 우리 젊은이들로 하여금 일곱 가지 후츠파 정신을 발휘할 수 있도록 해야 할 것이다. 그것만이 지식 창조경제로의 새로운 패러다임을 열어 가는 지름길이다.

후츠파를 찾아 이스라엘로

우주선을 발사하려면 우주선을 중력 밖으로 날려보낼 미사일과 에너지가 필요합니다. 그렇게 가속화되어 지구 밖으로 나가면 어느 시점에서 해체되어 미사일은 우주선과 분리됩니다. 기업이라는 우주선은 비행을 계속하겠지요. 여기서 우리는 자본이라는 가솔린을 제공하는 셈이죠.

제4장은 이스라엘로 후츠파 탐사를 떠나는 고고학적 언어 발굴 여행이 될 것이다. 창업국가 이스라엘을 기획하고 연출하며 출연한 주요 인물들과 대학, 기업, 현장을 찾아 나서는 여행이다. 이 여행에서 독자들이 다음과 같은 궁금증을 미리 염두에 둔다면 여행의 전 과정에서 그 답을 찾아낼 수 있을 것이다.

- 왜 전 세계에서 가장 놀라운 혁신 국가가 사막 위에 자리잡은 석유 한 방울 나지 않는 이스라엘일 수밖에 없는가?
- 전 세계 인구의 0.2퍼센트밖에 안 되는 유대인이 노벨상 수상의 22퍼센트를 차지하는 일당백의 노하우는 무엇일까?

- 언제부터 이스라엘인은 의사, 변호사가 되는 대신 창업에 두 팔을 걷어붙이게 됐는가?
- 한 대학에서 1년에 1조 원의 특허 수익을 올리는 것이 어떻게 가능할 수 있을까?
- 왜 전 세계 벤처 투자의 30퍼센트가 한반도 면적의 10퍼센트밖에 안 되는 이 나라에 집중되는가?
- 세계경제 위기에도 단 한 개의 은행도 파산하지 않은 비결은 무엇인가?

이 장에서는 21세기 이스라엘의 경제 기적을 다룬 책 『창업국가』를 중심으로 거기에 소개된 다양한 분야의 전문가와 대학, 학생은 물론 정부의 정책 입안자 그리고 직접 창업한 사람들을 만나서 그 생각의 저변을 발굴해 보고자 한다.

우리가 유대인에 대한 단편적인 지식과 편견을 통해 미루어 짐작하는 몇 가지가 있다. 그들은 영리하고, 교육을 잘 시키며, 종교로 뭉쳐 있는 사람들이라는 점이다. 그러나 이 장에서 여러분은 그런 요소들이 단지 필요조건일 뿐 충분조건이 아니었다는 사실을 깨달을 수 있을 것이다. 후츠파로 대변되는 그들만의 국민성이 없었다면 그들이 가진 강점은 그저 하나의 허상으로 남을 수밖에 없었을 것이다. 미리 언급하자면, 결론은 후츠파라는 충분조건의 발견이다.

요즈마펀드를 만들어 이스라엘 지식경제의 아버지라고 불리는 에후드 올메르트 전 총리를 시작으로 건국보다 먼저 세워진 테크니온공대

의 총장, 세계 최고의 연구소 바이츠만의 소장, 연간 1천억 원 이상을
벌어들이는 각 대학의 기술지주회사 사장, 수많은 벤처 창업자, 이스라
엘 국가 경영의 청사진을 만드는 최고과학실 수석 과학관 등 우리가 만
나기 어려운 각계 각층의 인물을 만나 볼 수 있다. 그들과의 진솔한 대
화를 통해 그들만의 비밀, 후츠파에 대해 알아낼 수 있기를 기대하며
이제 진짜 여행을 시작해 볼까 한다.

참고로 이 여행은 우리나라의 '채널 IT' 지원으로 이스라엘 현지에서
이루어졌으며, 동 채널을 통해서 다큐멘터리로 방영되었다(이 책의 뒤표
지에 표시된 QR코드나 인터넷 검색을 통해 시청 가능). 저자의 오랜 친구인 에
후드 올메르트 이스라엘 12대 총리와 텔아비브대학 이사장 기요르 야
론 박사 그리고 『창업국가』의 저자인 사울 싱어가 이스라엘 현지 일정
과 각계 각층의 인사들과의 면담을 적극적으로 주선해 주었음을 밝히
는 바이다.

01 시몬 페레스 이스라엘 전 대통령의 편지

한국 독자 여러분!

사람들은 상상하는 것보다 기억하는 것을 좋아합니다. 기억은 우리
가 전에 이미 가 본 길을 되돌아가는 여정이기 때문에 익숙한 것들과
관련이 있는 반면, 상상은 알지 못하는 미지의 무언가를 떠올려 미리
가 보는 것이지요. 상상하는 것은 때론 무서운 일이기도 합니다. 익숙

한 것들을 떨쳐내 버려야 하는 리스크가 동시에 따르기 때문입니다.

새로 탄생한 이스라엘이란 나라의 씨앗은 추방당한 사람들의 상상으로부터 생겨났습니다. 우리의 망명은 2000여 년이라는 매우 긴 시간 동안 계속되었습니다. 이 망명은 유대인들에게서 국가를 앗아 갔고, 오직 기도만을 남겨 놓았습니다.

그러나 끊임없는 기도는 그들의 희망과 선조들의 땅에 대한 유대감을 더욱 강화시켜 왔습니다.

이스라엘 국가의 건립과 함께 이 위대한 기도는 자그마한 땅에 심어졌으나 흙은 잡초투성이였고, 주위 환경은 적대적이었습니다. 이집트에서 이스라엘로 가는 길목에서 우리는 거대한 사막을 건넜으며 도착하여 집으로 삼은 곳 역시 사막이었습니다. 우리는 스스로 새로움을 창조해야 했습니다. 가난한 땅으로 이주한 가난한 민족으로서 우리는 빈곤 속에서 풍요로움을 찾아내야만 했습니다.

우리 마음대로 이용할 수 있는 것은 오직 사람뿐이었습니다. 메마른 불모지는 단지 돈만 있는 자에게는 아무것도 내주지 않았으며 오로지 소박한 삶에 만족할 줄 알고 봉사할 줄 아는 개척자들에게만 내주었습니다. 그들은 새로운 삶의 방식을 스스로 만들어 냈습니다. 키부츠, 모샤브와 같은 인위적으로 만들어진 마을이나 집단농장이 그것입니다. 그들은 땅을 파고 노동을 하면서 스스로에게 많은 것을 요구했습니다. 동시에 그들은 꿈을 꾸고 혁신해 가며 창조하는 것도 잊지 않았습니다.

그들은 이상주의자들이었으며 지식인이었으나 자신들의 땅을 자신들 스스로 직접 일구는 길을 기꺼이 선택했습니다. 땅이 척박하고 물이 불충분하다는 것을 알게 되었을 때 그들은 발명과 기술로 눈을 돌려 해결했습니다.

키부츠는 일종의 인큐베이터가 되었고 농부는 과학자가 되었습니다. 하이테크의 나라 이스라엘은 농업으로부터 시작되었습니다. 작은 땅과 적은 물로 이스라엘은 농업 선진국이 되었습니다.

많은 사람들이 농업을 근대산업의 전형이라고 잘못 생각하지만 이스라엘의 거대한 농업 생산성의 비밀은 95퍼센트가 기술에 있습니다.

지금도 적대적인 주변의 시선은 여전히 차갑습니다. 건국 이후 62년 동안 일곱 번 침공당했고, 여러 나라로부터 외교적, 경제적 관계가 봉쇄되어 버린 지 이미 오래입니다. 그간 어떠한 외국의 군대도 도움을 주지 않았습니다. 우리가 무기의 수적 열세를 극복하는 유일한 방법은 용기와 기술에 기반한 비교우위를 만들어 내는 것뿐이었습니다.

이스라엘은 국토의 크기가 아니라 우리가 직면한 위험의 크기와 비례하여 창의성을 키워 왔습니다.

나아가 이 창의성을 안보 분야에 적용하여 민간 산업의 기반을 마련해 왔습니다. 군사적 목적의 기술 개발은 보통 이중의 목표를 갖습니다. 예를 들어 항공학은 민간과 군사 산업 모두에 응용이 가능합니다. 민간 산업과 협력관계에 있는 군대는 기술의 인큐베이터가 되어 많은 젊은이들을 세련된 장비와 경영 경험에 노출시킬 수 있는 기회로 활용됩니다. 앞으로도 이스라엘은 항상 작은 영토와 인구를 가진 나라일 것입니다. 그래서 우리는 절대 커다란 시장이나 매우 큰 산업을 발달시킬 수 없습니다. '크기'가 양적인 우세함을 만들어 내지만 반면에 '작음'은 질적인 면에 특화할 수 있는 기회를 만들어 줍니다. 이스라엘의 유일한 선택은 창조성에 기초하여 질적인 향상을 추구하는 것밖에 대안이 없었습니다.

이스라엘 건국에 기여한 벤구리온 초대 수상이 말하길 "모든 전문가들은 이미 일어난 일에 대한 전문가이다. 앞으로 일어날 일에 대한 전문가는 없다. 미래에 대한 전문가가 되기 위해서는 단순한 비전이 반드시 실제 경험으로 바뀌어야 한다."라고 했습니다.

나는 앞으로 다가오는 10년이 과학과 산업 분야에서 가장 놀라운 10년이 될 것이라고 믿습니다. 그것은 여러 분야의 기술이 동시다발적으로 결합되는 것에 기인할 것이기 때문입니다.

첫 번째는 인공 지능의 발달입니다. 컴퓨터의 능력은 지난 25년 동안 100만 배가 성장했습니다.

두 번째로 전 세계적으로 증가하고 있는 과학자의 수(주로 인도와 중국의)가 기술 향상과 만나 새로운 컨버전스Convergence의 대 분출로 이어질 것입니다.

세 번째로 나노기술의 출현이 우주의 가장 놀라운 창조물인 인간의 뇌 해독을 가능케 할 것입니다. 이것은 아직까지 감춰져 있는 인간의 잠재력을 드러낼 것이고, 새로운 차원의 커뮤니케이션 시스템을 열어, 우리가 아직 상상조차 할 수 없는 사회적 가능성들을 만들어 낼 것입니다.

우리는 오늘날의 지평을 훨씬 뛰어넘는 현상들을 보게 될 것입니다. 질병을 극복하고 예방할 수 있을 것이며 우리 앞에 놓인 여러 어려운 장애물을 피할 수 있을 것입니다. 우주로 더욱 높이, 바다로 더욱 깊이 여행할 수 있을 것입니다. 우리는 인간의 유전자 해독을 통해 인간 창조의 비밀과 같은 가장 거대한 미스터리를 풀 수 있을지도 모릅니다.

이스라엘은 이제 이러한 엄청난 여행을 위해 다른 여행자들을 돕고 그들로부터 도움을 받으면서 스스로를 준비하고 있습니다. 그런 의미에서 『창업국가』는 당신의 눈을 번쩍 띄게 할 만한 책입니다. 이 책은 그 자체가 영원한 'Start-Up'인 이스라엘이라는 국가의 역사에 대한 중간 보고서라고 보는 편이 맞을 것입니다. 이 책은 이미 존재하는 것, 보편적·보수적인 것들에 도전하는 사람들의 이야기를 담고 있습니다. '이스라엘의 비밀'을 만들고, 이스라엘을 세계 최고 기술 기업들의 핵심 연구 개발 센터로 만들어 낸 사람들이 이 책의 주인공입니다.

희망과 기대로 가득 찬 역동적인 미래에 이스라엘은 여전히 새로운 발견에 기여하는 면에서 앞서나가고 있습니다.

우리는 여기에 그치지 않고 더 나은 내일을 위한 헌신과 위험의 감내를 통해 끊임없이 개선하고자 하는 노력을 계속할 것입니다.

이로써 우리는 이 지역의 평화를 이끌어 내는 것뿐만 아니라 건강, 번영은 물론 전 세계 모든 사람들의 자유라는 인류의 꿈을 이루기 위해 계속해서 더욱 큰 기여를 할 수 있길 희망합니다.

02 에후드 올메르트 전 총리(Ehud Olmert, 제12대 이스라엘 총리)

총리님 벌써 다섯 번째 만나 뵙게 됩니다. 이렇게 다시 만나서 한국의 벤처 기업가들과 학생들에게 총리님의 메시지를 전할 수 있게 되어 영광입니다. 우선 총리직에서 은퇴하신 이후 요즘에는 어떤 일을 하고 계신지 궁금합니다.

나는 현재 이스라엘에서 가장 큰 민간 기업 그룹 중 하나의 회장을 맡고 있습니다. 우리 그룹은 60개의 계열사를 보유하고 있는데 그들 지주회사의 회장을 역임하고 있지요. 우리 회사는 이스라엘 전역에 걸쳐 에너지, 기술, 교통 등 다양한 기관들과 파트너십을 보유하고 있습니다. 최근에는 7억 달러를 투자하여 이스라엘 최대 시멘트 생산 업체를 매수하였습니다.

나는 이 그룹의 회장이기도 하지만, 동시에 별도의 창업 컨설팅 회사도 운영합니다. 이 회사는 전 세계의 사업가들을 돕고 지원하는 역할을 합니다. 시장에 내놓을 만한 혁신적인 아이디어를 발견하고, 그러한 아이디어를 가진 젊은이들을 돕고자 컨설팅 회사를 설립하게 되었습니다. 내가 장관일 때 만든 요즈마펀드 이래로 다양한 펀드가 생겨났고, 그 도움으로 수많은 젊은이들이 창업에 매진하고 있습니다. 이 같은 도전이 21세기 자원이 없는 나라의 국가 경영에 참고가 될 수 있을 것이라고 생각합니다.

다음에 한국을 방문할 때는 새로운 아이디어와 기술에 관심 있는 젊은이들, 국가 지도자들과 이런 나의 생각을 공유하고자 합니다. 이러한 지식경제 분야에서 한국은 이스라엘과 중요한 파트너가 되리라 생각합니다.

한국 역시 초고속 인터넷 디지털 기반 시설을 공고히 하고 하이테크를 기반으로 한 새로운 혁신을 위해 노력하고 있습니다. 총리님의 말씀대로 한국과 이스라엘은 비록 자원빈국이지만 미래 세대를 위해 상호 보완적 입장에서 서로 긴밀히 협력할 수 있다고 생각하는데요.

공감합니다. 수년 전 제가 산업통상노동부Ministry of Industry Trade and Labor 장관 겸 부총리를 역임하던 당시부터 이미 한국은 이스라엘의 중요한 파트너라고 생각하고 있었습니다. 그 당시 나는 이스라엘의 산업, 특히 하이테크 산업 분야를 발전시키는 역할을 맡고 있었습니다. 그때 한국을 몇 번 방문하였고 이후 총리가 되었을 때도 방문할 기회가 몇 차례 있었습니다. 양국 간 협력관계를 강화시키기 위해 방문했죠. 한국과 이스라엘은 서로 궁합이 잘 맞아요.

나는 이스라엘과 한국이 공유할 만한 다양한 혁신적 요소가 있다고 생각합니다. 한국의 사회 기반 시설은 정말 감탄사가 나올 정도입니다. 그 외에도 세계에서 유례를 찾기 힘든 산업화를 일찍 이뤄 낸 한국에서 우리가 배울 만한 요소도 많이 있다고 생각해요. 우리 역시 이러한 한국의 사회 기반 시설에 접목시킬 수 있는 이스라엘만의 기술력을 한국과 공유하고 싶습니다. 한국은 세계인을 대상으로 한 최고의 실험실 환경을 구축한 하이테크 온실이라고 생각합니다.

한국은 테크놀로지 산업을 위한 기반 시설이 훌륭하다고 말씀하셨는데요. 벤처를 꿈꾸는 한국의 젊은이들에게 어떤 조언을 해 줄 수 있을까요?

언젠가 한국 측에 몇 가지 혁신적 아이디어를 제공할 수 있는 기회가 있으면 좋겠습니다. 그리고 나아가 한국 업체들과 이스라엘 혁신 기업 간 협력을 도모하고자 합니다. 이번 방문(아시아리더스포럼)을 통해 우리가 함께 어떤 일들을 해낼 수 있을지 알아보고 싶었습니다.

한국인은 세계적으로 경쟁력 있는 몇 안 되는 민족입니다. 유교적 전통과 장유유서의 사회 안에서 좀 더 자신의 의지를 드러내고 강점을 찾아가는 시간을 많이 갖는 것도 중요합니다. 내가 가장 즐겨하고 잘 할 수 있는 것을 찾았을 때 남은 인생이 더 행복하고 창의적일 수 있지요. 그리고 전 세계를 양팔로 품어 안을 만큼 크게 가슴을 열어 보시기 바랍니다.

한국을 비롯한 다른 나라의 대통령이나 총리, 관리들은 자의건 타의건 퇴임한 이후에 눈에 띄는 활동을 하기가 쉽지 않습니다. 그런데 총리님을 비롯해 이스라엘 관리들은 퇴임 후에도 활발히 움직이며 젊은 벤처들을 위한 지원을 아끼지 않습니다. 그것이 이스라엘의 전통인가요?

우리의 후츠파 정신은 과거 직위의 상하나 직급에 관계없이 지금 우리가 해야 할 미션에 충실하라고 말합니다. 내가 수년간 시도해 왔고 특히 중요시 여기는 것이 인재 육성입니다. 지금은 기업 경영에 참여하고 있지만 교육 분야 지원은 내가 평생 해야 할 일이라고 생각합니다.

이스라엘은 국토도 작고 인구도 적으며 자원도 없습니다. 하지만 최근 천연가스가 발견되었는데 이는 기업들에게 중요한 자원이 될 것 같습니다. 한국 대기업에서도 이스라엘 가스 자원 발전에 투자할 준비를 하고 있어요. 향후 30~40년간 이스라엘에서 사용하기 충분할 뿐 아니라 유럽 전역에서 사용할 수 있을 만큼의 규모예요. 하지만 저는 개인적으로 유럽보다는 아시아 시장을 보고 있습니다. 아시아는 현재 러시아 천연가스를 주로 사용하고 있으니 (그들과 경쟁하기 위해선) 우리의 천연가스 개발 확장에 보다 힘을 기울여야겠지요.

어쨌건 이런 부분을 제외하고 이스라엘은 (자원보다는) 기술 산업에서 두각을 나타내고 있습니다. 그것은 고급 인재들 덕분입니다. 내가 총리를 맡기 전이나 총리를 맡았을 당시 그리고 지금 현 정권 모두 하이테크 분야의 다양한 사업을 적극 육성 발전시킬 수 있는 정책을 펼쳐 왔습니다. IT 기술과 사이버 기술 등의 하이테크 기술은 일반 산업 발전에도 중요한 영향을 미칩니다. 특히 사이버 기술은 우리에게 더욱 중요해요. 사이버테러 등을 통해 잠재적으로 위협을 가할 수 있는 단체들을 견제해야 하기 때문이죠.

또한 우리는 나노기술 육성에도 힘을 기울이고 있습니다. 나노기술 연구를 위한 연구소를 다수 건립했습니다. 생명기술도 마찬가지입니다. 이러한 분야는 전적으로 고급 인재 자원에 의존합니다. 그래서 인재들이 최대한 능력을 펼칠 수 있도록 지원하고 있습니다. 다양한 펀드 재원을 유치하여 수요자에게 물 흐르듯 잘 연결해 주는 것이 내가 잘할 수 있는 일이라면, 앞으로도 계속 봉사할 생각입니다.

이스라엘과 한국 모두 자원이 없는 나라입니다. 그런 점에서 국가 경영의 노하우를 알려 주실 수 있을까요? 또 한국 벤처 산업계의 젊은이들에게 해 주고 싶은 말씀이 있으신가요?

우선 한국은 이스라엘이 가지지 못한 것을 가졌다는 사실을 말씀드리고 싶군요. 한국에는 이스라엘과 달리 5,000만 명에 이르는 많은 인구가 살고 있습니다. 그래서 그만큼 잠재력이 풍부하고 큰 시장이 있다는 강점이 이스라엘과의 차별점입니다. 또한 이스라엘은 적대 국가에 둘러싸여 있어서 그들을 견제하기 위해 큰 예산을 사용합니다. 한국도 북한과 마주하고 있긴 하지만 그 위협 수준이 우리만큼 크진 않지요. 잠깐 북한에 대해 얘기하자면 우리는 북한이 자유와 평등을 기초로 하는 인권을 침해하고 있다고 믿습니다. 북한의 독재 정권과 대립하는 한국에게 100퍼센트 지지를 보내는 바입니다. 그건 당연하지요.

내가 한국의 젊은이들에게 하고 싶은 이야기는 다른 사람들을 따라 하지 말라는 것입니다. 미국이나 러시아, 영국, 이스라엘에서 나온 아이디어가 자신의 것보다 낫다고 생각하지 말고, 자신만이 갖고 있는 자원을 바탕으로 새로운 것을 창조하라는 말입니다.

이를 위해 정부의 매우 신중하고 정교한 개입이 필요합니다. 젊은이에게 무엇을 하라고 요구할 수는 없습니다. 하지만 그들이 혁신을 이룰 수 있도록 동기부여를 해 줄 환경을 제공할 수는 있습니다. 우리는 그러한 공간을 자연스럽게 창조합니다. 이스라엘의 젊은이들은 보통 20세가 되면 군 입대를 하고 다양한 특수부대에서 근무를 하게 됩니다. 그곳에서 국가는 젊은이들이 필요로 하는 것을 해결할 수 있도록 기회를 제공합니다. 이런 과정에서 나온 많은 아이디어들은 민간시장에서도 활용될 수 있어요.

아마 읽으셨을 테지만, 『창업국가』에 나온 내용을 초월해야만 합니다. 군대에만 해당되는 게 아닙니다. 현재 진행하고 있는 사업 중에 하나를 소개해 드리겠습니다. 산업무역노동부Ministry of Industry, Trade and Labor의 수석 과학자는 세계 여러 국가와 다국적 펀드를 운용하고 있습니다. 예를 들어 미국과는 30년 동안 양자 간 정부투자금이라는 버드 재단BIRD Foundation을 운영해 왔습니다. 30년의 시간을 고려해 볼 때 우리가 투자한 금액은 수천만 달러가 넘습니다. 하지만 그 자금은 모두 창업 회사에 신중하게 투자되었습니다. 많은 회사들이 망했지만, 성공한 기업들은 오늘날 세계적인 대기업으로 성장했습니다.

예를 들어 체크포인트Checkpoint라는 인터넷 보안 회사는 현재 미국 주식시장에서 시가 총액 1,200억 달러에 거래되고 있습니다. 이 회사는 26세의 청년 3명이 설립했습니다. 체크포인트는 지금 세계에서 가장 큰 보안 소프트웨어 회사가 되었습니다. 이건 단지 하나의 예에 불과합니다. 우리는 좋은 아이디어를 가지고 있는 창업 회사를 초기에 발굴하여 정부 보조금을 주고 그들을 육성합니다. 전문가들의 평가에 따라 성공할 만한 잠재력이 있는 회사에 한해 10만 달러 내외의 투자금을 제공합니다.

이러한 초기 자본 수혈을 통해 창업 회사가 영업을 진행할 만큼 성장하면 정부에서 매출의 일부분을 로열티 방식으로 환수합니다. 이런 식으로 자금이 순환하게 되는 것이죠. 우리가 제공한 초기 투자는 다시 환입이 되고 그 환입된 자금을 또 다른 창업 회사에 재투자하는 식으로 돌고 도는 겁니다.

첨단기술을 발전시키기 위해서는 많은 엔지니어들이 필요합니다. 과거에는 대졸 엔지니어 숫자가 적었어요. 이 숫자는 이제 늘어나는 추세이며, 앞으로 대졸 엔지니어들이 많아질수록 첨단기술도 더 늘어날 것입니다. 그래서 엔지니어 숫자를 늘리는 게 중요한 겁니다. 우리는 이스라엘 출신 엔지니어 한 명을 통해 창출되는 가치가 매년 평균 50~60만 달러에 달한다는 사실에 자부심을 느끼고 있습니다. 여기에 매년 5,000명 정도의 엔지니어가 추가된다면 그에 따른 가치 성장은 연간 몇십 억 달러에 달하겠지요.

20년 전 이스라엘은 최초의 벤처 캐피탈인 요즈마펀드를 만들었는데요. 현재 이스라엘에는 2백 개가 넘는 벤처 캐피탈 회사가 있습니다. 벤처 업체가 성공하면 그 수익금이 벤처 투자회사로 환원되고 다시 벤처 투자액으로 돌아가는 순환 시스템이 잘 갖추어져 있는데요. 다른 나라와 비교했을 때 이스라엘의 벤처 투자 환원이 성공을 거둔 이유는 무엇일까요?

우리의 성공은, 어떤 아이디어가 해당 산업 분야에서 적용가능한 효과적인 상품으로 발전할 수 있을지에 대해 일류 전문가들이 심층적으로 연구한 것과 가용자금 간의 상호작용으로 이루어진 합작품입니다.

스마트폰을 예로 들어 보겠습니다. 세계의 모든 스마트폰, 그게 삼성 제품이건 애플 제품이건 간에 모두 이스라엘제 부품을 사용하고 있다는 사실을 발견할 수 있을 것입니다. 여기서 중요한 것은 앞으로 어떠한 산업 분야가 대중에게 어필할 것이고, 그러한 산업 확장을 대비해 사전에 어떤 준비를 할 수 있는지 관심을 갖는 태도입니다. 여기에는 IT뿐 아니라 컴퓨터 그리고 백신 소프트웨어 등 다양한 것이 포함됩니다. 이제 향후 10년 인터넷은 사람과 사람이 이용하는 것에서 탈피하여 사람과 기계 그리고 기계와 기계로 응용 영역이 확장될 것입니다. 이런 트렌드를 읽고 미리 미래를 준비할 필요가 있습니다. 즉 트렌드를 미리 예측해 투자자와 사업자가 힘을 합하여 대비하는 것입니다.

요즘 시대에는 아직 세상에 존재한 적 없는 새로운 비즈니스 창출이 중요합니다. 그 얘기는 창의적인 교육이 중요하다는 이야기와 관련이 있는데요. 이스라엘 교육 시스템은 그런 창의적인 비즈니스 창출에 최적화되어 있다고 들었습니다.

그 말이 사실이면 좋겠지만, 아쉽게도 아직은 그 수준에 도달하지 못했습니다. 우리 교육 시스템은 급변하는 세계에 적응할 수 있도록 신속히 대응하고 있지만 아직 더 발전하여야 하며 더 많은 투자가 필요합니다.

창의적인 교육은 3살부터 시작됩니다. 대학이 아니고요. 물론 결국에는 좋은 대학과 대학원으로 연결되겠지만, 창의적 교육은 3살에 시작되어야 합니다. 내가 총리를 역임하던 때부터 3살 혹은 그 이하 연령의 아이들을 대상으로 한 교육에 집중 투자를 하기 시작했습니다. 개개인이 지닌 능력을 찾아내고 그들의 능력과 관심사에 대응하는 맞춤형 교육을 하게 된 것입니다.

역사적으로 살펴보면 대부분의 기술적 혁신은 20~30세 사람들에 의해서 탄생했다는 걸 확인할 수 있습니다. 빌 게이츠, 스티브 잡스, 이스라엘의 샤이 아가시 등 모두 20~30세 때에 그들의 업적을 이룩했어요.

페이스북의 창시자 마크 주커버그는 그가 대학교 2학년 때인 2003년에 SNS 서비스를 처음 시작하였습니다. 현재 페이스북의 회사 가치는 수천 억 달러에 달하죠. 그래서 잠재력을 더 어린 나이에 포착하고, 그러한 잠재력을 자극할 수 있는 환경을 제공할 필요가 있는 것이고, 이 부분에 대해서는 과거보다 더 많은 노력을 기울여야 하는 것입니다.

지금의 세계는 과거와 비교도 안 되는 엄청난 경쟁시대에 접어들었습니다. 그러한 환경 속의 이스라엘은 인구가 겨우 7백만인 작은 나라입니다. 한국, 미국, 러시아, 중국, 일본 어디에다 비교해 봐도 작습니다. 하지만 나스닥에 상장된 이스라엘 기업은 절대적 수치로 비교해 봐도 미국을 제외한 세계 어느 국가의 것보다 많습니다. 우리 벤처 투자 육성 정책은 작은 사이즈에서 나오는 열세를 극복하기 위한 한 방법입니다. 벤처 투자를 통해 작은 나라이지만 세상에 더 널리 영향을 미칠 수 있게 성장하였습니다.

이스라엘 벤처 산업과 다른 나라 벤처 사업의 차별점은 무엇이라고 생각하세요?

우선 이스라엘의 벤처 기업은 다른 국가보다 상황이 더 어렵다는 것을 말씀드리고 싶습니다. 이는 우리가 처한 특수한 상황에 기인합니다. 전시 상황에서 오는 각종 위협과 어려움을 극복하기 위해서 우리는 스스로의 역량을 최대로 끌어올려야 된다고 믿고 있습니다. 그러한 점이 우리 젊은이들에게 동기부여가 되어 항상 자기계발을 하게끔 만듭니다. 그래서 이스라엘 젊은이들이 이토록 잘 해내는 것이 아닌가 싶습니다. 미국에서 태어났다면 모든 것이 주어지고 안정적이었겠죠. 설령 국제적 문제가 생기더라도 미국이 직접 공격받는 일이 생기겠습니까? 미국은 크고 강력하며 부유한 나라입니다. 반면 이스라엘은 65년 전에는 존재하지도 않았습니다. 오늘날의 수준으로 성장할 수 있었던 건 우리가 당면한 어려움과 과제를 극복하려는 이스라엘 국민의 작지만 강력한 욕망에서 비롯된 것입니다.

1960년대, 이스라엘은 사막 위의 농업국가였지만 지금은 하이테크 산업을 이끌고 있습니다. 현재 이스라엘의 경제는 과학과 하이테크 산업이 이끌고 있는 과학 입국의 표본이라고 여겨집니다.

우선 60년대에 비해 세계경제의 성격이 완전히 바뀌었어요. 현재는 글로벌 사회로서 사람 간 접촉이 자유자재로 이루어지고 있습니다. 예를 들어 스마트폰을 통해 서울에 있는 사람과도 사진을 주고받을 수 있습니다. 통신 기술의 발달이 국가 간 관계를 완전히 바꾸어 놓았고, 그것이 이스라엘을 바깥 세상과 하나가 되게 만들었습니다. 통신 기술과 IT 기술이 놀라운 속도로 성장하는 과정에서 우리는 이러한 변화의 리더 역할을 했습니다. 이러한 노력을 통해 한 발 더 나아가 국제 사회의 일원이 될 수 있었습니다.

이스라엘 기업이 일본, 한국, 유럽의 대기업에 수천 혹은 수억 달러에 매각되었다는 소식을 거의 매일 뉴스에서 접할 수 있으며 이렇게 유입된 자금은 새로운 가치를 창조하는 데 사용됩니다. 글로벌 경제에서는 특히 혁신적 사고방식을 보유한 작은 기업들이 많은 것을 이룰 수 있다고 봅니다. 우리는 농업조차도 95퍼센트 이상을 과학으로 하는 것이라 여기고 있습니다. 지식경제는 물론 재래식 산업도 과학기술의 옷을 입히면 무한한 부가가치를 만들어 낼 수 있다는 사실, 그것이 자원이 없는 나라의 경쟁력이라고 생각합니다.

이스라엘의 가장 큰 경제 위기는 언제였으며 어떻게 극복하였나요?

우리도 몇 차례의 경제위기를 맞았습니다. 가장 최근의 것은 2000년도에 발생했습니다. 2003년까지 이스라엘 경제는 마이너스 성장을 계속했고 실업률도 매우 높았습니다. 하지만 우리는 그 상황을 바꿀 수 있었습니다. 보다 보수적인 금융 정책을 은행과 금융기관에 주문했습니다. 그 결과 2003년과 2004년에 경제 안정도를 완전히 개선시킬 수 있었습니다. 2004년 이후로는 매년 다른 서방 국가보다 더 높은 경제성장률을 기록할 수 있었고요.

2006년 이후, 내가 총리를 역임하던 때였습니다. 나 때문은 아니지만, 정부 정책을 포함한 다양한 요소를 통하여 이스라엘 수출이 수입을 역전하게 됩니다. 무역을 통해 매년 몇십 억 달러의 흑자를 기록하였고 세계 전반적으로 어려웠던 지난 2011년에도 3.8퍼센트의 경제성장률을 기록했습니다. 인도나 중국에 비하면 적은 수치이지만 미국이나 유럽 국가에 비하면 높은 성장률을 오랜 기간 동안 거두었다는 것을 알 수 있습니다.

내가 총리를 역임하던 2008년 금융위기 당시에도 은행 등의 금융기관을 대상으로 한 정부 보조금은 한 푼도 쓰지 않았습니다. 그 당시 미국에서는 수조 달러의 정부 보조금을 은행을 살리는 데 썼지만 우리는 한 푼도 안 썼다는 겁니다. 그럴 수 있었던 배경에는 우리가 그 전부터 보수적인 금융정책을 유지했다는 점과 매년 지속해 왔던 무역흑자가 있었습니다.

최근의 유럽발 금융위기에는 이스라엘도 타격을 받을 것입니다. 왜냐하면 유럽 국가들로 나가는 수출량이 감소될 것이고 이는 미국 대상으로도 마찬가지일 테니까요. 하지만 우리는 이러한 문제들을 극복하고 변화하는 환경에 적응하여 지속적으로 수출을 확장해 나갈 것입니다. 이스라엘 국내 시장은 작아서 이 안에서 거래될 물건이 한정적이지만, 수출을 할 수 있는 물건들은 얼마든지 만들어 낼 수 있습니다.

최근 이스라엘 벤처 산업에서 가장 흥미로운 것은 바이오 벤처입니다. 왜 이스라엘의 대학이 전 세계 바이오 벤처의 40퍼센트를 차지하고 있는 걸까요?

그것 역시 우리가 수요를 선제 포착하고 해외 투자자들을 통한 투자에 나서기 때문입니다. 이스라엘 하이테크 벤처 사업에 대한 투자자금은 이스라엘에서 나오는 게 아니라 해외에서 오는 것입니다. 아울러 이

공계 학과와 의학, 약학의 긴밀한 협력이 남다릅니다. 공학전문대학교로 운영해 온 테크니온공대도 이미 45년 전에 의과대학을 개설, 학문 간 협력이 이루어지도록 하였습니다. 당초에는 찬반 여론이 팽팽했으나 지금은 누구나 다 잘한 결정이었다고 생각합니다.

이스라엘에서는 의학대학이 공대와 크로스오버를 하고 있죠?

물론입니다. 이스라엘의 모든 의대들이 크로스오버 프로그램에 속해 있습니다. 또 이스라엘의 모든 대학들은 그들의 연구소에서 나온 아이디어를 제품으로 개발, 판매하는 회사를 소유하고 있습니다. 예를 들어 이스라엘 주요 연구기관이자 세계적 리서치 센터인 바이츠만과학연구소를 보면 매년 수억 달러의 수익을 창출하는데 그게 모두 혁신적 아이디어를 판매해서 나온 수익입니다. 그 아이디어를 판매하는 기관은 바이츠만과학연구소가 직접 보유한 회사들입니다. 히브리대학이나 텔아비브대학, 테크니온대학도 마찬가지입니다.

이스라엘이 인구 대비 노벨 과학상 수상률이 세계에서 가장 높은 수준이라는 것은 아실 겁니다. 최근 5년 사이에도 테크니온대학 출신 화학자가 노벨 화학상을 받았고 그 전에는 바이츠만과학연구소 출신 연구원이 노벨 화학상을 수상했습니다. 또 2~3명의 이스라엘 사람이 노벨 경제학상을 수상했지요. 두 사람 모두 히브리대학 출신이었습니다. 이러한 연구적 사고 능력을 혁신적 제품을 만드는 데 적용시킬 수 있는 메커니즘을 만드는 게 중요합니다.

한국의 고교 졸업생 80퍼센트가 대학에 진학합니다. 그런데 청년 실업률은 10퍼센트에 육박하고 있습니다. 이 때문에 한국 젊은이들이 매우 의기소침해 있는데요. 그 젊은이들에게 해 주고 싶은 말씀이 있다면.

한국의 젊은이들을 이스라엘에 초청하면 좋겠습니다. 그리고 '인생에 접근하는 색다른 방식'을 추천하고 싶습니다. 책에서 나오는 가르침에서 벗어나 그 밖에서 생각을 하십시오. 이미 존재하는 것을 발전시키기보다는 아직 창조되지 않은 것들과 다른 사람들이 생각하지 못한 것을 시도해 보세요.

미국 대학 졸업율을 살펴보면 미국 일류대학에서 한국 학생들이 두각을 나타내고 있다는 사실을 발견할 수 있습니다. 굳이 미국에 갈 필요 없이 한국에서 공부해도 됩니다만, 그보다도 이스라엘에 와 주십시오. 여기서 공부하면서 젊은 이스라엘 학생의 후츠파를 접할 수 있었으면 좋겠습니다. 그들은 일자리를 찾는 힘든 노력보다 차라리 일자리를 직접 만들려고 하는 의지가 더 강합니다.

03 이스라엘 수석 과학관실의 수석 과학관
(Avi Hasson, Office of the Chief Scientist)

자연자원이 전무한 이스라엘에서는 지식자원을 토대로 과학기술을 육성하는 전략을 매우 중요하게 여긴다고 알고 있습니다. 과학기술 산업화의 콘트롤 타워인

OCS(수석 과학관실)가 정확히 무엇이고 어떤 일을 하는지 설명해 주세요.

OCS는 Office of the Chief Scientist의 약자입니다. 이곳은 과학기술 R&D를 총괄하는 주요 부서입니다. 자원이 없는 이스라엘만의 독특한 기구이기 때문에 다른 나라와 비교하기는 어렵습니다.

OCS는 1969년에 설립되었습니다. 그 당시 이스라엘은 건국된 지 겨우 20년 정도밖에 안 된 신생 국가였습니다. 대부분이 농업에 종사했고, 하이테크 기술은 거의 없었죠. 이런 상황에서 정부는 지식을 기반으로 하는 기술 경제를 경영하기로 결정한 겁니다. 이스라엘이 갖고 있는 인적자원과 자산을 모아서 OCS를 세웠습니다.

육성하기 시작한 대부분의 지식자산은 80년대 후반부터 쌓여 나갔습니다. 그래서 80년 이후 이스라엘 경제는 OCS를 통해 비약적으로 성장할 수 있었습니다. 그 후 많은 프로그램들이 만들어졌는데요. 현재까지도 운용되고 있는 기술 인큐베이팅 제도나 대학을 중심으로 한 기술지주회사와의 연계가 모두 그때 만들어진 것입니다.

OCS의 독특한 점은 크게 세 가지로 볼 수 있습니다. 첫 번째, 모든 기술 분야를 다룹니다. 통신기술, 생명과학, 클린테크, 전통적인 기술인 플라스틱, 인터넷 등 모든 기술이 OCS 산하에 있습니다.

두 번째, 철저한 라이프 사이클 테크놀로지 관리를 들 수 있습니다. 즉 기초 기술이 일단 만들어지면 그 이후 성장하여 소멸할 때까지의 모든 기술을 관리하는 것입니다. 기초과학을 다루는 것은 아닙니다. 대학에서 기초 기술 연구가 이루어지고 R&D를 통해 기술이 탄생하면 OCS

는 그 이후 산업화 단계에 대한 것을 다룹니다. 새로운 기초 기술을 산업 기술로 전환시키고 다양한 산업 영역으로 상업화하는 것이 우리의 역할입니다.

한 번도 기업을 운영해 보지 않은 사업가를 육성하고 R&D를 특화시키는 것, 중소기업을 큰 규모의 특화된 R&D 업체로 만드는 것, 이것이 우리의 특별한 역할입니다.

세 번째, 우리는 정책을 만드는 동시에 지식경제 분야에서 정부의 어드바이저 역할을 맡고 있으며, 기술 에코 시스템도 담당합니다. 정부의 정책이 어떤 사업을 장려해야 하는지를 안내하는 것입니다. OCS는 연구 개발 펀드 에이전시이기도 합니다. R&D 분야에서 매해 3,000개의 프로젝트를 지원하고 있습니다.

그러면 기초과학 연구는 이스라엘 정부의 어느 부서에서 담당하고 있습니까?

기초과학 연구는 두 개의 기구에서 담당합니다. 하나는 교육부이고 또 하나는 과학기술부입니다. 과학기술부는 아주 작은 부분을 맡고 있고 대부분은 교육부에서 담당하고 있습니다. 요즘에는 대부분의 작업이 파이프라인처럼 이어져 있어 두 기구가 서로 밀접하게 연계되어 있습니다.

자기소개를 할 때 '수석 과학관'이라고 말씀드렸지요. 내가 담당하는 R&D나 과학기술에 관련된 일은 명확합니다. 시장에 물건을 공급하고 경제 효과를 일으키는 것입니다. 이는 그저 단순한 과학이 아닙니다.

고용을 창출하고 경제 성장을 이루며 국가를 번영시키기 위한 것입니다. R&D에 관한 모든 이슈들을 관할하고 촉진시키는 것이 수석 과학관의 일입니다.

최근 세계경제가 달라지고 있습니다. 시장 경제에서 보자면 산업경제와 지식 기반의 창조경제는 분명 다른데요. 이스라엘의 전략은 어떤가요?

이스라엘에서는 하이테크 산업과 지식 산업이 다른 어떤 산업보다 중요합니다. 이스라엘 수출의 절반은 하이테크 산업입니다. 이는 이스라엘 경제가 하이테크 산업 성공 여부에 크게 의지하고 있다는 뜻입니다.

이스라엘 경제의 또 다른 독특한 점은 해외 무역에 의존한다는 점입니다. 왜냐하면 이스라엘 시장 자체가 작기 때문입니다. 이스라엘 인구는 8백만 명이 되지 않습니다. 결국 이스라엘은 해외 시장과 하이테크 산업에 주력할 수밖에 없습니다. 그래서 우리는 세계경제를 예의 주시하며 분석합니다. 무역 상품을 다양화하기 위해 어떤 경제적인 이슈에 집중해야 하는가를 연구하는데, 유럽이나 미국뿐 아니라 개발 도상국도 분석합니다. 우리의 장점은 유지하고, 세계경제 시장이 원하는 경제 기술을 선도하기 위해서 말이죠.

교육 정책 담당자는 아니지만, 이스라엘 젊은이들을 창의적으로 만드는 교육 시스템으로 어떤 것을 꼽고 싶습니까?

여러 가지가 복합적으로 작용하기 때문에 하나만 꼽기는 힘듭니다. 기업가 정신이 얼마나 강한지, 아이디어가 얼마나 뛰어난지 등은 사실 중요하지 않습니다. 그 아이디어에서 뭔가 끌어내서 새로운 것을 만들어 내는 것이 중요하죠. 처음에는 만족스럽지 않은 결과를 얻었다 해도 끊임없이 시도하여 결국 바꾸어 버리는 거죠. 그게 바로 후츠파입니다. 「타임」지에서 마크 주커버그를 보고 '내가 이 사람보다 더 똑똑하다, 나도 할 수 있다.'라고 생각한다면, 실제로 나가서 회사를 차리는 거죠.

이스라엘 사람들이 물려받은 DNA는 그렇습니다. 『창업국가』를 언급했는데, 사실 이스라엘 자체가 창업국가입니다. 아무것도 없는 곳에서 나라를 만들어야 했기 때문에 기업가 정신이 필요했던 겁니다. 그것이 국가 정신이 되었기에, 아이들이 자라나면서 그것을 느끼는 겁니다.

수많은 나라들, 심지어 미국도 앓고 있는 문제가 있습니다. 젊은 세대들이 과학기술을 기피하는 추세가 그것인데요.

이스라엘 역시 같은 문제를 겪고 있습니다. 그러나 하이테크의 중요성 때문에, 이스라엘 젊은이들은 미디어에서 나름대로 롤모델을 발견합니다. 하이테크에 대한 이스라엘의 의지는 정말 강합니다. 정부가 과학이나 기술, 그 토대가 되는 수학 같은 것을 연구하도록 고무하죠. 이것이 20~30년 뒤에 과학기술 사업가들을 만들어 내는 파이프라인이 될 것이라고 확신합니다.

초기에 이스라엘은 농업이 유명했습니다. 이후 70년대에는 수자원, 원자력 등의 테크놀로지 산업, 80년대에는 보안 기술, 90년대에는 IT 기술, 2000년대에는 사이버 보안 기술을 발전시켜 성공을 거듭해 왔습니다. 다음 세대의 기술은 무엇일까요?

나도 다음 세대의 기술이 뭔지 알고 싶습니다. 이스라엘은 끊임없이 변화하고 있습니다. 나는 그 변화에서 다음 세대의 기술이 무엇일지 발견해 보려 합니다. 이스라엘 지식 산업은 강합니다. 지금까지 말씀드린 이스라엘 산업들도 여전히 굳건합니다. 이스라엘은 여전히 농업기술에서도 선두를 지키고 있습니다. 그 이유는 간단합니다. 이스라엘은 나라도 작고 물이 거의 없지만, 그 단점이 많은 혁신을 불러일으켰습니다. 물 관련 기술은 이스라엘이 세계 최강입니다. 물 관리 분야에서는 젊은 창업 기업부터 중견 기업에 이르기까지 많은 기업들이 진을 치고 있습니다.

생명과학이나 바이오 기술의 경우, 이스라엘에는 80개가 넘는 관련 기업이 있습니다. 큰 기업부터 신생 기업까지 다양합니다. 이스라엘은 의료 특허 부분에서 전 세계 1위입니다. 미래의 기술을 보자면 나노기술은 활발히 연구 중이라고 할 수 있습니다. 아울러 젊은이들이 깊은 바다, 넓은 우주 그리고 심오한 생명의 비밀을 탐구하기를 기대하고 있고, 그들도 관심이 높습니다.

이스라엘은 미국에 비해 의과대학 수가 30분의 1 수준이라고 들었는데 이스라엘의 메디컬 분야 창업은 그 어떤 나라보다도 높습니다. 이는 의료기술과 다른 분야의 크로스오버가 주효했기 때문이라고 생각하는데요. 서로 다른 분야의 크로스오버는 어떻게 가능했을까요?

미래 산업은 바로 융합입니다. 바이오 분야와 정보 분야, 나노 분야가 함께 조화를 이루어야 합니다. 이것이 이스라엘 기업가들의 강점입니다. 서로 다른 분야들을 한데 모은 것이 이스라엘을 강하게 만들었습니다. 예를 들자면 이미징 필(약과 같은 형태의 소형 내장 카메라)이 있죠. 미사일 기술이 의료장비와 결합한 겁니다. 아이디어 자체도 많은 상상력을 요구합니다만, 기술력은 그보다 더 많은 것이 필요합니다. 의료장비 분야에서는 이런 예를 많이 볼 수 있습니다.

이스라엘의 국방 지출이 9퍼센트라고 들었는데, 군대에서 개발된 기술로 올린 수익이 GDP의 6퍼센트만큼 회수된다고 하더군요. 이스라엘은 결국 3퍼센트의 국방비만 지출하는 셈인데요. 국방 지출과의 연관성에 대해 설명해 주세요.

지식 자원의 중요성이라는 관점에서 봤을 때 20대는 매우 중요한 시기입니다. 그런데 이스라엘 젊은이들은 고등학교를 졸업하는 19세에 군대를 가지요. 이 시기의 전략적 중요성 때문에 엘리트 부대를 생각해 낸 겁니다. 엘리트 부대는 경우에 따라서 정규 3년보다도 훨씬 긴 9년간 복무하기도 합니다. 그 기간 안에 대학 교육을 마칠 수 있도록 국가가 지원해 주고 일반 기업에 준하는 보수도 책임집니다. 반면 주어진 미션을 성공시킬 수 있도록 다양한 기술을 개발하고, 혹독하게 훈련을 받고 성과를 냅니다.

여기서 탄생한 결과물도 국방부가 독점하는 것이 아니라 OCS에게 넘겨서 산업과 연계시킵니다. 연구 개발의 산업화법(Industrial R&D법)을 통해 이 같은 프로세스가 물 흐르듯 이어집니다. 국방비로 매년 소모되는 거대한 예산을 다시 산업화하여 상당 부분을 보상할 수 있는 것입니다. 이것이야말로 자원이 없는 나라가 택할 수밖에 없는 국가 경영법이겠지요.

이스라엘의 엘리트 부대는 높은 성적과 체력 조건을 요구한다고 들었습니다.

대부분의 이스라엘 학생들은 대학에 들어가기 전에 군대에 갑니다. 이스라엘에서는 전형적인 일입니다. 그래서 다른 나라보다 이스라엘 대학생들이 나이가 많습니다.

이스라엘의 엘리트 부대는 아주 독특합니다. 예를 들어 8200사이버 정보부대는 18살 학생들 중에서 수학 성적이 최고인 학생들을 선발합니다. 선발할 학생을 추려 내는 아주 구체적인 방법도 있는데요. 학생들을 강도 높은 훈련 시스템에 집어넣고 짧은 시간 안에 군대와 관련된 학문을 공부시키는 거죠. 이 선발 장치는 매우 정교합니다.

강도 높게 훈련을 받고 난 뒤에 배치받은 부대에서 핵심적인 역할을 맡습니다. 나도 엘리트 부대의 하나인 탈피오트에 있었습니다. 군대에서 어떤 일을 했는지는 자세히 말씀드릴 수는 없습니다만, 대충 말하자면 20살 때 군대의 인력과 재정 기술 시스템을 책임지는 일이었습니다.

현재 42살인 내가 맡고 있는 수석 과학관의 일과 비슷하죠. 미국에서는 한 40대 중반에나 가능한 일이지요.

좋고 나쁨을 떠나서 이스라엘에서는 그렇게 합니다. 엘리트 부대에 선발된 병사들은 어린 나이에도 많은 책임을 져야 하고 도전을 해야 합니다. 그들은 불가능한 문제들에 늘 직면하지만 당장 해결해야 합니다. 하지만 쓸 수 있는 자원은 별로 없죠. 이들은 일반 병사들도 많은 문제를 독립적으로 생각하고 제안하고 해결해야 합니다. 그러다 보면 그것이 몸에 습관처럼 뱁니다.

이건 기업을 운영하는 사업가도 마찬가지입니다. 세상에 나가면 해결하기 힘든 문제들이 많습니다. 해결할 수 있는 방법은 별로 없죠. 그걸 혼자 이겨 내야 합니다. 그래서 이스라엘 군대가 효과적이라는 겁니다. 각자의 문제 해결 능력을 키워 주고 독립적으로 만드는 데다 함께 공동 작업을 합니다. 그런 자산을 군대에서 기를 수 있는 겁니다. 물론 기술적인 노하우도 있지만, 문화적으로 이러한 부분이 이스라엘을 고도로 발달시킨 이유라고 생각합니다.

장군이 주재하는 회의라 해도 장군 뒤에 커피포트가 있다면 장군이 커피를 타야 한다고 하더군요. 실제로 그런가요?

그렇습니다. 형식의 파괴는 이스라엘 사회의 특징입니다. 군대라고 해도 예외는 아닙니다.

예를 들어 볼까요? 장교나 일반 장병 사이에 우선권은 없습니다. 다

똑같습니다. 그들 사이에 격식은 전혀 없습니다. 내가 군대에 있을 때 장군이 참여한 회의가 있습니다. 그 회의실에는 어린 장병부터 장군까지 다양한 계급의 군인들이 있었지만 모든 사람들이 의견을 낼 수 있었습니다. 회의를 할 때는 모두의 의견을 듣는데, 특히 낮은 계급 병사의 말을 더 주의 깊게 듣습니다. 왜냐하면 그들이 실제 군대에서 어떤 일이 벌어지고 있는지 제일 잘 알고 있기 때문입니다. 그런 점에서 형식의 파괴는 이스라엘이 창업국가가 되는 데 가장 중요한 부분입니다.

아이들을 좀 더 창의적으로 만드는 집안 교육이 있나요?

모든 가정마다 조금씩 다르기는 하지만, 이미 말씀드렸던 많은 특징들이 이미 유치원이나 집에서도 발견됩니다. 일상에서부터 형식을 파괴합니다. 유대인들에게 예외 없이 가족은 매우 중요한 의미를 갖습니다. 가정에서 자녀들의 삶을 설계해 주지는 않지만 항상 도전하도록 권유합니다. 부모들에게는 자녀가 도전적이지 않은 편이 양육하기에 더 쉬울 수도 있습니다만, 아이들이 자기 의견을 이야기하고 도전하고 얽매이지 않으면서 좀 더 창의적이 되도록 응원하는 거죠.

나는 지금 정부를 위해 일하고 있지만, 사람들은 정부 정책에 비판적입니다. 많은 이스라엘 사람들은 비판적으로 이야기합니다. 불만을 이야기하는 것은 이스라엘에서 자연스러운 일입니다. 모든 사람들이 불만을 이야기합니다. 사람들은 이 나라에서 어떤 일이 벌어지고 있는지, 그들 자신뿐 아니라 모든 것들에 관심을 가집니다. 광범위한 관심은 내가 살고 있는 곳을 더 나아지게 만들고 싶다는 의지로 귀결됩니다. 나 자신만이 아니라 사회를 말이죠.

한국 정부나 기술 관련 업체와 그 대표들은 OCS에 대해 잘 알고 있습니다. OCS의 최고 과학관으로서 한국 젊은이와 기업가에게 해 주고 싶은 말이 있습니까?

세계 혁신 지도에서 한국은 아주 큰 힘을 발휘하고 있습니다. 지속적으로 주요 산업을 이끄는 나라 중 하나고, 주요한 산업을 장려할 자원도 갖고 있습니다. 이미 많은 성공도 거두었죠. 한국인 중에는 세계경제 리더도 있고 학문 수준도 높습니다. 많은 자산을 가지고 있고, 물론 정부의 지원도 있죠. 그 결과가 곧 나타날 겁니다. 그런 점에서 한국은 주목할 만한 나라입니다.

또한 R&D 분야에서 이스라엘의 좋은 파트너입니다. '한-이 재단'이 10주년을 넘겼는데요, 내가 그 회장입니다. 우리 재단에서는 이스라엘 회사와 한국 회사의 합작사업을 지원합니다. 앞으로 커다란 성과가 있기를 기대하고 있습니다.

조언을 드리자면, 무엇보다 하고 있는 것을 계속하라고 말하고 싶습니다. 모든 사람들이 지식의 중요성을 알고 있습니다. 미래 경제는 지식이 나라의 경쟁력을 좌우할 겁니다. 한국은 과학기술 강국입니다. 계속 성장할 수 있도록 과학기술에, 기술자산을 상업화하는 데 더 투자하십시오. 그리고 더 창의적이고 과감해야 합니다. 아이디어가 있다면 두려워하지 말고 나아가 실천을 통해 결과를 만들어 내십시오. 그런 개개인의 성과가 사회 전체의 성과로 이어질 겁니다.

 테크니온대학 총장(Peretz Lavie, President of Technion)

테크니온공대는 이스라엘이란 나라가 건국되기도 전에 설립되었는데, 이것이 어떻게 가능했습니까?

테크니온공대는 이스라엘이 건국되기 36년 전에 세워졌습니다. 이스라엘이 1948년에 건국되었으니 1912년에 테크니온공대가 세워진 것이지요. 올해로 100주년을 맞았네요.

유대인은 수천 년에 걸쳐서 그들의 왕국을 꿈꾸면서 오랫동안 전 세계에 흩어져 방랑해야 했습니다. 그렇지만 해마다 '내년에는 예루살렘으로 돌아갈 것'이라고 생각했습니다.

19세기 말 유럽의 유대인들은 거의 모두 대학 교육을 받지 못했습니다. 모든 나라가 공대와 의대를 제외하고는 유대인의 입학 숫자를 제한했습니다. 그래서 유대인들은 유대인들이 마음껏 공부할 수 있는 유대인만의 대학을 소망했습니다. 이것이 테크니온공대와 히브리대학이 세워진 배경입니다.

테크니온공대는 첫 번째 유대인 대학입니다. 그런데 왜 공대일까요? 이는 이스라엘이 누구에 의해 세워졌는지를 살펴보면 알 수 있습니다. 이스라엘은 공학도에 의해 세워진 나라입니다. 테크니온대학에 있던 학생들이 말 그대로 이스라엘을 건국했습니다. 건물, 도로, 통신 등이 그들의 손에 의해 만들어졌습니다.

하이파는 이스라엘에서 가장 큰 항구입니다. 하이파는 화학공업으로 유명했지만 지금은 하이테크 산업으로 더 유명하죠. 실리콘밸리에 스탠포드대학이 있는 것처럼 하이파에 있는 테크니온공대의 목표는 무엇입니까?

우리는 하이테크밸리라고 부르지 않고 하이테크 와디Wadi라고 부릅니다. 와디는 히브리어로 메마른 강을 의미합니다. 이스라엘의 강은 다 메말랐으니, 실리콘와디인거죠.

테크니온공대에서 15분 거리 내에 마이크로소프트, 야후, 구글, 애플, 시스코 등 주요 기업의 R&D 센터가 모여 있습니다. 그들이 하이파에 오는 이유는 학생들 때문입니다. 테크니온공대 학생들은 1학년 때부터 일합니다. 3, 4학년쯤 되면 많은 학생들이 이미 기업체에서 일하고 있습니다. 그것이 R&D 센터들이 테크니온공대 캠퍼스 주변에 모여드는 이유입니다. 왜냐하면 학생들이 10분에서 15분 내에 차를 타고 일하러 갔다가 다시 공부하러 돌아와야 하기 때문이죠. 또 하나는 테크니온공대의 교육 방식 때문입니다. 테크니온공대 학생들은 반드시 연구 프로젝트를 해야 합니다.

창문을 통해 하이파 시내를 내려다보면 화학산업 단지가 보입니다. 전통적인 유기화학 같은 것 말이죠. 그러나 새로이 뜨는 산업은 하이테크 산업입니다. 이쪽 창문을 통해 내다보면 미국 실리콘밸리 같은

R&D 단지가 보이죠? 컴퓨터를 보면 인텔 인사이드라고 써 있는데, 이 제는 하이파 인사이드입니다(웃음). 인텔 기술의 50퍼센트는 여기 테크 니온공대 옆에 있는 이스라엘 R&D 센터에서 나오는 겁니다.

테크니온공대에서 창업은 어떤 의미인가요?

우리는 학생들을 독립적으로 사고하도록 교육합니다. 학생들에게 왜 하이테크 산업을 공부하냐고 물으면 그들은 세상을 바꾸기 위해서라고 대답할 겁니다. 돈도 돈이지만 일차적으로는 세상을 바꾸는 것이 목표 입니다.

여기 있는 이 책은 테크니온 졸업생들에 관한 것입니다. 몇 달 뒤에 출판될 건데요. 이 책에 따르면 42퍼센트의 졸업생들이 창업과 연관됩 니다. 또 테크니온공대 졸업생의 25퍼센트가 한 개의 기술 특허권을 갖 고 있습니다. 두세 개의 기술 특허권을 갖고 있는 학생도 상당수 있죠. 이것이 바로 창업국가입니다. 이 학생들이 이스라엘 하이테크 산업의 첨병입니다.

대학에서는 학생들이 도전하도록 지원합니다. 숫자로만 따지면 이스 라엘의 창업 회사가 가장 많습니다. 테크니온공대와 그 주변 산업단지 는 실리콘밸리 다음으로 세계에서 두 번째로 큰 하이테크 단지입니다.

총장님은 의학을 전공했다고 들었습니다. 그런데 어떻게 테크니온공대의 총장이 되었습니까?

1969년 테크니온공대에 의학대학이 있어야 하는가에 대해 토론이 있었습니다. 그리고 3년 뒤에 의과대학이 개설되었습니다. 미래에는 의학과 기술이 밀접하게 연관될 것이기 때문에, 테크니온공대에도 의대를 만들어야 한다고 의견을 모은 것입니다. 이스라엘은 50년 먼저 의학, 공학 분야를 두루 아우르는 융합기술에 관심을 두었습니다. 그 이유는 의학과 공학이 서로 융합할 수 있는 가능성을 염두에 두었기 때문이죠. 멀리 내다보고 미래를 예견한 결과, 테크니온에서는 누구나 양쪽 분야를 자유롭게 넘나들며 섭렵하고 있고 혁신을 주도할 수 있습니다.

『창업국가』를 한국어로 번역하면서 든 확신이, 이제는 경제가 성장해도 고용률은 늘지 않는다는 사실이었습니다. 우리는 일자리를 만들어 내야 하고, 최상위에 있는 비즈니스 모델을 만들어 내야 합니다. 앞으로의 경제 정책은 창업기업을 늘리거나 사업을 창출해야 하는 방향으로 가야 하지 않을까요?

이스라엘 맨파워의 10.2퍼센트는 하이테크 산업과 관련이 있습니다. 아주 거대한데, 대부분의 유럽 국가들보다도 크죠. 예를 들어 연간 4천 개의 창업 기업이 있으면 성공하는 기업은 5~10퍼센트에 불과합니다. 오직 4백 개의 기업만이 성공하는 것입니다. 그런 기업들이 발전하면 더 많은 기술자들이 필요해지고 거기에 일자리를 찾아 사람들이 모입니다. 이것이 지식경제의 발전 모델이지요.

끊임없이 지금까지 없었던 새로운 사업을 만들어서 일거리를 만들어 주지 못하면 빈곤의 악순환에 빠지게 됩니다. 대학은 이제 좋은 일자리를 차지하는 학생보다 좋은 일거리를 만들 줄 아는 학생을 육성해야 됩니다.

총장님은 한국 젊은이들이 만나 보고 싶어 하는 인물 중의 하나입니다. 『창업국가』를 읽은 한국 젊은이들에게 전하고 싶은 메시지가 있습니까?

한국 젊은이들과 이스라엘 젊은이들 모두에게 전하고 싶은 중요한 메시지는, 좋은 의미의 불만족을 가져야 한다는 겁니다. 실패를 두려워하지 말아야 합니다. 도전하세요. 첫 번째 회사는 실패할 수 있습니다. 두 번째 회사까지도 실패할 수 있습니다. 그래도 희망을 잃지 마세요. 여러 번 실패해도 성공하려면 항상 부족함이 가져다주는 불만족의 정신을 가져야 합니다. 이것이 새로운 지식 세상에서 가장 중요한 비밀입니다.

05 텔아비브대학 총장(Joseph Klafter, President of Tel Aviv University)

미국 서부에 샌프란시스코가 있다고 하면 이스라엘에는 텔아비브가 그 역할을 한다고 할 수 있겠습니다. 샌프란시스코에는 스탠포드 같은 좋은 대학이 있고 이스라엘에는 텔아비브대학이 있습니다. 실리콘밸리와 이곳 텔아비브의 실리콘와디의 차이점에 대해 설명해 주시겠습니까?

샌프란시스코와 비교하자면 여기는 일단 지진이 없습니다(웃음). 텔아비브대학은 이스라엘에서 가장 큰 대학입니다. 29,000명의 학생이 재학 중이고, 그중 절반이 대학원 과정을 밟고 있습니다. 이는 우리 대학이 이스라엘에서 가장 큰 리서치 대학이라는 사실을 말해 줍니다. 거기다가 텔아비브가 이스라엘의 비즈니스, 문화의 요충지인 점을 감안한다면, 텔아비브대학을 학생들이 제일 선호하는 이유가 명확해집니다.

미래를 준비하는 학생들은 비즈니스와 문화의 요충지인 텔아비브에 자리잡고 싶어합니다. 따라서 이곳에 대학이 있다는 사실 자체가 매우 매력적인 요소입니다. 이렇게 훌륭한 학생들을 끌어모으고 나면 교육 및 리서치 수준도 당연히 상향 평준화됩니다. 이런 관점에서 샌프란시스코의 스탠포드, 버클리와 비교해도 매우 좋은 편이라고 할 수 있겠습니다.

일반적으로 좋은 대학 출신들은 좋은 직장에 취직하는데요, 이스라엘은 젊은 세대들이 창업하려는 의지가 강합니다. 그런 추세에 비추어 볼 때 총장님도 본교 학생들이 좋은 직장에 취직하는 것보다 창업을 하는 쪽을 더 바라나요?

이는 매우 흥미로운 이스라엘만의 독특한 현상입니다. 우리의 창업 정신과 혁신 정신은 심지어 우리가 호흡하는 공기에서도 느낄 수 있을 정도라고 표현하고 싶습니다. 이곳에서도 본인의 아이디어를 실현하고자 하는 학생을 쉽게 찾아볼 수 있습니다.

텔아비브대학에는 '스타트업'이라는 그룹이 있는데, 이 그룹은 학생들의 아이디어 실현을 돕기 위해 학생들이 설립한 그룹입니다. 총장과 학생회도 그 활동을 서포트합니다. 이러한 활동은 이스라엘만의 독특한 현상이라고 할 수 있습니다.

말씀하셨듯이 창의성의 재료가 상상인데요. 텔아비브대학에서는 학생들의 상상력을 증진시키거나 그들의 상상력을 창의성으로 발달시키는 시스템이 있습니까?

우선 우리 대학의 1차적 목적은 학생들이 학위를 취득하도록 하는 것입니다. 하지만 그와 동시에 그들의 창조성을 최대한 지원합니다. 오늘날 이스라엘의 학생들은 '창업국가'라는 개념에 영향을 받아 무언가 창조하고자 하는 에너지로 충만해 있습니다. 그것을 증진시키는 체계적인 방식이 따로 있는 것은 아니지만 그들의 창조성을 장려하는 방식으로 도움을 주고 있습니다. 지속적으로 창업가 정신과 혁신에 관한 수업이 늘어나는 추세고, 스타트업 같은 동아리를 통해 혁신을 육성 및 격려하는 환경을 조성하고 있습니다.

창의력을 육성하기 위해서는 다양한 학문의 조합이 필요한데 텔아비브대학에서는 학문 간 공조가 어떻게 진행되고 있나요?

우리 대학은 이스라엘 대학 중에서 가장 종합적인 대학입니다. 가장 큰 리서치 대학일 뿐 아니라 가장 다양한 리서치 분야를 다루고 있습니다. 각 학문 간의 장벽을 낮추면 더 높은 가치를 창출할 수 있습니다.

이것이 우리 대학의 목표 중 하나입니다. 각 학문 간의 공조체제를 형성하는 것이지요.

몇 주 전에 이스라엘 최초의 신경과학대학이 설립됐습니다. 바로 세골 신경과학대학인데 9명의 교수 중 7명이 다른 학과에서 자발적으로 참여했지요. 신경과학에서는 뇌가 가장 복잡한 분야입니다. 심리학은 뇌의 거시적인 부분을 다루고, 뇌공학은 의료장비와 기타 공학적인 방식으로 뇌를 다룹니다. 그 외 분자학, 물리학, 수학 등의 접근방법도 있습니다. 이 모든 방식을 조합할 때 궁극적인 다분야 융합 학문이 탄생하는 것이죠. 이런 방법은 다른 학문 분야에서도 적용되고 있습니다.

다양한 학문을 보다 많이 융합시킬수록 기존에 해답을 찾지 못했던 문제들의 답을 찾을 수 있으며, 그러한 해답들을 통해 혁신을 추진시킬 수 있습니다. 텔아비브대학은 브레인이미징 분야에 강하고 알츠하이머 등 각종 질병에 대한 의약을 개발하는 데 강점을 갖고 있습니다. 이는 화학, 생물학, 약학 등이 조합된 결과입니다. 참고로 이 대학 내에 17개의 세분화된 전문 병원이 있습니다. 매우 많은 숫자이지요.

한국의 경우 의대 졸업생들은 주로 병원 등 의료기관에 취직하는데, 텔아비브대학의 경우 다른 과학기술 분야와 공조하는 모습 등을 더 쉽게 찾아볼 수 있습니다.

우선 우리는 각 대학 및 의료기관 간 강력한 공조 체제가 형성되어 있습니다. 그뿐만 아니라 대학과 병원이 모두 캠퍼스 내의 의사와 과학자들 간의 공조를 장려할 수 있는 펀드에 자금을 투자하고 있습니다.

의료 문제가 있을 경우 과학 리서처의 도움을 받아 해결하기도 합니다. 이러한 공조는 매우 장려되고 있습니다. 병원에도 혁신 정신이 존재합니다. 텔아비브대학에는 'Commercial Arms'라는 자회사가 있습니다. 이 회사는 우리 대학 연구원들의 아이디어를 실제 실용화하여 상업적으로 판매할 수 있게 해 줍니다. 우리 대학의 연구원들의 아이디어 중 좋은 아이디어를 뽑아 투자하고 특허 출원 후 상업화하는 모든 과정을 진행하지요.

이스라엘 사람들을 포함하여 전 세계 유대인 인구는 세계에서 0.2퍼센트밖에 안 됩니다. 하지만 노벨상을 수상한 사람의 20~22퍼센트가 유대인입니다. 다른 민족과 비교해 창의력에 어떤 차이가 있다고 생각하시나요?

창의성뿐만이 아니라 학습(배움)에 대한 강조 때문에 생긴 현상이라고 생각합니다. 이것은 유대인의 전통입니다. 학습을 강조하면 바로 이것이 상상력에 도움을 줍니다. 하브루타라는 유대인만의 독특한 교육 방식은 스승과 제자가 엄격하게 상하 관계를 갖고 교육하는 게 아니라 서로 동등한 관계에서 접근합니다. 따라서 유대인에게 교육은 서로가 항상 긴장한 상태에서 질문하고 토론하고 지적하며 수정하는 일의 연속입니다. 남은 모든 과정들은 결과일 뿐이죠.

전통적으로 미국과 유럽을 포함하는 많은 나라의 공과대학은 매우 인기가 많았습니다. 그러나 요즘 젊은 학생들은 경영대학이나 MBA 등을 선호하는데, 이곳 이스라엘은 상황이 어떤가요?

사실 이곳 사정도 똑같습니다. 이런 상황에 대한 최고의 대처 방식은 현실을 알려 주는 것입니다.

이스라엘에는 많은 창업 기업들이 있어요. 그리고 시장은 대학 안의 수요에 어느 정도 영향을 주지요. 창업 기업의 영향으로 컴퓨터공학과나 전자공학과 입학생이 많아지고 있어요.

시장과 교육이 나아가야 할 방향은 인위적으로 통제할 수는 없습니다. 그러나 공학과 경영학 중 어느 분야를 전공하든지 둘 중 하나는 다른 하나를 촉진시키는 역할을 합니다. 현재 우리의 상황은 이러한 자연스러운 수요에 의해 첨단기술에 집중할 수 있는 학과의 학생들이 증가하고 있는 추세입니다.

한국은 고등학교 과정에서 가장 높은 성적을 거둔 학생들은 대부분 의대로 진학합니다. 여기 텔아비브대학은 어떤가요?

공대나 생명과학대에 진학하려고 하는 학생의 수가 매우 많은 편입니다. 물론 그들의 첫 번째 선택이 의대나 경영대가 아니라는 뜻은 아닙니다. 그러나 생명과학, 컴퓨터 공학, 엔지니어링을 공부하려는 학생의 수가 매우 많다고는 말할 수 있지요. 그러나 적성에 맞지 않다고 판단되면 언제든 새로운 분야로 갈 수 있도록 학제가 무한히 열려 있습니다. 누구나 자기가 가장 재미있게 탐구할 수 있는 영역에 있어야 창의력이 나오지요.

06 바이츠만과학연구소 부총장
(Mordechai Sheves, Vice-president of Weizmann Institute of Science)

이곳 이름이 바이츠만과학연구소입니다. 바이츠만 테크놀로지연구소가 아닌 이유가 있나요?

바이츠만과학연구소의 역할 때문입니다. 우리의 역할은 기초과학을 연구하는 것입니다. 우리 연구원들은 자연의 역할에 대해 이해하고 자연의 원리와 그것을 조작할 수 있는 방법에 대해 연구를 하는데 그것을 '호기심에 기초한 과학'이라고 일컫습니다. 사람들은 이곳에서 자신이 관심 있는 분야에 대한 답을 찾으려고 합니다. 새로운 기술을 발명하려는 목적이 아니지요.

하지만 기초과학을 연구하다 보면 그것을 응용할 수 있습니다. 그 부분을 무시하면 안 됩니다. 응용할 기회를 놓치지 않는 것이 바이츠만의 신조입니다. 바이츠만은 공공기관이기 때문에 사회에 대한 책임이 있습니다. 세금 납부자와 기부자에 대한 의무가 있지요. 그 의무는 사회에 기여를 하여 인류를 발전시키는 것입니다. 우리가 좋은 기술을 가지고 있거나 좋은 기술로 발전시킬 수 있는 것이 있다면 잘 관리해서 사회에 공개하여 인류의 발전에 기여하고, 기술을 확산시켜야 합니다. 물론 우리의 기본적 역할은 기초과학 연구지만 이런 종류의 노력도 필요합니다.

바이츠만이 어떻게 운영되는지 설명해 드리겠습니다. 바이츠만의 기본 개념은 최고의 과학자를 등용하는 것입니다. 그렇게 뽑은 과학자들에게 어떤 강요도 하지 않습니다. 모든 것을 과학자들의 능력에 맡깁니다. 바이츠만은 오직 과학자들에게 최적의 인프라를 제공하는 동시에 학구적인 자유를 주어 그들이 관심 있는 분야에 대해 연구를 하도록 할 뿐입니다. 아무도 그들에게 무언가를 하도록 지시할 수 없습니다.

이것이 산업 사회와 학문 사회의 차이입니다. 산업 사회에서는 해결해야 할 목표가 있고 그 목표를 톱다운Top-Down 방식으로 아래에 전달하여 해결하도록 지시합니다. 하지만 학문 세계에서는 보텀업Bottom-Up 방식을 사용합니다. 과학자 본인이 관심 있는 분야를 선택하고 거기서 좋은 결과물을 얻으면 우리는 그것을 사기업에 전달합니다. 기업은 그렇게 전달받은 기술을 바탕으로 제품을 개발하는 것입니다.

뛰어난 과학자들은 어떻게 연구소에 영입하나요?

바이츠만은 대학이 아닙니다. 여기에는 학부 과정이 없어요. 우리는 학위를 받은 과학자들만 고용합니다. 이는 안정성이 높다는 뜻입니다. 학부를 가르칠 필요가 없으니까요.

바이츠만에는 정원이 없습니다. 수습 사원도 필요하지 않아요. 그런 식으로 운영되지 않습니다. 우리는 최고의 인재를 찾습니다. 만약 탁월한 인재를 발견한다면 그를 고용합니다. 직원 중에 은퇴한 사람이 없더라도 말이죠. 누가 나가야 그 자리를 메울 다른 사람을 고용하는 게 아닙니다. 반대로 쓸 만한 사람이 없으면 고용하지 않아요. 따라서 바이츠만의 직원 수는 고정되어 있지 않습니다. 우리가 뛰어난 사람을 찾느냐 못 찾느냐에 따라 달라집니다.

1934년에 바이츠만과학연구소가 세워졌죠? 건국 전에 세워진 점이 흥미롭습니다.

바이츠만과학연구소는 1934년 하이드 바이츠만이 세웠습니다. 그는 맨체스터대학의 화학 연구원이었는데 이스라엘로 이민을 온 뒤 이곳 호보트에서 회사를 설립하게 됩니다. 처음 설립할 때는 바이츠만과학연구소가 아니라 지브유기화학연구소였습니다. 영국의 지브 가문이 바이츠만 교수와의 친분으로 시설 설립에 도움을 주어 붙인 이름입니다.

처음에는 정부와도 관련이 없었어요. 그 당시에는 이스라엘 정부가 존재하지도 않았고 이 지역은 영국 식민지인 팔레스타인 지역이었습니다. 이스라엘 건국 후인 1949년에 지금의 이름인 바이츠만과학연구소로 바뀌었습니다. 이전까지 유기화학 분야만 취급하던 이 기관은 이스라엘 정부의 후원을 받아 수학과 물리학, 생명과학까지도 취급하게 됩니다.

오늘날 이 연구소의 절반 이상은 생명과학에 대한 연구를 진행하고 있습니다. 그 다음으로 화학, 물리학 그리고 수학 등을 연구합니다. 연구소의 시설은 생명과학과 생물학 그리고 유기화학 두 개를 주축으로 합니다.

연구소의 기술과 특허를 전수하는 '예다'라는 조직이 있다고 들었습니다. 기초과학과 벤처기업의 연관성에 대해 설명해 주세요.

우리는 모든 것들이 지식에 기반을 두고 있다고 믿습니다. 그 지식은 기초과학입니다. 좋은 기초과학이 없다면 좋은 기술력을 가질 수 없습니다. 그래서 바이츠만은 기술이 아닌 기초과학에 중점을 두고 있는 것입니다.

매우 흥미로운 사실은 바이츠만이 기초과학에 집중하고 있음에도 불구하고 기술과학 분야에서 성공을 거뒀다는 사실입니다. 예다는 1959년에 설립되었습니다. '예다'는 히브리어로 지식을 뜻합니다. 우리는 50년 이상 이곳에서 발명된 기술을 예다를 통해 외부에 전수해 왔습니다. 이스라엘 최초로 기술 전수 및 판매 조직을 설립하였는데 아마 세계 최초일 것입니다. 우리가 이런 작업을 50년 이상 진행했다는 사실은 곧 상당한 경험을 제공할 수 있다는 의미와 같습니다. 수십 년에 걸쳐 시도된 여러 운영 모델 중 가장 효율적인 방법으로 운영되고 있습니다. 예다의 역할은 바이츠만에서 상품화시킬 만한 좋은 아이디어를 포착하고 수집하여 육성한 뒤 전 세계를 대상으로 라이센싱하는 것입니다.

예다는 몇 개의 특허권을 가지고 있나요?

현재 활성화되어 있는 특허권은 총 600개입니다. 하지만 모든 특허를 판매하는 것은 아닙니다. 우리는 사기업에 기술을 라이센싱하는 데 주력합니다. 그 이유는 특허를 판매할 경우 더 이상 그 기술을 관리하지 못하기 때문입니다. 특허를 매입한 기업이 특허를 통제할 수도 있고, 마음먹기에 따라 그 기술을 더 이상 발전시키지 않을 수 있습니다. 우리의 역할은 기술을 계속 발전시켜 사회에 제공하는 것이기 때문에 기술 라이센싱을 획득한 회사가 기술을 발전시키지 않거나 업적을 남기지 않을 경우 라이센싱을 회수해 다른 회사에게 넘길 수도 있습니다. 즐거운 상황은 아니지만 다른 선택의 여지가 없습니다. 회사 측에서 더 이상 기술을 사용하지 않을 경우 기술을 직접 환원합니다.

예다의 목적은 회사 설립이나 스핀오프가 아니라 기술 라이센싱이며 우리는 그 기술을 가지고 회사가 할 수 있는 모든 일을 하길 원합니다. 우리는 회사를 운영하는 데는 관심이 없습니다.

우리 기술을 활용하는 회사들은 크게 두 종류입니다. 궤도에 오른 기업의 경우 이미 여러 기술을 보유하고 있고, 여기에 우리 기술을 라이센싱하여 기존 기술과 합하여 제품을 개발합니다. 다른 하나는 창업 기업입니다. 새로운 창업 기업은 우리 기술을 바탕으로 첫 제품을 개발합니다. 하지만 어떤 경우에도 우리가 회사를 직접 운영하지 않습니다. 지난 10년 동안 예다의 기술을 이용해 매년 4~5개의 회사가 창업되었습니다.

조금 전에 예다와 바이츠만이 기술 전수에 매우 성공적이라고 했는데, 잘 본 것입니다. 바이츠만의 기술에 기초해 만들어진 시장 제품을 보자면 매우 성공적이라 할 수 있겠요. 우리 제품들은 많은 수익도 내지만, 무엇보다도 사회를 발전시킬 수 있다는 점에서 매우 기쁜 일입니다.

서로 다른 과학 영역과 연구실의 공동 작업을 장려하기 위한 방법은 어떤 것이 있나요?

바이츠만의 강점 중 하나는 과학자들이 다른 기관의 과학자들과 협력한다는 점입니다. 왜냐하면 오늘날 중요한 문제들을 해결하기 위해서는 한 분야의 전문가 힘만으로는 부족하기 때문입니다. 많은 경우 다양한 전문가들이 모여서 공동 작업을 해야 해결됩니다. 1 더하기 1이 2 이상의 시너지 효과를 만들어 냅니다.

새로운 비즈니스 모델을 만들기 위해서는 연구원들의 창의력이 필요한데요, 바이츠만만의 전략이 있나요?

없습니다. 과학자들의 협력은 과학적 동기에 근거한다고 생각합니다. 그들에게는 과학적 성과를 내려는 욕구가 있지요. 그래서 많은 경우에 스스로 관심 있는 분야를 탐구합니다. 바이츠만의 과학자들은 바이츠만 외부의 많은 과학자들과 협력하는데, 이스라엘은 물론 다른 나라의 과학자들과도 긴밀하게 협력합니다.

생소한 기초과학에 도전하는 동기부여를 어떻게 하냐고 하셨는데, 예를 들어 봅시다. 예다가 과학자에게 특정 분야를 지정하여 특허를 출원하도록 지시했다고 가정해 보면, 그들은 "왜 내가 그래야 해?"라고 반문할 것입니다. 과학자들에게 동기부여를 하는 몇 가지 요소 중 하나가 자아실현입니다. 그들이 연구에 만족하고 그 결과로 사회를 보다 발전시키는 데 공헌하고자 한다면, 그 자아실현 욕구가 과학자들을 자극하는 원동력이 됩니다. 과학자들이 그러한 생각을 가지고 있을 경우라도 기술이 제품으로 실현되지 않으면 자아실현이 완전히 이루어질 수 없습니다. 그 때문에 연구소는 기술전수회사를 통해 꼭 필요한 회사에 기술을 전달하여 상품화되도록 나서는 것입니다. 이럴 경우 과학자들은 서로 협력해야 할 필요성을 느끼고 그렇게 공동 작업이 시작됩니다.

또 다른 이유는 과학자가 기술을 발견하고 그와 관련된 특허가 성공적으로 출원될 경우, 그 특허 수익의 40퍼센트가 해당 기술을 발명한 과학자에게 돌아가기 때문입니다. 이것 또한 동기부여가 되지요.

바이츠만 연구원들은 세계 최고 수준인데요. 연구원 선발의 기준은 무엇인가요?

연구소에는 파인버그학교라는 대학원이 있습니다. 석사와 박사 과정을 밟으려는 학생을 모집합니다. 박사 후 과정 프로그램도 있습니다. 우리는 이스라엘 학생뿐만 아니라 유학생도 모집합니다. 그래서 유학생들이 우리 학교에 입학하는 것을 장려합니다. 해외 국가와의 교류를 중요하게 생각하기 때문이죠. 유학을 오면 해외 학교와 협력하고 관계를 형성하는 데 도움이 됩니다. 특히 유학생이 졸업 후 자국으로 돌아갈 경우 우리 바이츠만에 대해 기억을 할 것이고, 그들이 자국에 바이츠만을 소개함으로써 관계를 유지시킬 수 있습니다.

바이츠만의 공식 언어는 히브리어가 아니라 영어입니다. 해외 학생들이 쉽게 적응하도록 하기 위함입니다. 또한 학생들이 연구와 학업에 집중할 수 있도록 전액 장학금을 수여합니다. 바이츠만에 합격하는 석사, 박사 혹은 박사 후 과정 지원자 모두에게 장학금이 지급됩니다. 따라서 학비를 지불하지 않아도 됩니다.

한국과 이스라엘은 비슷한 점이 많습니다. 천연자원은 없는 대신 인적자원이 있죠. 한국 젊은이들에게 해 주고 싶은 말이 있습니까?

교육은 매우 중요합니다. 대학 교육 외에도 초등학교 교육부터 중요합니다. 모든 교육은 초등학교에서 시작되고, 이는 필수적입니다. 좋은 교육을 받은 후에는 기초과학에 대해 공부하는 게 좋습니다. 기초과학 석사 혹은 박사 과정을 마치면 미래를 준비하는 튼튼한 기초를 다질 수 있습니다.

또한 창의적이고 독립적인 사고를 할 수 있어야 합니다. 항상 질문을 하고 책에서 보거나 선생님이 가르쳐 준 내용 모두를 사실로 받아들이지 말아야 합니다. 질문하고 비판하세요.

대학에서 가끔 파격적인 일도 해 보십시오. 두려워하면 안 됩니다. 이러한 것은 젊은 이스라엘 청년들의 특성입니다. 그들은 실패를 두려워하지 않습니다. 신념이 있다면, 성공할 확률이 낮더라도 부딪칩니다. 실패하더라도 세상에 종말이 오지 않습니다. 실패하면 다른 프로젝트로 넘어가면 됩니다.

 텔아비브대학 기술지주회사 라모트 CEO
(Ze'ev Weinfeld, CEO of RAMOT)

사무실에 그림이 많네요. 벽에 걸린 그림은 누가 그린 것입니까?

17살과 13살인 자녀가 있는데 이 그림은 작은아이가 2학년 때 그린 그림입니다. 색감이 화려해서 사무실로 가져왔어요.

첫째가 17살이라고 하셨는데 그럼 군 입대를 준비하는 중인가요?

내년에 입대합니다. 지금 11학년이니까 1년 반 학교를 더 다니고 난 뒤죠.

이스라엘에는 엘리트 부대가 있다고 들었는데 당신의 자녀도 엘리트 부대에 가길 원하십니까?

큰아이의 가능성을 본다면 첨단기술이나 특수한 재능이 있는 인재를 대상으로 하는 엘리트 프로그램에 투입되는 게 맞다고 생각합니다.

당신의 복무 경험에 비추어 볼 때 군 경험이 도전 정신 등을 키우는 데 도움이 된다고 보십니까?

나는 미국에서 자랐습니다. 아버지께서 이스라엘 회사의 미국 지사에서 근무하셨기 때문입니다. 군 복무를 위해 이스라엘로 돌아왔는데, 군대는 저에게 집중력이라는 능력을 주었습니다. 전역 후 이스라엘에서 물리학 학사, 박사 과정까지 모두 밟았는데, 군대에서 습득한 집중력 덕분에 잘 마칠 수 있었습니다. 경영적인 측면은 군대에서 배운 게 아닙니다. 대학과 대학원에서 공부하던 시절 그리고 미국 매사추세츠 주에서 박사 후 과정을 밟을 때 9~10년 동안 의료장비를 접하면서 습득하게 되었습니다.

다시 이스라엘에 돌아온 뒤 R&D 부서에서 근무를 시작했습니다 그 다음에는 마케팅 부서로 옮겨서 제품 개발 담당자로서 이미징 회사를 위한 기술을 개발했습니다. 그 회사 중 하나는 현재 GE에 인수되었죠. 그 후 지금은 존슨앤존슨에 인수된 바이오센스라는 회사에서 일했습니다. 내가 일하기 시작했을 때 바이오센스는 막 창업한 상태였는데 1997년에 존슨앤존슨에 인수되었습니다. 그 당시에는 매우 큰 인수합병이었습니다. 현재 이스라엘에서 매우 단단한 입지를 구축하고 있지요. 직원 수가 아마 150명 이상일 겁니다. 창업 회사가 약간 다른 방향으로 흘러간 사례라고 할 수 있습니다.

이 회사에서 가장 중요했던 것은 과학에 대한 이해였습니다. 모든 과학 분야를 이해한 건 아니지만, 생명과학자, 생물학자와 대화를 나눌 수 있는 수준이 되었습니다. 무엇보다 과학의 이해를 통해 산업을 이해하는 게 중요합니다. 즉 하나의 기술을 어떻게 시장까지 전달하느냐에 대해 알아야 하는 것입니다. 나는 수석 물리학자로서 제품 아이디어를

FDA(미국 식품의약품 안전처) 승인 절차를 거쳐서 시장에 내놓는 과정에서 중요한 역할을 하였습니다. 바깥 세상과 소통할 때 그러한 과정을 이해해야 합니다. 좋은 기술이 있더라도 이런 과정을 모르면 아무리 큰 수익을 창출할 만한 잠재성이 있는 제품이라도 세상에 내놓을 수 없습니다.

수석 과학관실에는 학계와 산업계 부서가 공존합니다. 여러 가지 프로그램을 통해 특별 연구를 보조하지요. 이 보조 작업은 매우 중요한데, 기술을 외부로 전달하는 것이 어렵기 때문입니다. 대학에서 나오는 기술은 뛰어나고 독창적이지만 그만큼 초기 단계이고 위험합니다. 때문에 투자자나 업계에서 이런 기술에 관심을 갖게 만들 보조 장치가 필요한 것입니다.

이곳에서 나온 회사들도 여러 과정을 거쳤는데, 두 곳이 미국에 그리고 한 곳이 캐나다에 설립되었습니다. 그 3개 회사 모두 생명과학과 바이오메디컬 회사입니다. 두 곳은 의료 검증을 마쳤고 한 곳은 아직 검증 중인데, 그들의 창업에서 중요한 요소는 과학자들과 사업가들의 협조 관계였습니다.

이 3개 회사들 중 하나는 캐나다의 롱세라퓨틱이고, 또 하나는 보스톤 캠브리지 지역의 유포라지 그리고 현재 캐드맨 소속이 된 플로리다의 콘코디오입니다. 또 우리 인큐베이터 시스템으로 육성한 회사 중에 나노르지라는 회사가 있는데, 이곳 교수의 도움으로 나노과학과 화학의 조합이라는 유용한 기술을 습득하였습니다. 좋은 아이디어이자 콘셉트였습니다. 나노르지는 우리 기술에 관심을 가졌고 계약을 맺어 해당 기술에 대한 연구비를 지원하는 조건으로 그 아이디어를 활용한 제품을 상품화할 수 있었습니다. 연구원, 회사 그리고 텔아비브 기술지주 회사 사이에는 기술 전송망이 긴밀하게 형성되어 있습니다.

귀사가 보유하고 있는 특허 중 얼마나 많은 것들이 업계에서 이윤을 창출하고 있 나요?

우리 회사에는 현재 500개의 특허가 있습니다. 그중 100개의 특허가 활용되고 있지요. 우리는 2001년부터 기술 판매에 집중하였습니다. 현재 여러 제품과 의약품이 시판되기 직전 단계입니다. 파이자Pfizer와 존슨앤존슨Johnson&Johnson이 개발하고 있는 의약품 중 상용화 직전의 페이즈Phase 3단계인 제품이 있는데, 올해 안에 페이즈 3을 마칠 예정이고 몇 년 뒤 출시될 것입니다. 알츠하이머 질환을 치료하기 위한 중요한 약품이지요. 이 외에도 우리에게 익숙한 기술이 하나 더 있습니다.

세계 최초로 USB 메모리 장치를 개발한 샌디스크Sandisk사에서 사용되는 플래시 메모리 기술입니다. 샌디스크의 기술은 한 셀당 4기가바이트의 정보를 저장시킬 수 있습니다. 그리고 여기에 우리의 기술이 접목된 마이크로 디스크가 있습니다. 이 칩에는 스스로 에러를 수정해 주는 시스템이 있어서 더 많은 정보를 더 작은 셀에 안전하게 저장할 수 있습니다.

텔아비브대학에서 만든 기술 특허를 필요로 하는 회사에 전달하고 회사가 그 기술을 활용하는 셈이군요.

대학이 보유한 기술은 일반적으로 초기 단계입니다. 만약 그 기술 개발 진행이 잘 되고 투자할 자본이 있을 경우 우리도 투자를 합니다. 그럴 경우 더 진보된 단계까지 발전시킬 수 있지요. 회사라면 기술을 바탕으로 실제 제품을 개발시켜야 합니다. 의학 기술이라면 의약품을, 하이테크 기술이라면 그 프로토 타입을 만들어서 마케팅하고 판매해야 합니다. 우리 기술도 대단하지만 샌디스크 회사가 이 기술을 상용화하는 데 들인 노력은 어마어마합니다. 대학에서 기술을 전달받아 그것을 바탕으로 실제 제품을 만들어서 판매하는 건 어려운 일입니다.

그 외에 다른 성공 스토리가 또 있습니까?

이것이 가장 유명한 이야기일 듯합니다. 바로 구강청결제Mouthwash입니다. 이곳에서 발명된 아이디어예요. 이에 관련된 일화가 있습니다. 연구원 중 한 명이 영국의 치과의사 출신이었는데, 우연히 연구실을 방문한 공인회계사 친구와 2000년경에 회사를 차렸어요. 이 기술을 바탕으로 무에서 시작하여 전 세계 시장점유율의 4분의 1을 차지하는 수준에 이르렀죠.

최근 10년간 IT 산업이 주류를 이루었는데, 오늘날 가장 유망한 산업은 무엇인가요?

일반적으로 생명과학 분야에서 기술 거래가 많이 이루어집니다. 꽤

많은 비중을 차지하지요. 하지만 우리가 주목하는 것은 생명과학이 아닙니다. 물론 사람들의 생명을 위한 장치를 개발하는 생명과학도 중요합니다. 하지만 우리가 현재 관심을 가지는 분야 중 하나는 사이버 안보입니다.

오늘날 많은 기술 진보가 이루어지긴 했지만, 기업은 주로 인터넷 보안과 관련하여 당장의 수요에 대한 해결책만 마련합니다. 하지만 우리는 2~3년 뒤에 있을 위협에 대비합니다. 기업에게 그 시간은 지나치게 먼 미래이기 때문에 기업은 그런 연구를 하지 않습니다. 우리가 준비하는 솔루션은 현재 유통되지 않는 알고리즘에 기반을 두고 있습니다. 다른 연구소에서는 찾기 힘들고, 특히 일반 기업에서는 더욱 더 찾아볼 수 없습니다.

우리가 이곳에서 하는 일은 혁명이라고 생각합니다. 단지 기존 제품의 수준을 향상시키는 것이 아니라 새로운 패러다임을 구축하는 것입니다. 우리는 학교 교수들이 외부와 소통할 수 있는 채널을 형성하고자 노력합니다. 그렇게 해서 우리 교수진들이 외부 상황을 파악하고 그들과 교류하게 하는 게 일차적 목표입니다. 그러나 기초과학을 희생할 생각은 없어요. 기초과학이 우리의 기반이기 때문입니다. 서로 협력해서 이익을 창출할 수 있기를 기대하고 있습니다.

현재 얼마나 많은 창업 회사들이 이 회사의 인큐베이팅 프로그램에서 육성되고 있습니까?

당신이 여기 오기 전에 가장 유망한 10~15개의 회사 목록을 작성하려고 했습니다만. 추려 보니 현재 30개 정도의 회사들이 육성되고 있습니다.

그러한 창업 회사들을 선정하는 기준은 무엇입니까?

우리는 상업화를 위해 가장 최적인 채널을 찾으려고 합니다. 우리가 창업 회사를 찾는 이유가 있어요. 그중 하나는 우리 기술이 초기 단계일 때 그것을 상업화할 수 있는 기업가를 찾아야 하기 때문입니다. 그들은 자금을 모아서 인큐베이팅을 지원받는데, 주로 그들이 필요한 인원을 직접 데려오지만 가끔은 우리가 지원해 주기도 합니다.

에너지 저장을 위한 연료셀을 만드는 N스토리지라는 회사가 있습니다. 우리는 그 회사에 자금을 지원해 주고 교수를 파견하여 기술 상품화에 기여했습니다. 기업과 팀을 만들어 같이 회사를 세운 것이죠. 창립 멤버 중 한 명은 벤치마크이스라엘의 공동창업자 출신이었고, 다른 한 명은 이스라엘 벤처 캐피탈의 파트너 출신이었습니다. 그 외에 교수 한 명과 그의 대학원생 제자가 있었지요. 그 학생은 군 시절 각종 프로젝트를 수행한 경험이 있었죠. 창업 멤버들은 국제적인 벤처 캐피탈을 통해 자금을 제공받아 회사를 세울 수 있었습니다.

벤처 캐피탈과 강력한 관계를 구축하고 있나 보군요?

현재 우리 이사진에 벤처 캐피탈 업계 사람들이 있으니 그렇다고 볼수 있을 겁니다. 하지만 벤처가 아니라 엔젤 투자자에게 지원받는 경우도 많아요. 우리는 벤처 투자를 받는 것보다 그 전 단계에서 출발하기 때문이죠.

대학, 연구소 그리고 각종 기관에서 새로운 아이디어가 만들어지더라도, 그 아이디어가 소비자에게 전달되지 못하는 경우가 있습니다. 이 회사의 경우 세계 각지와의 관계 형성을 통해 어떤 지역에 무슨 기술이 필요한지를 잘 파악하는 것 같습니다.

좋은 기술이 있다고 만족하는 게 아니라 어떠한 방법으로 응용할 수 있을지, 어떠한 시장에 내보낼 수 있을지를 파악하는 것이 중요합니다. 기술이 어떤 식으로 응용되어 실제로 쓰일지, 어떤 특허가 있는지, 그에 대한 데이터가 어떻게 뒷받침되어 있는지 설명할 수 있는 마케팅 능력도 필요합니다. 그 뒤에 우리 기술과 가장 잘 맞는 회사를 찾아 집중하는 것입니다.

우리는 이러한 마케팅 미팅을 전 세계에서 하고 있으며 지금도 우리 엔지니어링 부서장이 미국의 한 컨퍼런스에서 부스를 세우고 기술 상업화를 추진하고 있습니다. 지난주에는 뉴욕에서도 진행했지요. 그곳에서 우리 바이오기술을 활용할 협력자를 찾을 수 있었습니다.

당신에게 후츠파는 어떠한 의미가 있나요?

후츠파는 무언가를 할 때 두려움이 없는 태도를 의미합니다. 이성적인 사람들이 '아 이거 하면 안 되겠다.'라고 생각하는 것도 과감하게 할 수 있어야 합니다. 다른 회사의 사람이나 투자자를 찾을 때 어떻게 해서든 그 사람과 접촉할 방법을 반드시 찾아내는 것입니다. 이런 저런 이유로 그 사람과는 만날 수 없을 거라는 생각을 버리고 일단 가서 직접 마주치든, 아니면 인적 네트워크를 통해 접촉하든 해야 합니다. 어떠한 장애물에도 멈추지 않는 그 정신이 후츠파입니다.

대학의 기술을 활용하여 창업 단계에 있는 회사를 보조하기 위한 추가적 계획이 있습니까?

우리 기술을 라이센싱할 때 가장 중요한 것은 상품화를 보장받는 것입니다. 라이센싱 계약서에는 만약 기술의 상품화가 실패할 경우 그 기술의 사용권을 회수한다는 조항이 있습니다. 회수한 기술은 다른 사업체에게 넘기고요.

미국에 의학품 관련 창업 회사가 있었습니다. 1999년쯤 기술 라이센싱 계약을 체결했는데, 상품화에 실패했습니다. 그 기술 사용권은 바로 회수되었고 미국의 다른 회사에게 제공되었습니다. 그 회사는 상품화에 성공했고 현재 그 약품은 페이즈 2~3단계를 진행 중입니다. 기술 자체가 실패라면 할 수 없지만, 그렇지 않다면 빨리 다른 회사를 찾아야 합니다.

창업 회사가 아니라도 마찬가지입니다. 작년에 어떤 회사와 라이센싱 계약을 했는데 그 회사에 금융적인 문제 외에 여러 가지 이슈가 발생하는 바람에 라이센스를 도로 회수해 다른 회사에 넘겼습니다. 현재 기술을 인계받은 회사에서 상품화를 진행 중입니다.

중요한 것은 포기하지 않아야 한다는 점입니다. 기술 자체가 실패했다는 게 밝혀지든가, 특허가 너무 오래되어 쓸모없어지기 전까지 포기하면 안 됩니다.

08 히브리대학 기술전수회사 이숨 CEO(Yaacov Michlin, CEO of Yissum)

이숨은 무슨 뜻인가요?

이숨은 '적용'을 뜻하는 히브리어입니다. 이 의미가 기술전수회사 이숨의 기본 개념을 알려 줍니다. 우리 회사는 50년 전인 1964년에 설립되었습니다. 우리 회사의 설립 목적은 히브리대학 연구소에서 나온 연구 결과를 상업화하는 것입니다. 히브리대학은 이스라엘 최대의 연구 기관입니다. 우리 연구물은 이스라엘 전체 연구물의 40퍼센트를 차지하고 있으며, 이스라엘 생명기술 연구물의 40퍼센트를 차지합니다. 우리 수입의 80퍼센트가 생명기술로 번 것입니다.

이숨은 세계 전역으로 제품과 특허를 퍼트리는 데 많은 역할을 하고 있습니다. 만약 이숨이 이런 역할을 하지 않으면 히브리대학은 어떤 영향을 받습니까?

이스라엘의 정책은 모든 기초기술이 반드시 산업화를 통해 가치를 창출하도록 장려하는 미국의 '베이 돌' 정책과 비슷합니다. 우리 정부는 정부 소유 대학에 IT 관련 자원이 많다는 것을 알고 있고 이에 맞추어 지원 및 IT 상업화를 장려합니다. 이것이 이숨에서 하는 일입니다.

이와 관련한 흥미로운 사실 중 하나는 최근 이스라엘 통계청에서 확인할 수 있습니다. 그 자료에 따르면 이스라엘 하이테크 회사들은 다른 어느 나라보다 월등한 성과를 내고 있다고 합니다. 예를 들어 이숨의 경우 현재 2,000개의 집단 특허와 7,000개 이상의 개별 특허를 갖고 있습니다. 이 특허들은 우리의 주 자산입니다. 이 중 500개 이상의 특허를 외부 기업에게 라이센싱하였고 70개의 회사를 설립하였습니다. 지난 한 해만 해도 20개 이상의 회사가 창업했습니다. 이 중 일부는 텔아비브 증권시장에 상장되어 거래되고 있고 일부는 해외시장에 상장되어 거래되고 있습니다. 이런 많은 성공 스토리가 있습니다.

현재 육성 중인 창업 회사는 몇 개나 됩니까?

현재 인큐베이팅 프로그램에 속한 회사는 여덟 곳인데 모두 수석 과학관실에서 진행되고 있습니다. 추가적으로 20개의 회사들이 스타트업 단계에 있고요. 이숨의 시장 혁신 성공 사례를 보여드린다면 엑스론과 독트릴이라는 약입니다. 임상실험에서 탁월한 효능을 검증 받은 이 약들은 자궁암 치료에 쓰이고 전 세계 환자를 대상으로 존슨앤존슨에서 판매하고 있습니다.

이 제품의 특허를 제약회사에 라이센싱한 것이군요.

맞습니다. 각각 노바티스와 존슨앤존슨에 라이센싱됐습니다.

그러면 특허를 판매하기도 합니까?

아닙니다. 우리는 특허를 팔진 않아요.

어떤 이유에서입니까?

특허는 대학의 주된 자산입니다. 회사 입장에서는 라이센싱만 받아도 기술에 대한 소유권을 가진 것이나 마찬가지이기도 하고요. 세계 독점적 라이센스이므로 특허 소유와 거의 같은 효력을 발휘합니다. 만약 창업 회사에 특허를 라이센싱하면 회사가 망하거나 부도가 난다 하더라도 라이센스 계약만 파기하고 다른 회사에 넘겨주면 그만이지만, 특허 자체를 판매한다면 특허라는 자산까지 잃게 됩니다. 집을 다른 사람에게 임대하는 것을 생각해 보세요. 1~2년 임대한 후 문제가 없으면 임대 기간을 연장하면 되고, 문제가 생길 경우 다시 되돌려 받을 수 있는 것과 같습니다.

이숨에서는 많은 산업들을 다루고 있습니다. 현재는 어떤 산업을 제일 중요하게 여기고 있습니까?

우리의 주요 수익은 하이테크에서 나오지만 현재 내가 생각하는 발전가능성이 큰 산업은 농업 기술 분야입니다. 컴퓨터 공학과 IT 분야에도 관심이 있지만 더 이상 그 산업들이 성장할 것이라 생각하지 않습니다. 차세대 기술에 돈을 걸어야 한다면 클린테크와 농업 관련 산업에 걸겠습니다.

09 『창업국가』 저자(Saul Singer, 『Start-Up Nation』의 저자)

당신 책이 전 세계에 출판된 것으로 알고 있는데요. 몇 개 언어로 번역되었나요?

2009년에 출간된 이래 당신이 번역한 한국어판을 시작으로 지금은 17개의 언어로 번역되었습니다. 약 100여 개 국가에서 출판되었지요.

그렇게 많은 언어로 출판되었으니 전 세계에 당신의 메시지를 전하기 위한 강연도 많이 다녔을 것 같습니다. 저자의 시각으로 봤을 때, 한국과 다른 나라는 어떻게 다른가요?

한국, 인도, 브라질, 미국을 돌아다니다 보면 재미있는 사실 하나를 발견할 수 있습니다. 많은 나라에서 각기 다른 언어로 출판이 되었지만 사람들이 받아들이는 방식은 다 다르다는 겁니다. 이는 혁신에 대한 목마름이 다르기 때문입니다. 한국과 같이 자원이 없는 지식경제 국가는 속도를 중요시하기 때문인지 기업인을 중심으로 즉각 이스라엘을 방문했지만 인도, 브라질과 같은 거대 자원국가는 리더들을 중심으로 서서히 담론화하는 과정을 밟고 있습니다. 실업률이 매우 높아진 미국은 이미 이스라엘 방식을 따라 스타트업 아메리카Start-Up America를 선언하고 수많은 정책들을 신속히 만들어 대응하고 있습니다.

『창업국가』는 어떻게 쓰게 되었나요?

책에 대한 아이디어는 뉴욕에 살고 있는 공동 저자Dan Senor로부터 얻었습니다. 그는 하버드 비즈니스 스쿨 학생이었습니다. 그가 영어로 쓰고 내가 히브리어로 쓰는 공동 작업을 진행했습니다.

21세기의 경제는 산업경제에서 지식 기반 경제로 급변하고 있습니다. 『창업국가』가 인기 있기 있는 이유도 여기에 있다고 생각하는데요. 새로운 경제 모델은 어떤 점에 집중해야 한다고 생각하십니까?

변화를 거부할 수 없는 환경에서 자원빈국인 이스라엘은 이미 성공적으로 지식경제 국가로 변신했고, 2008년 세계경제 위기 때에도 건재함을 과시했습니다. 세계에서 유일하게 한 개의 은행도 문을 닫지 않은 나라, 거품 없는 경제, 유럽 전체보다도 많은 창업이 이루어지는 나라. 이런 이스라엘의 이야기가 그냥 대수롭지 않게 다뤄지는 것이 안타까워 책을 쓰게 되었습니다.

새로운 지식경제의 패러다임은 재래식 산업경제와는 많이 다릅니다. 눈에 보이는 상품 중심에서 눈에 보이지는 않으나 더 큰 가치를 담은 서비스, 솔루션 산업을 육성할 때라고 생각합니다. 하이테크 산업뿐만 아니라 모든 산업 분야에서 혁신을 가져올 수 있다는 점을 생각해 보면 기회는 많이 있습니다.

『창업국가』에서 후츠파 정신을 최초로 소개했는데요. 이 후츠파에 대해 설명해 주시겠습니까?

현재 상황에 도전하는 것. 아이디어가 괜찮다고 판단되면 망설이지 않고 실제로 시도해서 세계를 바꾸는 것. 이런 것을 후츠파라고 부릅니다. 한국인에게도 이런 면이 있다고 생각합니다.

예를 들면 현대그룹 창업자 정주영 회장의 무에서 유를 창조하는 정신이 그런 것입니다. 그는 조선소도 아직 없는 상태에서 배를 주문받는 믿기 어려운 일을 이루어 냈다고 들었습니다. 당시 한국의 500원짜리 지폐에 그려진 거북선을 보여 주며 협상의 위기를 모면했다고 하죠. 그런 열정과 집념이 없었다면 과연 그러한 상상력과 재치가 나올 수 있었을까요? 이는 정주영 회장의 순간적인 재치로 웃고 넘길 일이 아니라, 그가 가진 열정의 산물인 것입니다.

안보 문제나 자원이 없는 점 등 이스라엘과 한국은 비슷한 점이 많습니다. 한국 젊은이들에게 전해 주고 싶은 메시지가 있습니까?

오늘날 세계경제의 흥미로운 점은 차별없이 누구에게나 글로벌 마켓에 진출할 기회가 주어진다는 점입니다. 어느 나라에 있든 지역, 시장에 상관없이 진출하고 또 발전할 수 있습니다. 왜냐하면 현재 우리는 하나의 세계, 하나의 시장에 살고 있기 때문입니다. 해마다 우리는 전 세계를 휘어잡으며 새로운 파급력을 드러내는 수많은 기업들을 볼 수 있습니다.

이제 모든 사업은 출발부터 세계를 대상으로 펼쳐져야 합니다. 세계의 문화와 언어, 관습은 물론 패러다임을 바꿀 수 있는 꿈을 염두에 둔 큰 생각이 글로벌 시장을 손에 넣게 합니다. 한국 기업들이 이스라엘의 R&D 센터와 연계한다거나 이곳 이스라엘에 직접 연구소를 지으려 할 경우, 나를 포함한 수많은 네트워크가 그 기업과 이스라엘을 연결해 줄 수 있습니다.

한국 기업가들이 이스라엘에 와서 창업 회사를 차리고 일하다가 다시 한국에 돌아가고, 이스라엘 기업가들이 한국에서 같이 창업 회사를 차린다면 그것 역시 좋은 결합이 될 겁니다. 왜냐하면 한국에는 굉장한 기업가들이 있지만 그들은 서양 시장에 대해서는 우리만큼 잘 모르기 때문입니다. 반면 이스라엘 사람들은 서양 시장에 대해 잘 알고 있습니다. 하지만 아시아 시장에 대해서는 잘 모릅니다. 때문에 함께 일한다면 좋은 조합이 될 겁니다.

테크니온공대 총장은 "우리 학생들은 좋은 직업을 구하는 것이 아니라 좋은 직업을 만든다."라고 말했습니다. 세계적으로 실업률이 점점 올라가고 있고 젊은이들은 의기소침해져 있습니다. 용기를 불어넣을 수 있을 한 마디 부탁드립니다.

기업가가 나라를 위해 할 수 있는 일은 일자리를 만드는 것입니다. 오늘날 지식경제에서 중소 비즈니스는 일자리 양성의 중요한 해결책입니다. 미국이나 다른 여러 나라의 연구 결과가 이를 입증하고 있습니다. 이것이 낮은 고용률 문제를 해결할 수 있는 방법이 될 것입니다. 아이러니하게도 아직까지 존재한 적 없던 새로운 일거리가 끊임없이 나오지 못한다면, 설령 경제가 성장한다 하더라도 일자리는 줄어들고 맙니다. 상자 밖으로 과감히 나오십시오. 생각의 방식을 바꾸고 자신이 진정 잘 할 수 있고 더불어 재미있게 느낄 수 있는 일을 생각해 보는 여유를 가지십시오. 이것이 조급하게 서두르는 것보다 더 빠른 길입니다.

10 세콰이아 캐피탈 CEO(Shmuel Levy, CEO of Sequoia Capital)

세콰이아 캐피탈이라는 회사에 대해 설명해 주시겠습니까? 이곳 외에도 미국 본사도 있다고 들었습니다.

세콰이아는 '오래가다'라는 뜻입니다. 오랫동안 지속되는 강하고 의미 있는 새로운 회사를 설립하겠다는 의미지요. 회사명의 의미대로 튼튼한 새 회사를 설립하는 데 중점을 둡니다.

세콰이어는 세계 최초의 벤처 캐피탈 중 하나입니다. 1974년 실리콘밸리에서 시작되었으며 지금도 미국 실리콘밸리에 본사를 두고 있습니다. 세쾌이어는 애플, 오라클, 시스코, 아타리 등 유명 회사에 성공적으로 투자하였고, 구글, 야후 등 하이테크 분야에도 많이 투자하는 리딩 벤처 캐피탈리스트 회사입니다. 1999년 이스라엘에 지점을 설립하여 이스라엘의 대표적 벤처 캐피탈로 거듭났고 2005년에는 중국에, 2006년에는 인도에 지점을 출범하였습니다. 현재 세쾌이어는 글로벌 확장에 초점을 맞추고 있으며 전 세계 기업가들에게 미국 시장과 아시아 시장에 진출할 수 있는 기회를 제공하고 있습니다.

좋은 벤처 캐피탈 회사와 그렇지 않은 회사의 차이점은 무엇일까요?

몇 안 되는 건실하고 좋은 벤처 캐피탈 회사들이 대부분의 좋은 회사들을 가져갑니다. 좋은 벤처 캐피탈 회사에 속해 있다면 투자 대비 엄청난 이윤을 거둘 수 있지요. 하지만 벤처 캐피탈 사업은 쉽지 않습니다. 왜냐하면 모든 투자처가 성공하는 것이 아니기 때문이지요. 오직 소수의 창업만이 성공하며, 따라서 올바른 창업 회사에 투자하고 같이 일하면서 그들이 성공할 수 있도록 육성하는 게 중요합니다. 기업가 관점에서는 벤처 캐피탈을 구할 때 사업 파트너를 구한다는 자세로 접근하는 게 중요합니다. 단순히 자금을 확보하는 차원을 뛰어넘어 누구와 같이 회사를 발전시킬 것인가를 생각해야 합니다.

지난 10년 동안 인터넷 기술 산업이 경제를 주도해 왔는데, 향후 10년은 어떤 산업

이 주도할까요?

우선 지난 10년 사이 변화의 속도가 빨라졌다는 점을 기억해야 합니다. 기술 발전 사이클도 빨라졌습니다. 새로운 첨단기술과 컴퓨터 기술이 점점 더 빨리 등장하고 있고, 처음으로 소비자 제품들이 기술을 주도하는 현상이 발생되고 있습니다. 그런 배경에서 볼 때 클라우드, 가상공간, 테블릿 등 신기술들이 지속적으로 큰 변화를 불러올 것이라고 예상합니다.

이러한 변화의 바람은 창업 회사에 긍정적인 효과를 줄 것입니다. 왜냐하면 창업 회사는 대기업보다 변화에 빨리 적응하기 때문입니다. 최근 우리는 의료장비에 주목하고 있습니다. IT와 의료기기의 협력관계가 많이 눈에 띄고 있고, 다양한 변화가 예상됩니다. 이 분야는 우리에게 매우 흥미로운 투자처이기 때문에 향후 10년 동안 집중할 계획입니다.

둘째로 글로벌화를 기억해야 합니다. 예전에는 아시아용, 유럽용, 미국용 제품 등으로 구분했습니다만, 이제 세상은 더 좁아졌고 그런 구분이 의미가 없어졌습니다. 글로벌 회사를 세우고 빠른 기술 변화에 적응하여야 합니다.

당신 회사에서 투자를 받기 위해 사업 계획서를 제출하면 어느 부분을 중점적으로 평가합니까?

세 가지 요소가 명확한지에 주목합니다. 첫째는 인재, 둘째는 기술입니다. 하지만 무엇보다도 중요한 것은 기술이 시장의 수요를 충족할 수 있느냐입니다. 이스라엘에는 다양한 기술이 존재하지만 그중에서도 수요를 충족하는 기술에 주목합니다. 그 니즈가 매우 높고 그 수요를 충족할 의미 있는 회사가 필요하다면 그에 합당한 회사에 투자를 합니다.

미국에는 벤처 캐피탈 회사 외에도 인큐베이팅 회사도 있는데요, 둘의 차이점은 무엇입니까?

인터넷 덕분에 더 다양한 아이디어를 얻고 여러가지 지원도 받을 수 있습니다. 인큐베이팅 회사도 종류가 많습니다. 우리는 그들과 공조하여 탁월한 아이디어를 발굴합니다. 세콰이어는 'Y컴비네이터'라는 미국의 유명 인큐베이팅 서비스와 협력하여 다른 회사보다 일찍 투자처를 발굴할 수 있었습니다. 우리는 이런 협력 관계를 넓혀 크고 성공적인 회사를 육성하기 위해 출발, 육성, 매각의 모든 사이클을 주시합니다.

나스닥에는 미국 기업 다음으로는 이스라엘 기업들이 많은데요. 이스라엘 기업들이 왜 그렇게 많이 상장되어 있을까요? 자국 주식시장보다 나스닥에 더 많은 이유가 무엇일까요?

이스라엘은 인구 7백만의 작은 나라입니다. 따라서 많은 창업 회사들이 개발한 제품의 타겟시장으로 부적합합니다. 그렇기 때문에 글로벌 시장에 진출하는 것입니다. 그러니 국제적으로 잘 알려진 나스닥에 상장하는 게 맞지요. 나스닥에 상장하면 회사의 고객들도 높게 평가합니다. 그래서 이스라엘 회사들은 먼저 나스닥에 상장하고 그다음에 이스라엘 주식시장에 상장합니다. 나스닥에 상장하려면 국제 회계 기준을 따라야 하는데, 이 점이 외국인 고객에게 매우 중요하게 여겨집니다.

2000년도 초 IT 버블이 있었을 때 많은 벤처회사가 문을 닫았고 경제적인 타격을 받았습니다. 그 당시 이스라엘은 어땠고 어떻게 극복했습니까? 현재 상태는 어떻게 보십니까?

2001년 세콰이어는 이스라엘에서 첫 펀드를 출범시켰습니다. 어느 시기가 투자하기 좋은 시점일까요? 벤처 캐피탈의 시선은 다른 분야와는 다릅니다. 2001년은 투자하기 좋은 시점이었어요. 나스닥이 5,000선일 때 투자하는 게 나을까요, 1,000선일 때가 나을까요? 경제에는 사이클이 있습니다. 2001년에 창업한 회사는 2005년쯤 되어야 제품을 출시하고 성장할 것이라는 점을 기억해야 합니다.

1999년에는 자금이 과도하게 넘쳤고 투자하면 안 되는 회사들에 너무 많은 투자자금이 들어갔습니다. 그리고 그 결과 모든 것이 폭발하고 말았습니다. 나는 수요와 자금에 균형이 있어야 한다고 생각합니다. 최근 경제 상태는 많이 탄탄해진 편입니다.

나는 이스라엘 창업이 매년 지속적으로 성장했다는 점을 강조하고 싶습니다. 2008년 리먼브라더스 파산으로 세계경제가 휘청인 직후인 2009년도 이후에도 수많은 아이디어가 쏟아졌고 그 트렌드는 지금까지 유지되고 있습니다. 이스라엘에서 근무한 10년 동안 경제가 좋지 않은 해에도 좋은 사업 아이디어는 계속 들어오는 걸 볼 수 있었습니다. 이스라엘 사람들은 경제에 사이클이 있고, 경제가 안 좋을 때는 새로운 아이디어가 더 쉽게 수용된다는 것도 알고 있습니다. 또한 경제가 안 좋은 시점에 창업을 하더라도 제품 출시 즈음이면 상황이 나아져 있을 것이란 사실도 압니다.

주로 새로운 사업모델은 A와 B 사업 사이의 회색 공간에서 탄생합니다. 그 말은 즉 서로 다른 섹터 간의 크로스오버나 협조가 필요하다는 뜻인데요. 이스라엘의 크로스오버가 세계에서 최고라고 평가될 수 있게 만든 원동력은 무엇인가요?

흔히 말하길 혁신은 필요에서 탄생한다고 합니다. 이스라엘은 매우 작아서 대부분의 제품을 이스라엘 외부에서 들여옵니다. 또 해외 진출을 많이 하기 때문에 유럽 제품을 아시아에 공급하거나 아시아 물건을 유럽으로 공급하는 게 비교적 쉽습니다. 해외로 진출할 때 우리는 쉽게 변화를 수용합니다. 왜냐하면 변화의 필요성을 자각하고 어떤 방향으로 변해야 할지 (해외에서 보면서) 파악할 수 있기 때문이죠.

이스라엘은 노키아나 삼성처럼 큰 기업을 필요로 하지 않습니다. 그것은 거대 선박과 작은 배의 차이와 같습니다. 작은 배는 쉽게 움직일 수 있지만 큰 선박은 무거워서 쉽게 움직이지 못합니다. 그러므로 창업 회사가 많은 작은 국가는 새로운 기술, 새로운 사업 모델, 새로운 세계 흐름, 새로운 시장에 적응하기가 쉽습니다. 그래서 이스라엘이 비교적 빨리 성공할 수 있었고, 지난 금융위기에도 비교적 안정적으로 생존할 수 있었던 것입니다.

투자적 관점에서 볼 때 이스라엘은 훌륭한 기업가 정신과 아이디어가 있는 안정적인 환경을 가지고 있습니다. 어려운 세계경제 여건 속에서도 우리는 신속히 움직일 것이고 기술과 사업모델의 혁신을 통해 시장에 참여할 것입니다.

11 피탕고 벤처 캐피탈 CEO(Chemi Peres, CEO of Pitango Venture Capital)

피탕고에 대해서 간략하게 알려 주십시오.

피탕고는 야생의 체리로, 텔아비브 주택가 뒷마당에서 쉽게 찾아볼 수 있습니다. 어린 시절에는 이 달콤한 체리를 몰래 따먹곤 했지요. 우리 회사는 이스라엘 기업들을 체리로 봅니다. 붉게 잘 익어 달콤한 맛이 최고일 때 수확하지요. 적절한 때 수확을 하려면 시기를 정확하게 예측해야 합니다.

피탕고는 1993년 이스라엘의 IT 벤처 업체들에게 자금을 투자하기 위해 설립됐습니다. 그동안 5건의 벤처 캐피탈펀드를 조성했습니다. 펀드의 규모는 대개 3억에서 3억 5천만 달러 정도입니다. 지난 수년 동안 우리는 약 15억 달러 정도를 투자자금으로 조성했고 이스라엘의 여러 기업에 투자해 왔습니다. 그동안 투자한 기업의 수는 160개 정도에 이릅니다.

홈페이지에 "아이디어가 있다면 지금 보내세요."라는 문구가 있던데, 아이디어를 끌어들이는 남다른 전략이 있습니까?

우리 피탕고의 전략적 목표는 이스라엘 기업의 혁신이었습니다. 이스라엘은 시장 규모가 작아 국내시장이라는 개념이 없습니다. 따라서 이스라엘의 경제는 수출에 기반을 둘 수밖에는 없습니다. 천연자원이 없는 우리가 수출할 수 있는 것은 아이디어나 혁신, 브랜드 파워뿐입니다. 따라서 우리는 혁신과 연관된 모든 분야에 초점을 맞추고자 했습니다. 혁신은 IT나 의료서비스, 청정기술 분야 등에서 가능합니다. 우리는 직접 투자를 하거나 지인, 비즈니스 파트너, 투자가 및 공동투자가, 기업인 등 광범위한 투자 네트워크를 활용했습니다. 그들 모두가 흥미로운 투자 기회를 발견하면 우리에게 투자를 받으러 나섭니다. 이를 통해 피탕고는 매년 약 1천 건의 투자 기회를 접하고 있습니다.

그 같은 아이디어를 끌어들일 충분한 채널이 있는 건가요?

물론입니다. 우리의 또 다른 전략 중 하나는 초기 단계는 물론 성장 단계의 투자까지 모두 아우르는 것입니다. 이미 상품을 내놓고 수익을 거두고 있는 기업도 투자 대상에 포함됩니다. 창업 첫해에는 존재를 모르다가 차차 성장하면서 주목하게 되는 경우도 있습니다. 기존 산업 분야는 물론 기업의 성장을 주목하는 것도 우리의 전략입니다.

이스라엘 청년들은 비즈니스 창업에 있어서 나스닥에서의 약진이 두드러진 것 같습니다. 그 같은 창조적인 비즈니스 모델을 찾는 데 이스라엘이 외국에 비해 유리하다고 보나요?

이스라엘은 다른 나라와 비교하기 어려운 특별한 곳입니다. 벤처 캐피탈 업체에게 미국을 제외하면 이스라엘이 가장 흥미진진한 나라일 것입니다.

이스라엘의 젊은이들은 비즈니스 창업에 열정적입니다. 이들은 대학이나 군대에서 훌륭한 훈련을 받습니다. 기본적으로 이스라엘 경제는 수출에 전적으로 의존합니다. 이스라엘이 과학기술에 주력해야 하는 이유가 이것입니다. 이 이유가 이스라엘에서 흥미진진하고 다양한 기술력을 찾아볼 수 있게 만들었죠. 더불어 이스라엘 사람들은 틀에 박힌 사고를 벗어나 도전을 즐기는데 이는 이스라엘 문화나 국민성의 특징입니다. 피탕고도 새로운 아이디어를 갈망합니다. 우리는 젊은이들의 비전을 중시하고 그들이 꿈을 성취하기를 원합니다.

새로운 비즈니스 모델을 창안하는 이스라엘 젊은이들의 힘은 어디서 나올까요?

이스라엘은 이민자들의 나라입니다. 이스라엘은 전 세계 각지에서 온 사람들에 의해 세워진 나라입니다. 1990년대에 이스라엘은 백만 명에 가까운 러시아 이민자들을 받아들였습니다. 이민자들은 열정적으로 성공을 갈망하지요. 그와 더불어 이스라엘의 지정학적 위치에 따른 정치 상황 역시 우리에게 좀 더 강하게 나아갈 것을 요구하고 있습니다. 좀 더 스스로를 개선하려면 교육과 기술, 혁신 그리고 과학에 주력해야만 합니다. 그것이 영토가 좁고 시장 기반이 없는 이스라엘의 취약점을 보상할 길입니다.

미국에서 창업하는 경우는 상품의 판로를 지역에서 전국, 주변국, 나아가 세계로 확장해 나갈 수가 있습니다. 그러나 이스라엘의 경우는 협소한 시장에서 곧바로 세계를 겨냥해야만 합니다. 문화나 시차, 거리를 극복해야 하고, 목표 시장에 이미 자리잡은 다른 업체와 경쟁해야만 합니다. 바로 그 때문에 혁신과 노력, 틀을 벗어난 창조적 사고가 요구됩니다. 결국 이스라엘의 자연 조건과 세계 시장 접근을 막는 제약들Constrains이 우리를 강해지도록 다그치는 것입니다.

이스라엘에게 혁신은 불가피한 요구였습니다. 여러 제약들로 인해 모든 분야에서 월등해질 필요가 있던 것입니다.

최근 경제 패러다임은 지식 기반으로 전환되고 있습니다. 이스라엘이나 한국은 천연자원은 없지만 인적자원은 훌륭한 편입니다. 벤처 캐피탈리스트의 역할과 지식 기반 창조경제의 상관 관계는 무엇입니까?

모든 것들이 혁신의 영향을 받는 한, 언제까지 안전한 국가나 기업은 있을 수 없습니다. 과거에는 한 직장에서 30~40년 동안 안전하게 근속하는 일이 쉬웠지만 오늘날의 기업은 지속적인 변화의 물결 속에서 리스크를 안고 경영을 해 나가야 합니다. 교통수단만 봐도 가솔린 차량에서 다른 연료를 이용하는 방향으로 변화하고 있습니다. 디지털이나 나노기술 등 신기술의 등장으로 산업이 국가의 자원을 와해시키고 있습니다. 천연자원에 전적으로 의존할 수 없는 시대가 된 것입니다. 따라서 전 세계가 가장 중요한 자원, 즉 인간의 지적능력Brain Power에 초점을 맞추는 것입니다.

우리는 혁신을 찾고 있습니다. 신설기업과의 관계에서 기업가Entrepreneur는 여러 가지로 이해될 수 있습니다. 그것은 우주선 발사와 비슷합니다. 우주선 발사를 하려면 미사일과 우주선을 중력 궤도 밖으로 날려 보낼 에너지가 필요합니다. 그렇게 지구를 떠나 가속화되면 어느 시점에서 미사일은 해체되어 우주선과 분리됩니다. 기업이라 할 수 있는 우주선은 비행을 계속하게 되죠. 여기서 우리는 자본이라는 가솔린을 제공하는 셈입니다.

벤처 캐피탈 업체가 기업을 돕는 방법 중 하나는 기업의 성장 과정에서 더 요구되는 자본을 지속적으로 지원하는 것입니다. 신상품의 로드맵을 개발하거나 마케팅 및 영업, 사업 확장, 영업 목적의 자금이 필요합니다. 벤처 캐피탈리스트는 그런 부분에서 기업가를 도울 수 있습니다.

또 다른 방법은 우리 회사에 수익과 혁신을 가져올 수 있는 재능 있는 인재를 기용하는 것입니다. 실제 자본과 더불어 그 같은 인적자본이 우리에겐 가장 중요한 요소입니다. 더불어 그들에게 우리의 경험을 제공함으로써 가치를 더하기도 합니다. 우리는 여러 기업에 투자하는 과정에서 모든 신설 기업들이 공통적으로 겪는 실패의 요인을 잘 알게 되었습니다. 조언을 통해 같은 실패를 하지 않도록 도울 수 있죠. 또한 기업을 벤처 캐피탈 회사 소유로 보는 대신, 그 회사의 설립자나 혁신가의 것으로 여깁니다. 우리는 장기적인 안목에서 그들을 지켜보고 지원하지만 직접 경영에는 나서지 않습니다. 다만 그들이 성장할 수 있도록 도울 뿐입니다. 따라서 사고방식, 일관성, 자원, 실질적인 경험 등 모든 요소들이 기업을 성장시키는 셈입니다.

전설적인 투자가 요시 그로스라는 사람이 17개 기업을 창업하는 과정에서 피탕고가 그중 6개 업체에 투자했다고 들었습니다.

실제로는 그보다 더 많이 투자했습니다. 이스라엘 벤처 중 8,000개 정도는 한 사람이 두 개 이상 창업한 경우입니다. 전체 창업의 약 13퍼센트에 해당하는데 이들을 연속창업가Serial Entrepreneur라고 부릅니다. 말씀하신 그로스는 매우 창조적인 인물입니다. 그의 주력 사업은 의료기기를 개발하는 생명과학입니다. 그로스는 정말 재능이 넘치는 사람입니다. 우리는 다행스럽게도 그가 탁월한 능력으로 설립한 몇 개 기업에 투자할 수 있었는데, 모두가 성공적이었습니다.

그로스는 생명과학을 넘어서 다양한 기술 분야에도 사업을 확장했는데요. 분야를 초월한 투자에는 더 큰 위험이 따르지 않습니까?

피탕고는 설립 초기부터 기술 분야의 다양성을 추구했습니다. 우리는 시간이 지나면서 다양한 분야들이 서로 뒤섞이는 양상을 목격했습니다. 그러다 결국 하나로 결합되죠. 예컨대 소프트웨어를 개발하면서 의료서비스 분야를 지향하는 기업이 있습니다. 그런 경우엔 어떤 산업 분야라고 해야 할지 난감하죠. 인터넷과 미디어의 결합도 마찬가지입니다. 무수한 혁신이 다양한 산업 분야에서 이뤄지고 있는 것입니다. 분야를 서로 혼합하는 것은 다방면의 능력을 요구합니다. 오늘날 성공을 원한다면 다양한 분야의 능력을 결합시켜야 합니다.

혁신적인 상품을 만들어 내기 위해서는 그런 능력이 필요합니다. 분야를 초월한 다양화Diversification란 결국 끊임없이 변화하고, 서로 결합되거나 분리되고, 새로운 형태로 탄생되는 경향을 의미합니다. 따라서 항상 열린 사고가 필요합니다. 열린 자세로 새롭게 등장할 다음 분야를 주시하는 것입니다. 예컨대 나노기술처럼 전혀 새롭게 등장한 분야거나 사이버기술처럼 기존의 분야가 진화하는 경우가 있습니다. 새롭게 형성된 분야나 다른 분야와 결합되어 생겨난 분야에 대해 잘 이해해야 하는 것입니다.

투자 결정에서 가장 중요한 판단 기준은 무엇입니까?

사람입니다. 사람이 가장 중요한 기준이 되어야 합니다. 결국은 사람에 투자하는 셈입니다. 가장 중요한 자원은 인간의 두뇌 속에 존재하기 때문이죠. 그동안 탁월한 인재에 투자한 경우 그 성공률은 높았습니다.

매우 창조적이고, 일관성 있고, 비전이 훌륭한 인재에게 투자하지 않는다면, 때로 기업이 잘못된 사람을 따라가기도 합니다. 따라서 벤처 캐피탈리스트에게는 사람이 가장 중요한 요소라고 할 수 있습니다.

피탕고의 역할은 투자에 국한되는 건가요, 아니면 이들 기업의 인큐베이터 역할도 하는 건가요?

무에서 시작하는 기업들도 물론 존재합니다. 우리는 때때로 훌륭한 기업가의 자질을 가진 개인을 찾아내기도 합니다. 그런 사람이 창업을 원할 경우, 우리는 그에게 사무실을 제공하고 사업 프로젝트를 궁리할 수 있도록 합니다. 사업 아이디어가 명확하고 구체화될 때까지 기다리는 것이죠. 그러고는 종자투자Seed Investment를 제공합니다. 결국 우리는 그 회사와 함께 성장하는 셈이죠.

예컨대 우리가 투자하는 회사 중에 주목하고 있는 통신회사가 하나 있습니다. 그 회사의 설립자가 처음에 창업을 원한다고 했을 때, 우리는 그의 의사를 매우 진지하게 받아들였습니다. 그를 사무실에 초빙해 창업 아이디어를 완성하기까지 2년을 함께 보냈습니다. 그는 특정한 기술을 필요로 했는데 그를 위해 또 다른 기업가를 초빙해 공동 창업할 수 있도록 주선했습니다. 결국 두 사람은 회사를 설립했고 지금까지 1억 달러 이상을 벌어들이고 있습니다. 이들이 만든 탁월한 제품은 현재 다양한 고객들을 대상으로 베타테스트를 실시하고 있습니다. 앞으로 이 회사의 가능성은 무한하다고 여겨집니다.

이처럼 우리는 인큐베이션도 병행하고 있습니다. 우리는 이들을 상주기업가Entrepreneur in Residence라 부릅니다. 지난 수년간 우리는 이런 방식으로 수많은 기업들을 탄생시켜 왔습니다.

12 요즈마펀드 CEO(Yigal Erlich, CEO of Yozma Fund)

이스라엘 젊은이들이 의사나 변호사가 되기보다 창업에 열광하게 만들었다고 알려진 요즈마펀드의 요즈마는 무슨 뜻인가요?

요즈마의 뜻은 '창조'입니다. 새로운 것을 시작하고 싶거나 새로운 아이디어가 있으면 창조를 해야 되니까요.

창업에서 펀드는 에너지를 공급하는 피라고 생각합니다. 창업국가 이스라엘의 최초 벤처펀드로 유명한 요즈마펀드의 시작에 대해서 얘기해 주세요.

요즈마펀드는 1992년에 설립되었는데 그 당시에는 벤처 캐피탈 펀드가 없었습니다. 정부는 이스라엘에 벤처 사업이 필요하다고 생각했습니다. 창업 회사들에게 자금을 제공하고 그 밖에 다른 도움도 주기 위해서입니다. 요즈마는 벤처 캐피탈 산업을 시작하기 위한 펀드의 목적으로 설립되었습니다. 이스라엘 벤처 산업의 아버지라고 할 수 있습니다.

우리의 계획은 10개의 작은 펀드에서부터 시작하는 것이었습니다. 그 당시 이스라엘 정부는 펀드에 대한 경험이 없었기 때문에 10개의 작은 펀드를 운용하는 과정에서 미국 등 다른 국가의 도움을 받으며 펀드 운용 요령을 이스라엘 펀드 매니저들에게 교육시켰습니다. 정부 보조금을 바탕으로 10개의 펀드를 성공적으로 운용한 후에는 본격적으로 창업 회사에 투자할 수 있었습니다.

요즈마펀드와 다른 벤처 캐피탈의 차이점은 무엇입니까?

첫째로 정부 주관하에 시작되었다는 점입니다. 대부분의 벤처 캐피탈은 사기업으로 출발합니다. 하지만 우리는 정부가 사기업과 같이 펀드를 형성하여 같이 투자했습니다. 정부는 요즈마가 투자한 10개의 사기업 벤처 캐피탈에게 모든 펀드 권한을 위임하고 간섭하지 않았습니다. 그렇게 회사와 투자자 모두에게 좋은 환경을 제공했지요. 자금 투자 후 요즈마는 관망하는 쪽을 택했는데, 그것이 모두를 위해 바람직한 일이었습니다.

처음에는 정부에서 시작했지만 지금은 민영화되었습니다. 어떤 이유 때문입니까?

우리는 처음부터 정부가 계속 펀드 사업에 참여할 수는 없다고 생각했습니다. 이런 사업은 정부가 단순히 도움을 줄 수 있을 뿐이지, 직접 참여할 수 있는 종류가 아닙니다. 요즈마는 촉매 역할을 하였습니다.

사기업이 나중에 스스로 벤처 캐피탈을 진행할 수 있도록 밀어주는 역할이지요. 설립할 때부터 이미 우리는 요즈마를 7년 이상 정부기관으로 유지하지는 않겠다고 정했습니다. 다행히도 4년 만에 사기업으로 전환 작업을 할 수 있을 만큼 성공하였습니다. 벤처 수요가 매우 높았기 때문이죠. 사기업으로 전환하기로 결정한 지 5년 만에 민영화에 성공했습니다.

요즈마펀드가 성공할 수 있었던 이유에 대해 설명해 주십시오.

우리 성공의 형태는 크게 둘로 나뉩니다. 사기업으로서의 성공과 정부기관으로서의 성공이 있습니다. 우선 정부기관으로서의 성공을 볼까요. 요즈마는 사기업 투자자들과 함께 10개의 작은 펀드로 시작했습니다. 그리고 사기업 투자자들에게 5년 후 정부 지분을 살 수 있는 옵션을 주었지요. 열 군데 중 여덟 곳이 옵션을 행사하였습니다. 옵션 행사 이후에는 정부에 로열티 형식으로 매년 이윤의 7퍼센트를 지불하였지요. 펀드가 모두 성공을 거둠에 따라 이스라엘 정부는 벤처 캐피탈 인프라를 성공적으로 구축했을 뿐 아니라 펀드를 통해 40퍼센트의 이익을 볼 수 있었습니다. 미션도 달성하고 금전적으로도 이득을 본 것입니다.

사기업 펀드들 역시 큰 이익을 봤습니다. 옵션으로 인해 수익이 레버리징될 수 있었기 때문이죠. 가장 큰 수익을 거둔 펀드는 14배의 수익을 거두었고 대부분의 펀드가 3~10배의 수익을 거두었습니다. 정부 입장에서는 벤처 캐피탈 인프라를 구축하는 데 성공하였고 그 덕분에 모두가 벤처 캐피탈에 투자를 하기 시작했습니다. 요즈마도 돈을 잃지 않고 오히려 벌었습니다.

이제 사기업으로서의 성공에 대해 얘기해 볼까요. 사기업으로 전환한 요즈마는 회사들에 투자하여 좋은 수익을 거두었습니다. 현재 투자하였던 인터넷 회사의 지분을 정리하는 중인데, 투자 금액 대비 10배의 수익을 거둘 것으로 예상하고 있습니다. 우리는 제약회사에도 투자를 했고, 결과가 매우 좋았습니다. 그 회사는 10년 전 존슨앤존슨에 4억 달러에 매각되었습니다. 그 외에도 이스라엘에는 여러 성공 신화가 있습니다.

요즈마가 시장에 미친 영향은 다음과 같습니다. 우선 이스라엘에 많은 벤처 캐피탈 펀드가 생겼습니다. 이 펀드들은 설립 후 첫 10년 동안 1,000만 달러 이상의 자금을 모았습니다. 그 자금력으로 지원한 창업 회사가 다른 회사와 합병하면서 M&A 시장 규모가 200억 달러 수준까지 커지게 됩니다. 또한 벤처 캐피탈의 투자를 받은 회사들 중 많은 수가 나스닥에 상장되었지요. 이런 모든 일들이 이스라엘의 벤처 캐피탈 시장을 세계 최고로 만드는 원동력 역할을 했습니다. 전부 정부 덕이라고 할 순 없지만, 정부가 현명한 방식으로 촉매 역할을 한 것이 중요했다고 생각합니다.

이스라엘은 자연자원이 없습니다. 하지만 지식기반경제 시스템이 발전했는데요. 젊은 세대들에게 벤처와 같은 새로운 비즈니스 모델에 도전하기 위한 조언을 한다면 어떤 것이 있을까요?

중요한 변화가 매일 일어나는 새로운 경제 환경 속에서 경쟁하려면 혁신이 열쇠라는 사실을 잘 알고 있을 것입니다. 혁신에 가장 중요한 요인은 교육입니다. 교육이 세계의 미래를 결정하죠. 그 다음은 핏줄입니다. 정확히 말하면 민족성을 말하는 것인데, 이는 하루아침에 바꿀 수 있는 게 아닙니다. 위에서부터 내려오는 유산과 교육의 조합으로 천천히 완성되는 것입니다. 기업가적 핏줄을 만들어야 합니다.

오늘날은 IT 사회로서 모든 국가들이 이 환경 안에서 경쟁합니다. 정부와 기관이 모두 창업 회사를 지원하려고 나서고 있습니다. 모두가 도우려 드니 창업자에게는 좋은 환경이죠. 지역 펀드나 전문 펀드가 창업자의 금융을 지원합니다. 이스라엘에서도 미국 펀드가 큰 성공을 거두고 있습니다. 인터넷 혹은 소셜네트워크 사업을 시작하려는 똑똑한 젊은이들은 이러한 펀드를 통해 미국 시장과 직접 연결될 수 있습니다. 이스라엘의 기업가들은 이러한 자원들을 신속하고 성공적으로 활용할 수 있는 능력을 가지고 있습니다.

미국의 나스닥 시장에서 미국 기업을 제외하면 이스라엘 기업이 40퍼센트를 차지한다고 하는데요. 그렇게 많은 기업들이 상장될 수 있었던 이유는 무엇이라고 생각하십니까?

전통적으로나 문화적으로 이스라엘과 미국은 다른 어느 나라보다 가까운 편입니다. 사업 구조도 미국과 매우 유사하죠. 1980년~1990년대에 이스라엘은 미국, 미국 기업 그리고 미국 내의 유대인 단체들과 밀

접한 관계를 가지고 있었던 덕분에 쉽게 미국 시장에 진출할 수 있었습니다. 오늘날에는 미국의 여러 벤처펀드가 이스라엘에 자리잡고 있습니다. 젊은 회사로서 미국에 진출하고 싶을 경우 나스닥에 상장하면 됩니다. 하지만 그것으론 충분하지 않아요. 이제 동양을 바라보아야 할 차례입니다. 중국, 한국 그리고 인도 기업과도 교류를 할 계획이고, 이를 통해 우리는 한층 더 성장할 것입니다.

많은 나라에서 경제 위기가 문제입니다. 이로 인해 힘들어하는 젊은이들에게 한 말씀 부탁드립니다.

경험상 이걸 말씀드릴 수 있을 것 같습니다. 경제에는 사이클이 있습니다. 올라갈 때가 있고 내려갈 때가 있죠. 경제가 나빠지는 것이 세상에 종말이 왔다는 뜻이 아닙니다. 오히려 창업하기 가장 좋은 시점이라는 사실을 명심하십시오. 앞으로 경제가 나아질 일만 남았기 때문입니다. 그게 우리가 과거에 한 일이고 지금도 하고 있는 일입니다. 보통 정부는 이 점을 잘 이해하지 못합니다. 지금 창업하기 가장 위험해 보일지라도 사실은 가장 적합한 시점입니다. 젊은이들이 창업하기 위해서는 정부의 지원이 있어야 합니다. 사기업은 자기 돈을 쓰고 싶어하지 않습니다. 그러므로 정부가 개입할 때라고 판단하고 이끌어가야 합니다. 정부의 리더십이 매우 중요합니다.

 # 베터플레이스 CEO(Shai Agasi, CEO of Better Place)

『창업국가』를 읽고 당신을 만나야겠다는 생각을 했습니다. 많은 한국 청년들이 당신의 혁신적 도전에 열광하고 있습니다. 회사 이름이 축전지를 의미하는 Batter Place일 거라고 생각했는데 더 낫다는 의미의 Better Place더군요.

일전에 세계경제포럼에 참석했을 때 청년 글로벌 리더들에게 받은 질문이 "어떻게 하면 2020년까지 세상을 더 좋은 곳Better Place으로 만들 수 있을까?"였습니다. 다소 개방적인 그 질문이 우리들로 하여금 전기자동차를 위한 인프라를 구축하여 석유 의존도를 낮추고 나아가서 배출가스를 줄여서 세상을 더 좋은 곳으로 만들겠다는 목표를 가지게 만들었습니다.

그 의미는 이스라엘의 가스 배출량이 많다는 뜻입니까? 그래서 그런 아이디어도 낼 수 있던 건가요?

이스라엘에서는 석유가 나지 않습니다. 어떤 국가에는 석유가 필요량보다 많이 매립되어 있고, 또 어떤 나라에는 적게 있습니다. 세계 3대 강국인 미국, 중국, 러시아 중 2개국은 석유 수입국이고 나머지 하나는 수출국입니다. G20의 경우 대다수가 석유 수입국입니다.

오늘날 석유 고갈은 세계경제 성장에 큰 영향을 미치고 있습니다. 석유는 세계 GDP의 5퍼센트를 차지하고 있어요. 석유가 세계 GDP의 1퍼센트만 차지하던 과거를 생각해 보면 지금 이 5퍼센트라는 수치는 석유가 세계에 얼마나 큰 영향을 미치는지를 알 수 있게 해 줍니다. 직접적이든 간접적이든 석유의 감소는 세계경제 성장에 악영향을 미칩니다.

베터플레이스에 대해 좀 더 질문을 해 보겠습니다. 24살 때 어떻게 그런 큰 도전을 하게 되었는지 듣고 싶습니다. 언제, 왜 이 회사를 설립했습니까?

인생을 돌이켜볼 때 나는 항상 뭐든지 빨리 시작했던 것 같습니다. 대학을 18살에 졸업하고 다른 사람이 창업한 회사의 초기 멤버가 되었습니다. 그 후에는 아버지와 함께 4개의 회사를 창업했습니다. 대기업에서 일하시던 아버지를 끌어들였지요. 성공하기 전엔 실패를 겪어 봐야 한다는 흔한 격언처럼, 우리는 거의 파산 직전까지 가 보기도 했습니다. 하지만 18개월 후에 첫 번째 회사를 1억 1,000만 달러에 매각했고 3년 뒤에는 두 번째 회사를 4억 달러에 팔 수 있었습니다. 이렇게 실패와 성공 사이의 공백은 매우 짧습니다.

보편적인 사업 과정인 시도와 성공, 실패와 성장 그리고 회사 매각의 패턴을 거쳤지만, 마지막 회사 인수 건 이후로 잠시 그 패턴에서 벗어났습니다.

마지막 회사를 매각한 뒤 세계 최대 소프트웨어 회사 중 하나인 SAP에서 6년간 근무를 했습니다. 기업가적 성향을 가진 사람들은 주로 대기업에서 일하는 것을 좋아하지 않습니다. 그 안에서 성공하지도 못하고 내부 절차나 성향에도 적응하지 못합니다. 나는 전 세계 50여 개 연구소와 12,000명의 엔지니어 그리고 어마어마한 자금력을 가진 회사의 CEO가 되어 달라는 제안을 받았지만 거절했습니다. 포춘FORTUNE 100 대 회사의 CEO 자리를 포기한 것이죠. 대신 그 당시 아이디어만 있던 지금의 회사를 창업하게 되었습니다. 성공할지 못할지 확실하지 않았지만 세상에 도움이 되는 아이디어를 시도하겠다는 결정이 내 인생과 가족의 삶에 더 큰 의미가 될 것이라 생각했습니다.

베터플레이스의 비즈니스 모델은 어떤 것입니까?

비즈니스 모델은 단순한 편입니다. 가솔린 자동차를 전기 자동차로 교체하려면 편리하고 저렴해야 합니다. 가솔린 자동차를 전기 자동차로 바꾸고도 마음껏 달리지 못한다면 아무도 전기 자동차를 사려 하지 않을 겁니다. 전기 자동차 가격이 가솔린 자동차보다 비싸도 그렇겠죠.

전기 자동차의 가장 큰 문제점은 배터리의 지속성과 가격이었습니다. 그래서 내놓은 해결책이 바로 자동차와 배터리의 소유권을 각각 분리시키는 것이었습니다. 고객들은 배터리 값을 뺀 자동차 값만 지불하면 되는 것입니다. 우리는 배터리 소유권을 가지고 교체소를 확장시켜서 운전자들이 방전을 우려하지 않고 마음껏 운전을 할 수 있도록 만들었습니다. 배터리가 방전되면 교체소에 들러 배터리를 교체하기만 하면 됩니다. 교체소 확장 및 관리 그리고 배터리 관리가 우리 업무입니다. 우리가 받는 배터리 교체 비용은 주행 거리에 대한 일반 자동차의 기름값과 동일합니다. 마진은 갈수록 비싸지는 기름값과 갈수록 저렴해지는 배터리 충전 비용의 차이에서 나옵니다.

베터플레이스의 혁신은 충전 기술이 아니라 배터리를 바꾸는, 어찌 보면 의외로 간단한 아이디어어에서 나왔군요. 누구의 아이디어였나요?

다른 회사들과 마찬가지로 우리도 처음엔 충전 사업을 생각했습니다. 전국 곳곳에 충전소를 설치하여 전기차를 충전할 수 있도록 하는 방식 말입니다. 그런데 이런 사업은 결국 전기 공급회사나 충전 전문회사가 차지하고 말 것 같았습니다. 그러한 방식이 대중한테 어필할 것인지 자문해 보았고, 답은 '아니다'였습니다.

고속충전이라 해도 30분은 기다려야 합니다. 그 긴 시간을 비 오는 날 도로 한복판에서 기다려야 한다고 생각해 보십시오. 별로 매력적이지 않죠. 고객의 관점에서 30분은 짧은 시간이 아닙니다. 그래서 전력 공급의 한계를 우회하기로 결정했고, 거기서 나온 해답이 배터리 자체를 교체하는 것이었습니다. 이것이 2007년에는 그저 상상이었지만, 이제는 현실이 되었습니다. 그러한 일을 하는 배터리 교체소가 탄생했으니까요.

비즈니스에서 상상력은 정말 중요하다고 생각합니다. 베터플레이스의 경우 상상력을 확장시키기 위한 회사 철학이 있습니까?

우리는 스스로를 상상력을 가진 엔지니어라는 뜻에서 이매지니어

Imagineer라고 부릅니다. 가장 중요한 것은 무엇이든지 가능하다는 믿음입니다. 상상을 한 다음에는 엔지니어링 역량이 필요하죠. 상상을 현실화하는 실질적인 기술력 말입니다. 상상력을 통해 알고 있는 영역을 확장시킨 다음에는 현존하는 기술력을 이용해 실제로 그 넓어진 영역에 도달해야 한다는 뜻입니다. '상상만 하고 그것을 가능하게 해 줄 기술은 나중에 알아서 나오겠지.'라는 생각은 버려야 해요. 지금까지 한 번 충전으로 400킬로미터 주행이 가능하고 2분 이내에 충전이 가능한 배터리가 나올 때까지 기다리겠다는 사람들을 많이 봤습니다. 하지만 그런 기술이 가능할지는 현재의 기술적인 측면을 종합해 볼 때 아직 미지수입니다. 따라서 지금 사용 가능한 기술에 바탕을 두고 상상력을 펼치는 게 중요합니다.

베터플레이스는 혁신적인 회사입니다. 만약 직원들이 프로젝트에 실패하면 어떻게 하나요?

우리 회사뿐만 아니라 이스라엘 전반적인 특성입니다만, 실패는 불명예스러운 일이 아닙니다. 그만큼 모험을 하고 위험을 감수할 수 있다는 증거죠. 계속 같은 방식으로 실패를 반복하거나 실패를 숨기려고 들지 않는 이상은 말입니다. 실패를 통해 배우려는 의지가 있는 사람에겐 실패는 더 발전하기 위한 포석일 뿐입니다. 베터플레이스의 직원들은 목표를 높게 잡아서 가끔은 달성하지 못할 때도 있지만, 대체로 높은 성과를 거두는 편입니다. 우리는 산을 움직이는 사람들이지, 모래를 움직이는 사람들이 아닙니다. 비록 산을 움직이는 게 쉽지 않지만 말입니다.

이스라엘이 왜 벤처 왕국이 됐다고 생각합니까?

스스로에게 실패를 허용했기 때문이라고 생각합니다. 이스라엘에는 대기업이 없어서 젊은이들은 대기업 환경을 모릅니다. 따라서 그들이 갈 수 있는 안정적인 직장이라는 개념이 없습니다. 어차피 안정적인 직장을 구하지 못한다면 차라리 위험을 감수하고 최고의 보상을 받겠다는 식이죠. 그러한 리스크 테이킹에는 다양한 형태가 있지만, 어떤 경우이건 간에 "나는 시도했고 실패했지만 그 과정을 통해 배웠고 다시 시도할 거야."라는 자부심을 가질 수 있어요. 자기 자신에게 실패를 허용하면 '성공의 꽃' 역시 피울 수 있습니다.

경제 패러다임이 지식기반의 창조경제로 바뀌고 있습니다. 파이를 키우는 것도 중요하지만 지속적인 성장, 즉 일자리 창출 역시 중요합니다. 이런 환경에서 기업가의 역할은 무엇이라고 생각하나요?

패러다임은 시계추처럼 항상 왔다 갔다 합니다. 사회는 지식기반만으로는 제대로 돌아갈 수 없습니다. 제품 제조 없이 서비스만 제공할 수는 없습니다. 물질의 제조가 없는 사회에서 혁신은 보호받지 못해요. 미국 맨하탄의 최고 번화가 매디슨에비뉴는 원래 고수익 광고 서비스 회사들로 가득찬 거리였지만, 구글이 나타나자 모두 교체되었습니다. 고마진 저자본 사업모델에만 몰두하면 안 됩니다. 적절히 균형을 잡아야지요. 한국은 제조업과 서비스업이 균형잡힌 좋은 케이스입니다.

100퍼센트 전기 자동차의 구조에 대해 설명해 주시겠어요?

100퍼센트 전기 자동차는 강력한 모터를 가지고 있습니다. 2리터 엔진을 가진 가솔린 자동차와 동급이죠. 4개의 바퀴와 4개의 케빈, 5개의 좌석과 4.8미터의 차체를 가진 4륜구동 세단입니다. 이 블록 전체가 가솔린 자동차의 400개 부품을 대체합니다. 6개의 부품이 기어나 가솔린, 펌프 없이 다이렉트 드라이브가 가능하도록 만들어 줍니다.

여기에 쓰이는 부품들은 플라즈마 스크린에 사용되는 부품과 다를게 없습니다. 대량생산을 하면 비용이 확실히 줄어듭니다. TV나 냉장고, 에어컨이 갈수록 저렴해지고 더 강력해지듯이 이 전기 자동차도 마찬가지입니다.

전기 자동차가 많아질수록 정부에서 가솔린 자동차에 사용하던 기존 정책을 유지하기 어렵게 됩니다. 가스 배출이 없는 제로 에미션 차가 도입되는 순간 가솔린 자동차에게 부과하는 환경 정책은 강화되겠지요. 기존의 가솔린 자동차는 새로운 정책으로 인해 무공해 자동차의 수준에 맞춰야 하는데 그러려면 엄청난 비용을 부담해야 할 것입니다.

차를 보면 배터리가 교체 가능하다는 것을 알 수 있어요. 배터리에는 4개의 스크류가 있는데 로봇이 스크류를 해제하여 배터리를 분리시킴니다. 도쿄의 교체소에서 시도해 본 결과 59초가 걸렸습니다. 처음에는 5분 정도 걸렸는데, 주유소에서 주유할 때 걸리는 시간과 비슷했고 시간은 계속 단축되는 추세입니다. 로봇 성능을 계속 향상시키고 있으니까요.

그런 아이디어는 어디에서 얻은 건가요?

우리는 우리만의 디자인으로 시작을 했습니다. 지금 보시는 건 르노의 디자인입니다. 우리의 디자인은 전투기 하단의 미사일 장착 부분을 보고 영감을 받았습니다.

베터플레이스는 인터뷰 후 파산 신청을 하여 청산 단계에 들어갔지만, 그 당시 샤이 아가시 회장의 인터뷰는 싣기로 했다. 그는 페이팔 창업자의 한 명이었던 엘론 머스크가 창업한 테슬라에 100퍼센트 전기 자동차의 아이디어를 제공한 셈이다. 세계적인 소프트웨어 회사였던 독일 SAP 사의 2인자 자리를 마다하고 이스라엘에 돌아와 베터플레이스를 창업한 아가시의 모토는 '세상을 더 좋은 곳으로'라는 의미의 'Make the world as a better place'다. 앞으로 그가 어떤 모습으로 우리에게 다시 나타날지를 기대해 보자.

14 라드그룹 CEO(Zohar Zisapel, CEO of RAD Group)

지난 20년 동안 정보통신을 중심으로 사내 벤처를 다양하게 추진해 온 것이 매우 성공적이라고 들었습니다. 그중 8개 회사가 미국 나스닥에 상장되었고요. 회사가 회사를 만드는 상황인데, 향후 10년을 이끌 비즈니스 모델에 대해 회장님의 견해를 들려주십시오.

향후 10년 통신산업은 계속 성장할 것이라고 생각합니다. 최근에 대중화된 스마트폰, 태블릿 PC 등의 덕택입니다. 또한 세계의 전자기술 사용은 더 단일화될 것으로 예상됩니다. 아시아, 라틴아메리카, 아프리카 지역의 개발도상국에도 기술이 급속도로 확산될 것입니다.

RAD그룹 안에 얼마나 많은 업체가 있습니까? (13개입니다.) 정말 많은데요. 한국에는 삼성 같은 대기업이 많이 있습니다. 그런 점에서 이스라엘은 좀 다른데요. 외국의 전통적인 대기업 체제와 비교했을 때 당신의 기업은 어떤 점이 다릅니까?

한국 기업과 반대라고 보면 될 것 같습니다. 한국 기업은 매우 성공적이고, 대기업이면서도 창의력을 갖추었으며 세계 시장에서 좋은 성과를 거두고 있습니다. 하지만 모든 모델은 유리한 점과 불리한 점을 갖추고 있습니다. 한국 기업의 반대 형태를 생각해 보십시오.

우리는 기업 그룹을 만들고자 하지 않습니다. 제국은 우리의 목표가 아니에요. 지금 키우고 있는 창업 회사들은 독립적인 회사들로서 자회사가 아닙니다. 우리 회사들은 다른 회사의 계열사가 되고 싶어하지 않습니다. 우리는 그럴 수 있도록 도와줍니다.

우리는 다양한 분야에 걸쳐 회사를 설립합니다. 전부 잘 이해하고 익숙한 통신 분야에 속해 있지만, 그중에서도 정보저장기술, 비디오컨퍼런스기술, 무선기술 등의 분야를 다룹니다. 모든 회사들은 한 명 혹은 몇 명의 사람들로부터 시작되고 그들이 곧 창업자들입니다. 거의 대부분의 경우 우리가 고안해 낸 아이디어로 사업이 시작되지만, 가끔은 그들이 직접 아이디어를 우리한테 제시하기도 합니다.

초반에는 우리가 초기 자본금을 지원하고, 새 회사의 경영진을 지원하는 데에도 집중합니다. 그들과 실패 사례를 공유하여 똑같은 실수를 반복하지 않도록 교육합니다. 향후 성장함에 따라 더 많이 투자를 하는 데 외부 투자자들을 확보하여 사외 이사진을 꾸립니다. 궁극적으로 회사를 키워서 상장시키고 대기업으로 성장시키는 것이 목표입니다. 아직까진 그 목표를 달성하지 못했지만 여전히 노력 중입니다.

13개의 사내 기업 중 얼마나 많은 회사가 나스닥에 상장됐습니까?

나스닥에 총 8개의 회사를 상장시켰는데 지금까지 거래되고 있는 회사는 6개입니다. 나머지 2개 회사는 다른 회사에 인수되었습니다.

새로운 비즈니스 모델을 만들 때 그 아이디어를 그룹 안과 밖에서 찾을 수도 있습니다. 당신의 경험에 비춰 봤을 때 직원들이 어디에서 창의력을 찾는다고 생각합니까?

이스라엘 창업 회사의 직원들은 대부분 창의력이 풍부합니다. 회사가 작기 때문에 직원들끼리 서로 협조하기 편하고, 모든 직원들이 큰 조직의 부품이 아닌 작은 조직의 중요한 구성원으로써 일하기 때문입니다. 또한 회사가 작기 때문에 서로를 전부 알고 지냅니다.

주로 작은 회사에서 일하는 사람이 대기업에서 일하는 사람보다 창의적이기 마련입니다. 관료주의나 행정적 절차가 없고 의사결정이 신속하게 이루어지는 작은 조직의 강점이 회사가 창의성을 증진시킬 수 있도록 도와줍니다. 회사가 커질수록 사람들의 창의성을 유지시키기가 어려워집니다. 우리는 회사가 커지더라도 작은 회사의 문화를 유지시키려고 노력하지만 쉬운 일은 아닙니다. 회사가 커질수록 행정이나 소통에 관계된 이슈가 발생하고 이러한 문제들과 싸워야 직원들이 스스로의 존재감을 유지할 수 있습니다.

이 회사는 지난 10년 동안 융성해 온 인터넷과 같은 통신 기술에 집중하고 있는데요, 앞으로 10년을 이끌 기술은 무엇이라고 생각하십니까?

통신은 계속 성장할 것이기 때문에 우리는 통신 사업을 계속 유지하겠지만, 최근에는 의료장치에 관심을 가지고 있습니다. 의료 사업 분야에는 기회가 많이 존재합니다. 이제는 신규 의료사업 인큐베이팅(사업육성)을 진행하고자 합니다. 본래 우리는 러시아에서 이스라엘로 이민 온 사람들을 대상으로 인큐베이팅 사업을 했었습니다. 왜냐하면 그들은 공산주의 국가인 러시아에서 왔기 때문에 돈이 없는 대신 아이디어가 있었기 때문입니다. 그래서 그들의 창업을 돕고 필요한 교육을 해 주기 위해 인큐베이팅 사업을 시작했습니다. 이제는 그 사업을 헬스케어 분야에서 창업하려는 사람들을 육성하는 용도로 쓰고자 합니다.

의료 사업이 현재 인터넷 사업 규모의 2배로 알고 있습니다.

물론이죠. 아무래도 건강이 휴대폰보다 중요하지 않겠습니까?

벤처 캐피탈이나 다른 곳에서 지원을 받나요?

우리는 지원을 받지 않습니다. 과거에 키운 회사들을 통해 번 돈이 많아서 자금은 넘쳐나지요. 우리는 자금보다 아이디어에 목 마른 상태입니다.

당신 기업은 모기업인 동시에 벤처 캐피탈인 건가요?

벤처 캐피탈리스트보다는 기업체에 가깝지요. 우리는 직접 창업을 합니다. 다른 사람들이 아이디어를 제공할 때까지 기다리지 않아요. 우리 사업들 중 많은 부분이 직접 아이디어를 낸 것들입니다. 엔젤 투자도 가끔 하지만 능동적으로 움직이는 편입니다.

당신에게 후츠파란 무엇인가요?

후츠파는 무엇이든지 할 수 있다는 자신감입니다. 이스라엘은 창업 국가입니다. 모든 사람이 사업가적 성향을 가지고 있어요. 우리는 서로가 서로를 아는 문화를 가졌습니다. 유치원, 대학, 군대 등을 같이 다니다 보면 '저 친구가 할 수 있는데 나는 왜 못하느냐'라는 생각이 듭니다. 이스라엘 사람들은 용기가 있어요. 자신들이 모르는 분야에 뛰어들어도 잘 할 수 있다고 자신합니다. 하이테크도 하고 통신도 하는데 의학은 왜 못하겠느냐? 의사와 소통을 하면서 무엇이 어려운지 파악할 수 있다면 해결할 방법도 찾을 수 있다고 생각하는 겁니다.

15 이타마르 CEO (Giora Yaron, CEO of Itamar)

한국 정부에서 많은 지원을 하려고 노력하고 있습니다만, 여전히 제조업만큼 소프트웨어가 발전하지 못하고 있습니다.

나는 스마트폰과 같은 IT 하드웨어 산업에서 이익을 내기 위해서 소프트웨어가 중요하다고 강조하고 있는데요. 소프트웨어 산업을 장려하려면 교육 시스템을 바꿔야 한다고 생각합니다. 그래서 초등학교 학생들에게 코딩을 가르치기 시작했습니다. 이처럼 상황이 변화하면 지식을 가르치는 방식에도 혁신이 필요하지요.

요즘에는 바이오 벤처 산업이 주목을 받고 있습니다. 당신은 그런 바이오 벤처 산업을 이끌고 있습니다. 이타마르의 사업과 비전에 대해 설명 부탁드립니다.

우선 우리 회사를 시작으로 업계 전반에 대해 설명해 드리겠습니다.

이 회사를 설립하기 전에 한 친구가 나에게 접근했습니다. 그 친구는 심장 개폐 수술을 하는 동안에 대동맥이 막히면 손가락 산소 측정량이 바뀐다는 사실을 발견했습니다. 그 발견이 이 회사를 설립하게 된 계기가 되었지요. 우리가 개발하는 제품 중 하나는 수면 무호흡증 완화를 위한 것입니다. 현재 한국에서도 협력업체인 '킹고메딕스'를 통해 판매가 되고 있습니다.

우리가 파는 수면장치는 수면장애 중 80퍼센트를 차지하는 수면 무호흡증을 발견해 냅니다. 수면 무호흡증은 잠을 자는 동안 숨이 막혀서 아침에 일어날 때 어지럼증을 겪는 증상입니다. 수면 시 혈액 내 산소량이 낮아지기 때문에 심장질환으로 발전할 수도 있습니다. 최근까지는 이 증상을 확인하려면 수면 실험실에 방문해서 20여 개의 탐색장치를 착용하고 잠을 자야만 알아낼 수 있었습니다. 우리가 개발한 장치는 팔목과 손가락에 착용을 하고 버튼을 누른 후 수면을 취하면 플래시메모리에 정보가 전달되는 방식입니다. 아침에 일어나 정보를 클라우드에 올리면 전문가에게 전달되어 간밤의 수면을 해석하는 겁니다. 수면 연구실에 가서 이틀 동안 고생하는 대신 이 장치를 이용하면 자신의 침대에서 자면서 진료를 받을 수 있습니다.

또 하나는 엔도팍이라는 제품인데, 현재 한국 회사와 이 제품 수출을 협의하는 중입니다. 엔도팍은 심혈관 질환을 조기에 발견할 수 있도록 도와주는 장치입니다. 오늘날 심혈관 질환을 발견하는 방법에는 가족 내력을 확인하거나 콜레스테롤 수치를 보거나 흡연 여부를 확인하거나 하는 방식 등이 있습니다. 우리의 연구진은 엔도팍을 통해 미리 심혈관 질환 위험도가 높다는 사실을 알고 있는 경우와 심혈관에 문제가 없다고 알고 있다가 실제로 문제가 있음을 뒤늦게 아는 경우 사실을 몰랐던 쪽의 심장마비 확률이 실제로 3배나 올라간다는 사실을 발견했습니다. 따라서 심혈관 질환이 우려된다면 우리 제품으로 미리 테스트하는 게 바람직할 것입니다.

한국은 어떨지 모르겠지만 미국인 심장 건강에 대하여 4년간 인구조사를 한 통계를 보면 심혈관 계열 질병으로 응급실에 후송된 남성 50퍼센트와 여성 64퍼센트가 심장에 문제가 있다는 사실을 (사고가 발생한 당일인) 응급실에 후송된 날 처음 알았다고 합니다. 본인이 건강하다고 생각했지만 사실은 그렇지 않을 가능성이 있는 것입니다. 테스트를 통해 위험도가 높은지 미리 확인하고, 만약 그렇다면 그에 상응하는 조치를 받아야 됩니다. 이 기술은 테크니온공대에서 전수받은 것입니다.

우리 수면 장치는 손가락에서 굉장히 복잡한 시그널을 잡아 내는데 이 기술은 국방 과학기관인 라파엘에서 개발되었습니다. 이 기술은 레이더 탐지와 비슷한 기술을 사용하기 때문이죠. 최근 한국을 포함한 세계 많은 나라에 이 제품을 판매하고 있어요. 이스라엘은 국방, 하이테크, 의류 분야가 서로 연관되어 있습니다.

사실 산업 환경은 하나로 통합되어 있습니다. 조금 전에 프런트에서 일하던 우리 직원도 탈피오트라는 엘리트 부대에서 군생활을 했습니다. 시스템이 서로 연관되어 있기 때문에 산업 환경이 보다 더 발전할 수 있는 것입니다.

이스라엘의 군대는 정부예산의 9퍼센트를 사용하는데 군대에서 창출하는 수익은 GDP의 6~7퍼센트에 달한다는 점이 인상적입니다. 이 부분은 유용한 국가 전략으로 여겨집니다.

산업 간 유기적 관계 시스템이 없었더라면, 예를 들어 라파엘에서 전혀 다른 목적으로 개발한 기술을 이용하지 않았더라면, 손가락에서 나오는 중요한 건강 신호를 잡아 낼 수 없었을 겁니다. '기븐이미징'이라는 회사가 있습니다. 이 회사에서는 카메라콩을 개발했어요. 콩 모양의 카메라를 삼키면 그 장치가 소화기관의 사진을 찍어서 벨트에 정보를 전송합니다. 그리고 그 벨트에서 컴퓨터로 정보가 전달되지요. 이 작은 카메라 이름이 필캠Pill Cam인데, 여기에 사용된 기술 역시 국방과학기술 연구기관인 라파엘에서 개발된 것입니다. 미사일에 설치하는 카메라가 의료 용도로 활용된 경우입니다. 체크포인트에서 개발한 방화벽Fire Wall 은 본래 국방 용도로 개발되었으나 현재는 개인 정보 보호용으로 쓰이고 있죠. 이런 예는 아주 많습니다.

바이오 벤처 산업을 운영하는 당신의 철학은 무엇입니까?

미국에 이런 말이 있습니다. "아프지 않다는 것이 건강하다는 것을 의미하지는 않는다." 예를 들어 지금 내가 알지 못하는 사이에 심장마비가 진행되고 있을 수도 있습니다. 만약 지금 심장마비에 걸린다면 그제야 내가 병에 걸린 걸 알 수 있을 겁니다. 하지만 한참 전에 이미 질병에 걸린 상태였던 거죠.

예방은 결국 비용절감과 같습니다. 왜냐하면 병원에 간 다음에는 더 많은 돈을 지불해야만 병이 나을 수 있으니까요. 그래서 예방이 중요한 것입니다. 이것이 우리의 사업이며, 보험회사나 환자들에게 매력적인 사업일 것입니다. 우리 의료계가 앞으로 나아가야 할 방향은 예방입니다. 심장마비에 걸리면 수술을 해야 하는데, 일반인이 부담하긴 비싸죠. 이 문제를 극복하기 위한 유일한 방안이 예방입니다.

16 네타핌 CSO(Naty Barak, CSO of Netafim)

『창업국가』에는 네타핌에 대한 흥미로운 이야기가 나와 있습니다. 우선 네타핌이 무슨 뜻인지 설명해 주십시오.

'네타핌'은 물방울이라는 말의 문학적 표현입니다. 물방울은 보통 '디파'라고 하는데, 네타핌은 그걸 아름답게 표현한 말입니다. 또한 이스라엘 남쪽에는 '에임 네타핌'이라는 작은 샘물이 있는데 물방울의 샘이라는 뜻입니다. 왜냐하면 그 샘에서 아래쪽으로 물방울이 서서히 떨어지기 때문입니다.

네타핌의 세류 관개 기술(Drip Irrigation) 솔루션을 찾은 것은 누구입니까?

첫 물방울 방식(이하 드립 방식)은 씽카 버르스가 발명했습니다. 그는 어느 날 친구를 방문했는데 거기서 많은 나무들을 보았습니다. 그런데 많은 나무 중에서 하나가 유난히 크다는 사실을 발견합니다. 왜 그런지 궁금해서 확인해 보니 물 파이프에 문제가 있어서 조금씩 새고 있었던 겁니다. 땅은 말라 있었지만 파이프 구멍 주위에는 약간의 물기가 있었습니다. 그걸 본 버르스는 그 주변을 파기 시작했는데, 양파 모양의 물 자국이 팔수록 점점 커지는 사실을 발견했습니다. 그는 지하에서 수분이 더 넓게 퍼져서 주위 나무들이 더 크게 성장한다는 사실을 발견했습니다. 그래서 그 기술을 보다 상세히 연구하였고 드립 방식을 발명하게 됩니다.

네타핌의 기술은 그 어떤 관개 기술과도 다르다는 특징이 있습니다.

네타핌 관개 방식의 핵심인 드립플(파이프에 뚫린 구멍 내부에 설치된 정교한 조절 장치)은 정교한 구조입니다. 단순히 파이프에 구멍을 뚫은 게 아닙니다. 많은 수학적 연산 규칙을 사용하고 있습니다. 압축 보상 방식이라 밸브에서의 거리나 압력에 상관없이 균등한 양의 물을 관개합니다. 이게 왜 중요하냐 하면, 이런 구조가 관개에만 중요하게 작용하는 게 아니라 물과 섞는 비료와 양분과도 연관되기 때문입니다. 드립플에는 막힘 현상을 방지기 위한 청소 시스템과 외부 물질 흡입 방지 시스템이 있습니다. 이렇듯 드립플은 정교하고 지능적인 장치입니다.

네타핌의 기술이 왜 효과적인지 조금 더 자세히 설명해 주세요.

불행히도 세계 대부분의 지역에서는 담수 관개 방식을 사용합니다. 80퍼센트, 정확히 말하면 79퍼센트가 그런 방식을 채택하고 있습니다. 그 방식은 토지에도 좋지 않고 물도 많이 낭비합니다. 드립 관개 방식은 물의 95퍼센트가 곧바로 식물의 뿌리에 직접 공급되는 효율적인 시스템입니다.

온도나 습도뿐 아니라 식물의 나이에 따라서도 물을 조절할 수 있다고 하던데요.

물론입니다. 모든 요소가 반영되어 있습니다. 이걸 우리는 협동 관리 기술이라고 합니다. 오늘날 관개는 단지 급수만을 하는 것이 아닙니다. 식물에 필요한 모든 영양분이 물에 포함되어 있으며, 바람, 온도, 자외선, 습도, 토양 그리고 식물의 나이 등의 요소가 반영되어 있습니다. 예를 들어 와인용 포도를 키운다면 가끔 물 공급을 중단하여 나무에 인위적으로 스트레스를 가해야 하는데 드립 관개 방식은 이 모든 것을 가능하게 합니다.

드립퍼(관개 호스의 각 구멍을 감싸고 있는 장치)는 세 부분으로 되어 있습니다. 바닥과 멤브레인(반투막), 뚜껑입니다.

멤브레인의 역할은 무엇입니까?

압력을 조절합니다. 압력이나 위치의 고저에 상관없이 물은 언제나 일정하게 나옵니다.

이 필터 안에 있는 멤브레인이 관에 흐르는 압력을 일정하게 유지시키는 비밀입니다. 이 멤브레인 하나로 평범한 협동농장이던 하체림이라는 키부츠는 전 세계를 제패한 네타핌이라는 회사로 진화하게 된 것입니다. 이곳 외에도 이스라엘 모든 키부츠가 새로운 도전을 통해서 단순한 농작물 생산 커뮤니티에서 하이테크를 기반으로 하는 새로운 인더스트리얼 키부츠로 탈바꿈하는 모습으로 볼 수 있습니다.

17 에보젠 CSO(Efrat Barak Zadok, CSO of Evogen)

회사 소개를 부탁드립니다.

에보젠은 식물유전체학Plant Genomics의 선도업체입니다. 식물유전체학은 식물의 유전자를 이해하여 결과적으로 식물의 특성을 조절하려는 학문입니다. 예를 들어 지구 온난화로 인해 가뭄이 잦아지는 요새는 가뭄에 견디는 속성을 개선시키는 겁니다. 그런 옥수수를 생산하고자 한다면, 그 작물의 뿌리 구조에 어떤 영향을 가하는 겁니다. 우리는 식물의 기능 면에서 중요한 다양한 유전자들을 발견했습니다. 그런 연구 결과를 작물의 뿌리 구조 개선에 활용하는 것입니다. 따라서 식물의 주요 특성에 영향을 미치는 핵심 유전자Key Gene를 발견하는 것이 관건입니다.

물론입니다. 지난 몇십 년 동안 식물유전체학이 농업 분야에 영향을 미친 것이 사실입니다. 가장 눈에 띄는 변화는 작물의 생산성 향상입니다. 이는 인구 증가에 발맞춰 식량을 더 수월하게 조달할 수 있음을 의미합니다. 이런 개선은 식물의 DNA를 연구하였기에 가능했던 일입니다.

에보젠은 이스라엘에서 가장 중요한 역량들을 결합시켰습니다. 컴퓨터공학, 생물학 그리고 유전학입니다. 이스라엘은 이 세 가지 분야에 뛰어납니다. 우리는 복잡한 컴퓨터 알고리즘Algorithm을 통해 무수한 게놈 데이터를 분석해 식물의 속성 개선에 핵심적인 역할을 하는 유전자를 찾아냈습니다. 이런 학문 분야 간의 결합을 통해 에보젠만의 독자적인 기술을 축적할 수 있었습니다.

컴퓨터 알고리즘과 유전자는 서로 다른 기술 분야인데 융합하는 것이 쉽지는 않았을 것 같아요.

생물학자들을 컴퓨터공학자들과 함께 일하도록 하는 것은 힘든 과제였습니다. 이들은 본질적으로 다르기 때문입니다. 그러나 바로 그 다름이 성공의 관건이었다고 봅니다.

우리는 팀을 구성해 첫날부터 공동 작업을 시작했습니다. 컴퓨터 전문가는 생물학자의 설명을 경청하고 그들의 문제를 이해한 뒤 컴퓨터를 활용한 해결책을 제시했습니다. 생물학자가 쉽게 작업할 수 있는 수단을 개발해 준 것입니다. 30~40년 전만 해도 프레젠테이션을 하면 그래픽 전문가가 따로 필요했습니다. 그러나 파워포인트가 등장하면서 누구나 혼자서 발표할 수 있게 되었습니다. 그와 비슷하게 손쉽게 활용하고 이해할 수 있는 수단을 생물학자에게 개발해 준 것입니다.

회사는 언제 설립되었습니까? 지금 수익을 내고 있습니까?

우리 회사는 지난 2002년에 설립됐습니다. 창립 이후 식물유전체학 분야의 전문성 축적을 위해 매진해 왔습니다. 그리고 지난 몇년간 우리는 거대 종묘업체들Seed Companies과 대규모 공동 작업을 해 왔습니다. 이 같은 비즈니스 모델은 우리가 직접 종묘업체를 찾아가 우리의 기술이 작물에 미치는 효과를 보여 줌으로써 실현되었습니다.

몬샌토, 듀퐁, 베이어크롭사이언스, 젠다 등의 세계 굴지의 종묘회사들이 우리의 기술을 도입했습니다. 또 그들은 지난 몇년간 우리 연구 활동에 많은 자본을 지원해 주었습니다. 연구 시설에만 그동안 1억 달러가 넘는 돈이 투자됐습니다. 종묘회사들이 우리가 하는 연구의 가치를 인정했기 때문에 거액을 지원한 것입니다. 머지않아 우리 기술로 생산한 획기적인 상품에 대한 로열티 수익을 기대하고 있습니다. 그러나 아직은 장기적인 개발 단계입니다. 에보젠의 기술로 탄생한 상품을 보기까지 아직 몇 년의 시간이 더 필요합니다. 그 이후 우리가 기대할 수 있는 수익은 상당할 것입니다.

그렇습니다. 우리는 혁신을 창조한다고 할 수 있습니다. 이 같은 혁신은 우리가 발견한 유전자에 기반을 둔 것으로, 그 유전자의 탁월한 기능에 대해 특허권을 획득하고 그것을 보호합니다. 그 기술로 종묘회사와 라이센스 계약을 맺습니다. 종묘회사는 여러 방면으로 이 기술을 활용하여 시장을 선도하게 됩니다. 그것이 바로 혁신입니다. 식물유전체학 분야에서 이러한 혁신을 지속할 수만 있다면, 우리 기술을 탐내는 대기업은 계속 이어질 것입니다.

유전자 정보는 규모가 방대합니다. 그래서 IT와 연계하는 것입니까?

우리는 방대한 유전자 정보를 처리하기 위해 더 나은 정보 처리 기술을 지속적으로 추구하고 있습니다. 유전자 정보는 기하급수적으로 증가하고 있습니다. 현재 우리 데이터베이스는 워싱턴 국회도서관 규모의 2배에 달하는 데이터를 저장하고 있습니다. 정보가 많을수록 우리에겐 도움이 됩니다. 그 유전자 정보를 분석하는 것이 바로 우리만의 기술력이기 때문이죠. 더 많고 값싼 데이터는 인류에게 유익하다고 봅니다. 그만큼 식물에 대한 이해의 폭을 넓힐 수가 있기 때문입니다.

작물에 대해 우리가 어느 정도 파악하고 있는지를 밀로 예를 들어 설명해 드리겠습니다. 밀은 전 세계적으로 경작 면적당 재배량이 가장 많은 작물입니다. 몇 년 전까지만 해도 밀 유전자에 대한 이해의 폭은 일천했습니다. 복잡한 구조의 밀 게놈에 대한 데이터는 충분치 않았습니다. 우리는 밀에 대한 연구를 베이어크랍사이언스(거대 종묘회사)와 함께 진행했습니다. 지난 1, 2년 동안 데이터를 도출하고 분석함으로써 밀 유전자의 이해는 물론 수확량 향상에도 영향을 미쳤습니다.

이 회사를 설립할 때, 어떤 부분이 가장 힘들었습니까?

에보젠은 컴퓨젠이라는 회사에서 파생되었습니다. 컴퓨젠은 인간게놈을 처음 발견한 1990년대에 설립되었습니다. 컴퓨젠은 치료제 개발 목적의 인간 게놈 분석을 위한 컴퓨터 기술을 개발하는 회사입니다. 당시 그 기술을 식물 연구에 활용하고자 했던 연구원들이 몇 명 있었습니다. 이후 컴퓨젠에서 분리된 에보젠을 따로 설립했습니다. 2000년대 초반, 식물의 데이터량이 급증하면서 가능했던 창업입니다.

물론 당시에는 지금과 같은 방대한 양의 데이터는 상상도 못했습니다. 그러나 당시의 추세가 이 분야의 가능성을 확신케 해 주었습니다. 그때도 인구나 단백질 소비의 증가가 큰 관심사였습니다. 실제로 지금도 식량이나 바이오 연료 등의 기사는 매일 신문에 빠지지 않고 보도되고 있죠. 에보젠 설립자들은 이런 문제를 일찌감치 알아챘습니다. 즉 농작물 수확량 개선의 필요성을 절감했던 것입니다.

유전자 조작, 즉 GMO 논란이 계속되고 있습니다. 이를 극복할 대안은 있습니까?

유전자 변형 농산물GMO: Genetically Modified Organisms에 대한 논란은 계속될 것입니다. 지난 20년 동안 이에 대한 논란은 꾸준히 있어 왔습니다. 문제는 미국, 브라질, 아르헨티나, 인도 등지에서 이미 GMO가 15년 이상 활용되어 왔다는 것입니다. 현재 GMO가 인체에 유해하다는 증거는 존재하지 않습니다. 오히려 기여한 바가 크죠. 옥수수의 경우 해충 구제를 위한 다량의 화학약품이 필요하지 않게 되었습니다. 따라서 경제적, 환경적 차원에서 매우 긍정적인 기여를 했다고 봅니다.

물론 유럽 등지에서는 GMO에 대해 우려하는 시각이 여전히 있습니다. 그러나 여러 국가들이 GMO 기술을 사용하고 있는 것도 사실입니다. 언제까지 혁신 기술 도입을 피할 수만은 없습니다. 기술 발전에 보조를 맞춰 앞으로 나아가야만 합니다. 인구는 점차 증가하고 있고 그만큼 더 많은 단백질을 소비할 것이기 때문입니다. 이 문제를 해결하는 유일한 방법은 환경에 피해가 가지 않도록 신중을 기하며 선진 기술을 도입하는 것이라고 생각합니다.

에보젠은 인공 유전자도 다룹니까?

에보젠은 인공 유전자Artificial Gene와는 무관합니다. GMO에 대한 우려와 맥락을 같이하는 것이지만, 식물의 유전자를 발견하는 것이 우리 일입니다. 에보젠Evogen이라는 명칭 자체가 Evolution Genomics(유전자 진화)에서 따온 것입니다. 우리는 결코 자연스러운 것을 변형시키지 않습니다. 다만 유전자의 진화를 앞당길 뿐입니다.

그동안 식물 유전자는 다양하게 진화해 왔습니다. 밀은 가뭄에 잘 견디는 유전자를 가지고 있습니다. 만약 옥수수에 그 유전자를 주입하여 가뭄에 약한 속성을 개선시킬 수 있다면 어떻게 해야 할까요? 우리는 인공적인 유전자를 사용하지 않습니다. 우리는 다만 다양한 식물의 유전자를 활용해 작물의 속성을 개선시킬 뿐입니다. 우리가 사용하는 것은 모두 자연이 준 식물의 유전자들입니다.

18 구글 이스라엘 CEO(Meir Brand, CEO of Google Israel)

구글 이스라엘 지사는 언제, 왜 설립되었습니까? 구글은 미국 및 여러 국가에 지사를 운영하고 있는데 왜 이스라엘이라는 750만 인구의 작은 나라에 지사를 두었을까요?

이스라엘 지사는 2005년에 설립되었습니다. 지사 설립에는 두 가지 이유가 있습니다. 첫째, 이스라엘은 혁신성이 높은 나라이기 때문입니다. 이스라엘의 경제는 자원이 부족하기에 혁신에 기초합니다. 이스라엘에는 금이나 석유, 물 등 다른 나라에서 경제 활동에 활용하는 자원이 없습니다. 모든 경제 활동이 인재를 통해서만 이루어집니다. 인재들은 창의적이고 혁신적인 사고를 해야만 하며, 그것이 이스라엘을 돋보일 수 있게 만들었습니다. 구글은 세계의 정보를 체계화하려는 목표를 달성하기 위해 세계의 유능한 인재들을 찾아야 한다고 마음먹었습니다. 이스라엘이 바로 그러한 인재들이 모여 있는 나라였고요. 기업가적 성향과 틀에서 벗어난 사고를 하는 성향을 가진 나라이기 때문입니다.

두 번째, 이스라엘은 750만 인구와 GDP 200억 달러의 작은 나라이지만 수출 위주의 경제 구조를 가지고 있습니다. 이스라엘 GDP의 50퍼센트는 수출에서 발생합니다. 우리의 수출 상품은 지식과 혁신에 바탕을 둔 첨단기술입니다. 이 수출품은 인터넷과 호환이 잘 됩니다. 인터넷은 이스라엘의 혁신 상품을 세상에 퍼트리기에 완벽한 채널입니다. 이스라엘의 사업 잠재력은 내수시장에서 나타나는 모습보다 훨씬 흥미롭고 거대합니다.

구글 혁신의 주인공은 요엘 마르크라는 여성이라고 하더군요. 그녀의 혁신에 대해 이야기해 주시겠습니까?

이스라엘의 R&D는 세계를 위한 혁신을 목표로 합니다. 구글에서 쓰는 많은 기능들은 알고 보면 이스라엘에서 나온 경우가 많습니다. 좋은 예가 요엘 마르크가 제안한 추천 검색어 기능입니다. 세계 모든 곳에서 이 기능을 사용합니다. 이렇게 국가 경쟁력의 핵심이 되는 검색엔진 기술에도 이스라엘에서 개발된 혁신 기술들이 많이 사용되었습니다. 구글이 15년 전 설립되었을 당시에는 미국에서 야후 등 여러 검색엔진들이 경쟁을 하고 있었지요.

이스라엘에서 개발한 추천 검색어 기능은 사업을 확장하는 데 긍정적인 역할을 했겠군요.

물론입니다. 검색엔진의 발전에는 끝이 없습니다. 그 당시 검색엔진을 두고 사람들은 더 이상 발전할 여지가 없다고 생각했지만 구글이 나와서 판을 바꿔 버렸습니다. 사실 그 판도는 오늘날에도 계속 바뀌고 있습니다. 검색엔진이 완성되려면 아직 멀었습니다. 구글 회장 래리 페이지가 생각하는 완벽한 검색엔진은 사용자가 문제에 대해 생각하는 즉시 그에 대한 정답이 첫 번째 검색 결과에 뜨는 상태입니다. 아직 그 단계까지는 멀었습니다. 추천 검색어 기능이나 다른 많은 기능들이 선행되어야 최종 목표를 달성할 수 있을 것입니다.

구글의 추천 검색어 기능이나 인텔 멀티 코어 프로세서도 이스라엘에서 발명됐지요. 다국적 기업이 미국에 리서치 센터를 두고도 이스라엘 같은 다소 위험한 나라에 연구 시설을 또 설치하는 이유는 무엇일까요?

구글뿐만 아니라 많은 다국적 회사들이 이스라엘을 혁신하기에 좋은 국가라고 평가합니다. IBM, 야후, 마이크로소프트, 인텔 모두 이곳에 있습니다. 인구수에 비하면 큰 규모입니다. 다국적 기업이 이스라엘을 선택하는 이유는 이스라엘인들의 기업가적 성향과 높은 교육 수준 그리고 틀에 벗어난 사고 방식을 하는 인재들 때문입니다. 중요한 질문은 "어떻게 그것이 가능한가?"입니다. 그 이유는 다음과 같습니다.

첫째, 오래된 역사와 전통을 가진 민족이라는 점이 중요합니다. 성경에 써 있기를 유대인들은 책의 민족이라고 합니다. 교육에 문화의 뿌리를 두고 있습니다. 이스라엘은 오랜 역사 내내 교육과 학습에 중점을 맞추었습니다. 이스라엘의 개국 역시 창업 프로젝트와 비슷했습니다. 세계 각지의 유대인들이 국가를 세우겠다는 일념으로 이곳에 모였고, 커다란 위험을 감수하고 건국에 성공했습니다. 이는 오늘날 볼 수 있는 우리의 사업가적 문화와 일맥상통합니다.

둘째, '넘침 효과'라고 부르는 현상이 있습니다. 이는 이스라엘 군대에서 찾아볼 수 있는 것입니다. 넘침 효과란 군 생활을 하면서 정교한 기술에 노출된 사람이 전역 후 사회로 복귀했을 때 그들이 군에서 배운 기술을 민간에서 사용하는 것을 말합니다. 그 예 중 하나가 체크포인트의 창업자 길 스웨이드입니다. 군 시절 스웨이드는 이스라엘 군 최초로 방화벽을 개발하였습니다. 그가 제대했을 때는 민간에 인터넷이 처음으로 공개된 시점이었습니다. 길은 인터넷에도 역시 방화벽이 필요하다는 결론을 내렸고, 우리는 그것을 넘침 효과라고 일컫게 되었습니다.

셋째, 말콤 글래드웰이 쓴 『아웃라이어』라는 책에서는 특정 기술에 장기간 노출된 사람은 해당 기술에 상당히 능숙해진다고 합니다. 이스라엘 국민들은 젊은 시절 군에 입대하여 장기간 리더십, 최첨단 기술 그리고 기술을 다루는 일에 노출됩니다. 그래서 그들이 전역할 시점이 되면 기술력이 뛰어나고 경험이 풍부한 인재로 거듭나는 것입니다.

이스라엘은 상대가 누구든 솔직하고 직설적으로 얘기하기로 유명합니다. 이 문화의 이점은 어떤 것입니까?

유대인은 매우 직설적입니다. 그래서 우리 문화에 익숙하지 않은 사람들은 유대인이 무례하다고 생각합니다. 하지만 우리는 솔직한 피드백을 전달하려는 의도로 말하는 것입니다. 이스라엘에서는 솔직한 피드백을 전달하는 게 흔한 광경이지요.

비서가 CEO에게 "당신의 방법은 틀렸다."라며 왜 틀렸는지 얘기해 주고 다시 한 번 생각해 보라고 말하는 것도 충분히 용납됩니다. 우리는 이를 잘못된 문화가 아니라 좋은 문화라고 생각합니다. 올바른 일을 하도록 자극을 주는 것입니다. 누구든지 그러한 자극을 줄 수 있는 거고요.

19 ENOS컨설팅 대표(Joe Howard)

유대인의 특출난 창조성 뒤에는 **훌륭한 교육뿐만** 아니라 그간 외부에 별로 알려져 있지 않았던 국민성, 후츠파 정신이 있지요. 당신은 후츠파 정신에 기초한 이스라엘의 창조성을 중심으로 한 소규모 MBA 과정을 준비하고 있다고 들었습니다.

후츠파 MBA는 유대인의 후츠파 정신을 MBA 과정에 적용한 첫 번째 사례입니다. 이 MBA 프로그램의 목적은 비즈니스 분야뿐만이 아니라 정부, 군대와 공공기관과 같은 조직과도 관련되어 있습니다.

일반적으로 유대인들은 영리하다거나 탈무드와 같은 교육을 통한 양육 체계가 잘 만들어져 있다고 여겨집니다. 또 수천 년 동안 이어져 온 유대교가 영향을 주었다고도 말하는 이도 있죠. 이런 이유로 유대인이 노벨상을 휩쓸고 천재적인 과학자를 압도적으로 많이 배출해 냈다고 여겨져 왔습니다.

이 세 가지가 어느 정도는 유대인의 창의적 성향에 기여한 바가 있다고 할 수 있겠지만 충분조건이라고 말할 수는 없습니다. 미국에는 이스라엘보다 몇십 배나 더 많은 대학과 연구비 그리고 교육을 잘 받은 사람들이 만들어 낸 성공한 기업이 많지 않습니까?

그동안 외부에 알리지 않았던 후츠파 정신을 빼놓고는 유대인의 도전적이고 혁신적인 창조 정신을 말할 수는 없습니다. '뻔뻔스러움'이라는 부정적인 면이 부각된 후츠파 정신이 외부에 더 많이 알려져 있지만, 사실 후츠파 정신이야말로 창조 정신의 출발점입니다. 혁신적이면서도 다소 엉뚱해 보이는 도전과 지칠 줄 모르는 토론을 가능케 하는 후츠파 정신이 유대인들의 저변에 흐르고 있고, 21세기를 선도하게 만드는 것입니다.

후츠파는 한마디로 표현하기 어려운 여러 가지 의미들을 담고 있는 듯합니다. 얼마나 다양한 요소들이 있을까요?

모든 사람들이 후츠파에 대해 잘못 생각하고 있습니다. 사람들은 후츠파가 무례한 것이라고 생각합니다. 왜냐하면 대부분 후츠파라는 것을 코미디언처럼 설명하기 때문입니다. 코미디언은 언제나 농담을 합니다. 특히 사람들의 나쁜 점들을 놀리면서 웃기는 거죠. 만약 코미디언이 후츠파에 대해 설명을 한다면 후츠파의 나쁜 점들에 대해 말할 겁니다. 이러한 설명은 제한적입니다.

후츠파에 대한 진정한 정의는 '한계를 거부하는 것'입니다. 여기에는 일곱 가지 요소가 있습니다. 이건 누가 만든 것이 아니라 타고나는 것입니다. 첫 번째는 '형식의 파괴' 즉 인포멀리티Informality입니다. 이스라엘에는 사회적 규칙이 하나 있습니다. 모든 사람이 동등하다는 겁니다. 수상에서부터 평범한 사람까지 모두 똑같습니다. 이는 당신이 생각하는 것을 무엇이든지 말할 수 있고 나눌 수 있다는 뜻입니다. 사장이라고 해서 신입사원을 무시할 수 없습니다. 좋은 생각이 있다면 "오, 좋은 생각인데 고마워."라고 말하면 되는 것입니다. 인포멀리티는 사람들이 아이디어를 내는 데 중요한 요소입니다. 사회적으로 억압당하면 창의적인 생각이 나오지 않습니다.

두 번째는 '권위에 대한 질문'입니다. 권위에 대한 질문은 당신 상사에게 "잘못됐어요."라고 말하는 게 아닙니다. 추정이나 가정을 바탕으로 질문하는 겁니다. 우리는 제한된 믿음을 가지고 일을 합니다. 이스라엘 사람이 후츠파를 가지고 깨부순 한계는 무한정입니다. 이스라엘 사람이 권위에 질문을 할 때는 어떤 가정Assumption에 대해 질문하고 있는 것입니다. 유대인들은 어찌 보면 믿음에 대한 체계, 중요하다고 생각하는 원리, 진실이 아닐지도 모르는 것들에 질문을 던지고, 이는 매우 이스라엘적인 방법입니다.

매시업(Mash-up: 상상력과 섞임)에 대해서는 어떻게 설명하시겠습니까?

매쉬업은 후츠파의 매력적인 부분입니다. 과정 없이 무조건적으로 받아들이기를 거절하는 것을 뜻합니다. 과정이야말로 중요한 규칙입니다. 매시업은 서로 다른 배경과 원리들을 합치는 겁니다. 단순한 원칙론자에게 매시업은 어렵습니다. 우리는 "각각 다른 규칙이 있기 때문에 이 모델과 저 모델을 서로 합칠 수 없어."라고 생각합니다. 하지만 인포멀한 태도로 권위에 스스럼없이 질문을 하고 서로 다른 것끼리 자연스럽게 섞이도록 매시업해야 이종교배를 통해 종의 진화가 일어나듯이 여러 분야에서 서로 영향을 받아 발전할 수 있는 것입니다.

이스라엘식 매시업의 차이점은 그 안에 다양한 분야가 이미 섞여 있다는 사실입니다. 이스라엘인의 가족은 서로 다른 나라에서 왔고 학문적으로도 다른 배경을 갖고 있습니다. 이것이 큰 힘을 발휘합니다. 문제를 해결하기 위한 10명의 엔지니어가 있다면, 한 명의 엔지니어에게 열 가지의 질문을 합니다. 가능한 한 많은 질문을 하고 많은 생각을 꺼내는 겁니다.

후츠파의 또 다른 요소는 에너지입니다. "우리의 미션은 무엇인가?", "우리가 이뤄야 할 것은 무엇인가?" 이것이 매시업할 목표입니다. 당신이 인포멀하다면 여러 곳에서 아이디어를 얻을 수 있습니다. 어떤 경우에는 그 과정이 재미있을지 모르지만 때로는 아무것도 이루지 못할 수도 있습니다. 이때 목표가 필요합니다. 우리가 해야 할 것은 무엇인가? 이뤄야 할 것은 무엇인가? 이스라엘인은 궤도에서 벗어나려고 하면 "시끄러워, 네가 해야 할 미션으로 다시 돌아와."라고 말합니다. 목표물을 사냥하기 위해 미션을 갖고 있어야 합니다. 이것이 모든 창의적인 생각과 다른 것들을 매시업하는 데 도움이 됩니다.

목표에 완벽하게 집중하고, 매쉬업을 통해 다양한 실험을 하고, 권위에 질문을 던지려면 실수를 받아들여야 합니다. 실수는 과정의 일부이기 때문입니다. 사람들은 자신의 사회적 체면을 잃는 것을 두려워합니다. 대중 앞에서 실수를 하면 보통 사람들은 도망가려 합니다. 이건 굉장히 나쁜 방법입니다. 인포멀한 문화에서는 상사가 뭘 원하든, 아니면 당신이 원하는 것을 상사가 원하지 않든 다 상관없습니다. 실패를 마주하는 가장 쉬운 방법은 "그래, 내가 하나 배웠다."라고 생각하는 겁니다. 사회적 생활에서 실패할 수도 있고 학업에서 실패할 수도 있습니다. 이스라엘 사람들은 어떤 것도 창피해하지 않습니다. 다만 실패는 배우는 기회라고 생각합니다.

이스라엘 사업가들 사이에 가장 보편적인 대화는 "비즈니스를 어떻게 해야 합니까"가 아니라 "제가 뭘 잘못했나요?"라고 묻는 겁니다. 우리는 "이것 봐, 나 망쳤어."라고 말하고, 그 실수에서 무언가를 배우고 다음 단계로 나가는 일을 쉽게 합니다. 실수를 받아들이고 교훈을 얻는 것은 혁신을 이루고 앞으로 나아가는 데 결정적인 요소입니다. 실수를 받아들이지 않는다면 모든 것은 그 지점에서 멈추고 맙니다. 그런 점에서 실패의 용인은 중요한 이스라엘적 요소입니다.

여기 아이스크림이 있습니다. 만약 아이에게 아이스크림을 주고 "먹으면 안 돼."라고 말하면 어떻게 될까요? 아이들은 아이스크림을 먹어야 할 몇 가지 이유를 생각해 말할 것입니다. 그래도 안 된다고 하면 결정권자인 엄마에게 물어봅니다. 아이들은 원하는 게 있으면 절대 멈추지 않습니다. 이스라엘 사람들은 어른이 되지 않는다고 얘기하는데요. 아이 같은 순수함이 있기 때문입니다. 이 순수성이 바로 필요성입니다. 거절당해도 절대 놓지 않는 겁니다. 이스라엘 사람들은 누군가가 "안 돼."라고 말하면 또 다른 방법을 찾습니다. 아이처럼 아이스크림을 얻을 다른 방법을 찾는 것입니다. 이것을 필요성Necessity라고 합니다.

마지막으로 후츠파는 충동적이고 즉흥적인 면을 가졌습니다. 충동적이고 즉흥적인 사람은 자주 문제에 봉착합니다. 벤처를 경영할 때도 문제가 생길 수 있습니다. 이 문제를 풀려면 위험(리스크)에 대해 제대로 생각해야 합니다. 위험, 리스크가 정말 무엇인지 말입니다. 이스라엘이라는 나라는 애초에 리스크를 안고 건국되었고 항상 위험한 상황에 놓여 있습니다.

그래서인지 이스라엘인은 정신적인 리스크에 크게 불안해하지 않습니다. 이스라엘인은 리스크의 강도를 이해합니다. 경미한 수준의 리스크는 문제라고 생각하지 않습니다. 경우에 따라서는 재앙 수준의 리스크가 생길지도 모르지만 이스라엘인은 본능적으로 생각합니다. 재앙이나 잘 일어나지 않는 일에 대해서는 상관하지 않습니다. 어떻게 손 쓸 방법이 없기 때문입니다. 재앙이 아니거나 일어날 법한 수준의 리스크도 문제로 여기지 않습니다. 그건 해결해 버리면 금방 사리지기 때문입니다.

리스크는 인간에게 감정적으로 큰 충격을 줍니다. 유럽이나 미국 기업가들은 리스크에 알레르기 반응을 보입니다. 리스크에 부딪치면 도망가기 바쁩니다. 잘 일어나지는 않지만 작은 문제인데도 그들은 재앙으로 여깁니다. 그래서 여러 아이디어들을 "안 돼!"하고 없애 버립니다. 모든 아이디어는 리스크를 안고 있습니다. 우리 삶의 모든 가능성에는 리스크가 있기 마련입니다.

큰 조직에서 사람들은 그들의 위치를 불안해하고 명성을 잃을까 봐 걱정합니다. 그런 사람들은 리스크를 감수하지 않습니다. 그 리스크가 그들이 갖고 있는 능력보다 더 크다고 생각합니다. 하지만 이스라엘 사람들은 그렇게 생각하지 않습니다. 이스라엘 사람들은 "위험? 문제 없어. 해결하면 돼."라고 생각합니다.

현재 경제 체제는 지식기반의 창조경제로 바뀌고 있습니다. 새로운 비즈니스 모델에 도전하는 한국 젊은이들을 위해 해 주고 싶은 말씀이 있습니까?

사회, 경제를 더 나은 것으로 바꾸려면 회사나 상사, 부모님을 믿지 말고 자신의 판단을 믿으십시오. 자기 자신을 믿어야 합니다. 거기에서부터 동기가 나옵니다. 스스로를 믿지 못하면 리스크에 집착하게 되고, 포멀하게 되고, 권위를 받아들이게 됩니다. 후츠파가 요구하는 것들을 놓치게 됩니다.

유대인의 성공코드, 열 가지 엑설런스 Excellence

음성이라는 미약한 신호를 마이크를 통해 전기신호로 바꾸고 다시 스피커로 증폭시키듯 상상력도 여러 단계의 증폭회로를 거치게 하여 거대한 혁신으로 만드는 것이 창조경제다. 과연 이 회로는 어떻게 설계되어야 할까?

창조적 상상력은 어디서 오는가

21세기 경영의 중요한 한 가지 요소로 토지, 자본, 노동보다는 오히려 창의력을 꼽을 수 있을 것이다. 20세기 산업화 사회는 경제의 3요소로 불리는 토지, 자본, 노동 중심의 경제 운용 체제였다. 그러나 혁신적인 변화를 중심으로 치열하게 경쟁하게 하는 초연결 상태의 하이퍼 커넥티드 사회Hyper Connected Society에서는 비옥한 토양보다도, 거대한 자본 집중력보다도, 근면한 노동력보다도 더 가치 있는 것이 창의성이다.

최근 세계적인 혁신 경제를 창출해 내고 있는 기업들의 면면을 살펴보면 놀라운 과학기술보다는 창조적인 상상력에 뿌리를 두고 있음을 쉽게 알 수 있다. 세계 10대 기업 중 7개가 최근 30년 안에 탄생한 기업이며, 소프트웨어 중심의 서비스 기업이다. 나머지 선도기업들도 손으로 만질 수 있는 제품 생산에서 만질 수는 없으나 가치를 더 창출하는 서비스 기업으로의 진화를 통해서 이익을 보충하고 있다. 즉 상품으로서의 제품은 매출 규모는 만족시킬 수 있을지 모르나 이익에는 크게 도움이 되지 못하는 것이며, 이를 보충하기 위해 상품을 서비스로 탈바꿈시키고 있는 것이다. 앞서 가축 질병 진단 키트를 만든 예나 다이너마이트를 이용해 지질 지도를 만들어 낸 기업의 예를 든 바 있다. 이런 새로운 패러다임을 만들어 내는 것 모두가 창의력의 산물이다.

20세기 산업경제 모델에서 출발했으나 창의성을 바탕으로 상상력을 활용하여 21세기의 창조경제 모델로 잘 이행한 기업은 점점 늘어나고 있다. 이제 창조적 상상력을 가치로 여기며 인재를 끌어모아 기르는 것이 21세기 경제의 핵심 가치로 자리잡기 시작했다.

과연 상상력에 어떻게 손을 대야 혁신으로 이어질 수 있을까? 상상력은 창조경제의 설계회로도로 구현되어야 한다. 음성이라는 미약한 신호를 마이크를 이용해 전기 신호로 바꾸고 다시 스피커로 증폭시키듯, 상상력을 여러 단계의 증폭 회로를 거치게 하여 거대한 혁신으로 바꾸는 것이 우리의 과제이다. 과연 이 회로는 어떻게 설계되고 어떻게 관리되어야 할까? 이것이 이번 장의 주제다.

유대인의 창의성

유대인 창의성 교육의 대가인 헤츠키 아리엘리 박사는 그의 저서 『하브루타 러닝』에서 유대인의 창의성에 관한 비밀을 밝혔다. 『창업국가』의 저자인 사울 싱어도 역시 창업국가로 크게 성공한 이스라엘의 비밀로 뻔뻔하고 당당하게 도전하는 후츠파 정신이라 밝힌 바 있다.

자원최빈국이자 연간 강우량이 400밀리미터에 불과한 이 척박한 땅에 세워진 국가가 21세기 창조경제를 선도하고 있는 사실을 보자면, 이스라엘에서 힌트를 얻는 것은 지극히 당연한 일일 것이다. 국토의 면적은 남한의 22퍼센트로 남녀 모두 국방의 의무를 진다. 유럽 전체의 창업 회사 수와 이스라엘의 창업 회사 수가 같으며, 대학이 특허 사용료로 버는 금액이 1조 원을 넘는다. 독립하기도 전에 세계적인 공과대학을 먼저 개교하였고 이를 토대로 15년 만에 세계 최고의 농업국가를 이룩했다. 부족한 자원은 과학기술로 극복해 왔다. 이런 이스라엘의 국가경영 자체가 이미 창조경제의 근본을 뜻하고 있다. 상상력을 과학기술과 결합시켜 모든 도전을 혁신적 방식으로 해결해 나가는 이스라엘의 창의성은 우리가 한번 쯤 깊이 들여다 볼 가치를 갖고 있다.

유대인의 아이큐IQ는 한국인 평균치보다 1.2포인트 낮다. 세계적으로 똑똑하다고 일컬어지는 유대인이라는 사실을 생각해 보면, 한국인의 두뇌는 세계에서 으뜸이라고 할 수 있을 것이다. 그런데 왜 이스라엘은 창조경제를 선도할 수 있었을까? 머리가 좋아서? 특별한 유전적 인자 때문에?

유대인은 하나의 민족이 아니다. 누구나 유대교로 개종하면 그 순간 유대인이 된다. 이는 누구나 성공할 수 있다는 것을 보여 주는 것이기도 하다. 아리엘리에 의하면 유대인이 성공할 수 있었던 것은 신의 세 가지 선물 덕분이라고 한다. 신의 선물은 부족함, 배움 그리고 책(기록)이다. 『창업국가』의 저자 싱어도 이스라엘이 세계 최고의 창업국가로 자리매김한 첫째 요인을 부족함에서 찾고 있다는 점을 기억하자.

첫 번째 선물 '부족함'

『창업국가』를 번역한 후 한국 독자들의 성화에 이스라엘 현지에 한 달간 머물며 TV 다큐멘터리를 만들었다. 50분짜리 3회분의 다큐멘터리를 촬영하는 동안 33명의 명사들을 인터뷰할 기회가 있었다. 그중 한 사람이 이스라엘 테크니온대학의 총장이었다. 마침 그 무렵 이스라엘 최대 항구도시 하이파에서 80킬로미터 떨어진 지중해에서 천연가스가 발견되었다. 자그마치 50년 동안 안정적으로 공급이 가능한 양의 천연가스가 발견된 것에 대한 축하의 인사를 먼저 건넸다. 그러나 뜻밖에도 총장은 천연가스 매장량이 너무 많지 않기를 바란다고 답했다. 그 말에 나는 내 귀를 의심하지 않을 수 없었다. 총장은 학생들이 혹시라도 충분한 에너지 자원을 믿고 나태해지지는 않을지 염려한 것이었다.

유대인들이 서기 70년에 예루살렘으로부터 전 세계로 뿔뿔이 흩어진 후 2000년 만에 그 땅으로 되돌아왔을 때, 그들을 반긴 건 황무지와 늪지대 그리고 말라리아밖에 없었다고 『창업국가』에 나와 있다. 시오니즘 운동을 통해 독립하였으나 처절할 정도의 부족함에서 시작할 수밖에 없었던 이스라엘의 역사는 그 자체가 이미 상상력을 토대로 혁신을 추구하는 창조경제 그 자체다.

부족함은 유대인에게 가장 중요한 선물로 여겨진다. 탈무드에는 "가난한 아이들을 보라, 그들에게서 지혜를 얻게 될 것이다."라는 구절이 나온다. 가난한 아이들로부터 배우라는 메시지는 언뜻 이해하기 어렵다. 천진한 마음으로 항상 새로움을 추구하는 어린아이는 부족함을 느끼면 언제고 새로운 것에 집중하면서 기어이 원하는 것을 만드는 본능을 발휘한다.

풍족한 환경에서 원하는 것을 언제든 얻을 수 있다면, 더 이상 눈을 부릅 뜨고 주변을 둘러볼 필요가 없어질 것이다. 부자 아이들은 부모가 사 준 장난감으로 잠깐 즐기다 싫증을 내고 만다. 하지만 가난한 아이들은 스스로 장난감을 만들고 지루해지면 장난감을 개조하면서 끊임없이 호기심을 충족시켜 간다. 여기서 중요한 것은 돈이 아니라 아이의 정신 상태다. 자기가 힘들이지 않고도 모든 것을 얻을 수 있다고 느끼는 순간, 스스로 문제를 해결하겠다는 생각은 사그라든다는 것이다.

2,000년 만에 돌아와 보니 젖과 꿀 대신 황량한 황무지만이 그들을 반겼을 때도 유대인들은 부족함이 주는 선물의 의미를 깨닫고 각자의 분야에서 티쿤 올람(세상을 더 좋은 곳으로 바꾸자) 사상에 따라 열심히 삶에 매진했다. 주변은 온통 땅을 빼앗긴 적들로 가득했고 여기저기서 전쟁과 같은 위협적인 상황이 끊이지 않았다. 일곱 번의 전쟁과 종교적 내

분은 조그마한 나라를 집어삼키기에 충분했다. 그러나 이스라엘인은 그 속에서도 부정을 긍정으로, 사막을 옥토로 바꾸기 위한 창의적 활동을 멈추지 않았다.

세계의 많은 국가들이 비록 이스라엘과 적대 관계라 해도 이스라엘인의 기술만큼은 탐내게 만드는 전략으로 이스라엘은 경제를 꾸려 가고 있다. 그들에게 과학기술과 상상력은 세상 어디에서도 생존을 가능하게 하는 충분한 수단이다. 그들은 부족함은 인정하지만 부족하다고 해서 생존할 수 없다는 점은 인정하지 않는다.

두 번째 선물 '배움'

유대인은 어머니가 유대인인 경우 아이를 유대인으로 간주한다. 그만큼 어머니의 교육이 절대적이란 뜻이다. 유대인은 전통적으로 어머니가 아이들의 교육을 전담한다. 수천 년 동안 영토 없이 전 세계에 흩어져 살았지만 그들이 고향으로 되돌아 왔을 때 그들의 문화적 유산은 하나도 흐트러짐 없이 유지되어 있었다. 이는 유대인 어머니의 교육에 대한 열정과 아이들의 배움에 대한 성스러운 접근 때문이었다.

유대인은 늘 부족했기 때문에 배워야만 했다. 두뇌에 지식을 저장하는 것만이 스스로를 지키는 수단이었다. 꼭 무엇이 되기 위해서 또는 누가 시켜서 배운다기보다 배움 그 자체에서 의미를 찾으며 신성시하는 문화를 이어 왔다. 배움은 꼭 스승이 있어서 반드시 거기서 가르침을 받아야 하는 게 아니다. 수평적 관계 또는 어리거나 직위가 낮은 자로부터도 배울 수 있다는 생각이 보편적이다. 공자의 '학이시습지 불역열호學而時習之 不亦說乎'의 문화가 생활화되어 있다.

유대인은 인간이 신의 능력을 골고루 나누어 가지고 태어났다고 여긴다. 세계 인구가 70억이라면 모든 인간은 태어나는 순간 신의 역량을 70억 분의 1씩 나누어 가지고 있는 것이다. 따라서 누구에게서나 배울 점이 있다고 생각하고, 서로 스승이 된다는 것 자체가 하나도 이상하지 않다.

이스라엘의 학교에서는 교과서를 통해 수업이 진행되기는 하지만 경우에 따라서는 교과서 밖으로 수업이 빠져나가기도 하고, 학기가 끝나도록 진도가 전 과정의 절반에도 못 미치는 경우가 허다하다. 그렇다고 해서 진도를 급하게 마저 나가는 법이 없다. 미처 마치지 못한 교과서는 방학 동안 학생들이 그룹을 지어 학습하면서 마친다. 학교에서 선생님에게 배우는 것이 아니라 서로가 서로에게 질문을 던지고 그에 대한 답을 토론을 통해서 찾도록 하는 교육 방식에 익숙하기 때문에 가능한 방식이다.

이스라엘에서는 교과 과정의 진도에 몰두하기보다 질문과 토론을 통한 새로운 생각의 탐구를 중요하게 여긴다. 우리나라 아이들이 학교에서 선생님이 적어 준 100가지의 지식을 써 놓고 80개를 외우는 사이 그들은 10가지 주제를 걸어 놓고 나머지 90개를 스스로 채우는 교육을 하고 있다. 결론적으로 두 나라 아이들 모두 똑같이 80개의 지식을 얻은다 하더라도 우리는 100개 중 80개를 외운 반면 그들은 80개를 스스로 채운다.

이들에게 토론은 아이디어를 만드는 수단이고 질문은 만든 아이디어를 서로 교환하는 수단이다. 따라서 선생님은 아이들이 어떻게 질문하고 어떻게 토론하는가를 관찰하는 역할을 한다. 그래서 유대인 어머니는 아이가 학교에서 돌아오면 "오늘 무엇을 배웠니?"가 아니라 "오늘 무엇을 질문했니?"라고 묻는 것이다.

이것을 『유대인의 성공코드』에서 아리엘리는 하브루타 교육이라 칭했다. 선생님에게서 배우는 수직적 일방통행식 교육 대신 학생들끼리 수평적인 관점에서 토론하고 질문하는 것이 하브루타 교육이다. 어느 순간에는 선생님이 되기도 하고 학생이 되기도 하면서 끊임없이 생각을 이어가는 동안 창의적인 결론에 도달하게 만드는 교육법이다.

각자 제자리에 앉아서 교육을 강요받는 것은 자연을 거스르는 행위라고 아리엘리는 강조한다. 그는 하브루타 교육을 '나의 아이디어와 경험 그리고 지혜가 다른 사람의 것과 합해지면서 두뇌가 역동적으로 춤을 추면서 창의적으로 문제를 해결하는 방법'으로 여긴다. 유대인들의 창의성은 여기에 기초를 두고 있다.

전 세계 노벨상의 22퍼센트가 유대인에게 돌아갔다. 이스라엘인이 세계 인구에서 차지하는 비율은 0.2퍼센트에 불과하다. 창의력 면에서 본다면 그들은 일당백의 역할을 톡톡히 해내고 있는 셈이다.

세 번째 선물 '책(기록)'

여기서 '책'은 기록이라는 문화로서의 책을 의미한다. 유대인들에게 가장 신성한 책은 '토라'다. 토라는 모세가 신으로부터 받은 내용이라고 한다. 신의 메시지를 담은 토라는 처음에는 아주 짧은 분량이었다고 한다. 하지만 신의 뜻을 간결한 책 하나로 담아내기에는 역부족이었을 것이다. 따라서 유대인들은 1500년 동안 이 짧은 내용을 해석하고 보완하고 또 다시 토론하는 과정을 거쳐 거대한 책으로 엮어 냈다. 그것이 『탈무드』다.

처음에는 6권이던 『탈무드』는 서서히 그 분량이 늘어나면서 60권이 되었다. 히브리어로 작성된 『탈무드』는 지난 1500년 동안 입에서 입으로 전해 내려오다가 3~6세기 동안 책으로 작성되었다. 유대인의 모든 규례와 생활 규범, 종교 의식, 천체, 의학, 교육, 관혼상제 등이 총 정리되어 있다. 이는 아직도 토론과 질문을 통해 보완 발전해 가면서 전승되고 있기 때문에 살아 있는 책이라고 볼 수 있다.

『탈무드』는 끝나지 않은 책이며 누구나 도전하는 장소이기도 하다. 따라서 항상 논쟁거리가 끊이지 않는 무대다. 그들은 자신의 신념을 드러내기 위해 다양한 증거가 필요했다. 증거를 찾아 제시하고 반박이 들어올 경우 다시 증거를 들이대며 논박하는 과정을 끊임없이 반복하는 지난한 과정을 통해 책은 완성되어 간다. 이것이 바로 탈무드 정신이다. 즉 모든 민족이 하나의 책을 완성해 간다는 생각으로 공부하고 생각을 더해 가는 전 국민의 광장이자 논문지인 것이다.

유대인에게 『탈무드』는 생각의 프로세스를 계발하기 위한 좋은 수단으로 여겨진다. 우리가 건강을 위해서 운동을 하는 것처럼 『탈무드』를 통해서 뇌를 단련시킨다. 유대인에게 글을 쓰는 행위는 단순히 기록에 국한된 것이 아니라 새로운 기술을 창조해 혁신을 이루어 내고 음악이나 예술을 창조해 낸다는 의미까지를 함축하고 있다. 유대인에게 기록은 미래를 위한 창조 행위로 여겨진다. 과거를 존중하고 선조들의 지혜를 믿으며 이것을 재해석하고 새로운 것을 창조하여 더해 나가는 것이다. 책을 읽는 데서 그치는 것이 아니라 거기에 뭔가를 더해 가는 행위가 가치 있게 존중되는 사회라고 아리엘리는 『하브루타 러닝』에서 강조한다. 이것이야말로 이스라엘이 창조경제를 성공시킨 힘의 원천인 것이다.

아리엘리는 유대인들의 부족함, 배움, 기록은 사람으로 하여금 생각을 하게 했고, 깊이 있는 생각과 다른 시각은 새로움을 창조하는 힘이 되었다고 여겼다. 여기에 후츠파 정신의 대담성과 과감함이 더해질 때 도전에서 성공할 수 있다고 주장한다. 1960~1970년대 한국의 헝그리 정신을 상기해 볼 때, 부족함에서 우러나온 도전 정신은 동서양을 막론하고 창조성의 원천이 됨을 알 수 있다. 한국인의 교육열도 이스라엘의 배움과 같은 맥락에서 해석할 수 있다. 한글 창제와 금속활자의 발명으로 정보화 사회를 어느 민족보다도 앞서서 리드해 온 한국인도 어찌 보면 유대인과 비슷한 속성을 가졌다 할 수 있다. 단지 우리의 교육이 지나친 경쟁 중심에서 벗어나 개인의 창의력을 살리는 방향으로 나아가야 한다는 점이 남은 과제다.

앞으로 기술할 내용은 이스라엘에서 유대인의 창의융합형 글로벌 인재교육 프로그램인 하브루타를 만들어 운영하고 있는 헤츠키 아리엘리의 저서 『유대인의 성공코드』에서 발췌한 내용이다. 아리엘리는 이스라엘에서 지난 15년 동안 이스라엘의 미래를 선도해 온 창의융합교육의 메카 ICEEIsrael Center for Excellence through Education의 이사장을 역임해 왔다.

그는 유대인만의 탁월한 혁신적인 성공코드를 엑설런스Excellence라는 이름으로 전 세계에 전파하고 있으며, 부족함에서 출발한 배움의 열정 그리고 기록을 통한 새로운 도전으로의 자극이 혁신적 성공의 출발선이라고 설파해 왔다. 이 세 가지 위에 열 가지 성공코드가 더해지면서 자원 빈국 이스라엘은 세계에서 가장 창의적인 나라가 되었으며, 21세기 창조경제에 가장 적합한 교육 시스템을 갖추게 되었다고 자부하고 있다.

이 장에서는 그 열 가지의 창의력 요인을 분석하고 거기에서 시사하는 점들을 아리엘리의 저서 『유대인의 성공코드 엑설런스』에서 발췌하여 실었다. 이에 흔쾌히 동의해 준 아리엘리에게 감사의 뜻을 전한다.

어떻게 하면 엑설런스Excellence에 이를 수 있을까?

성공한 유대인들의 개별적 특성을 분석해 본 결과, 동기부여, 인내력, 감수성, 호기심, 창의력, 열린 사고, 낙관, 전문성, 겸손, 정직이라는 열 가지 요소를 찾아낼 수 있었다. 또 이 요소들은 순환 구조로 엮여 있음을 알 수 있었다.

　이들 열 가지 요소를 간략하게 살펴본 후, 각 요소들이 현실에서 어떻게 적용하는지에 대해 알아보고자 한다.

　동기부여는 무엇인가를 하려는 의지로, 실천을 통해 성취하는 밑거름이 된다. 자신이 원하는 것을 성취할 때 예상하지 못한 상황을 이겨 나가려면 다음 단계인 인내력을 반드시 필요로 한다. 꾸준하게 밀고 나가려는 의지를 북돋고 실천하지 않으면, 원하는 바를 얻을 수 없기 때문이다.

　엑설런스의 구성 가운데 감수성을 새롭게 바라보는 점이 특이하다. 조절된 감수성은 호기심을 지속적으로 유발하고, 호기심은 나아가 창의력을 계발시켜 새로운 것을 창조해 내는 데 중요한 역할을 한다.

　창의적인 생각은 열린 사고로서, 다른 사람의의 아이디어를 받아들여 획기적인 성과를 이룰 수 있게 해 준다. 성과를 창출하려면 벽에 부딪혔을 때 좌절하지 않을 낙관적인 생각이 필요하며, 이는 꿈과 비전을 잃지 않고 역경을 헤쳐 나갈 수 있는 용기를 준다.

　이러한 경험을 통해 얻은 깨달음은 전문성을 가진 전문가로서 자신감을 가지게 한다. 그러나 이러한 자신감이 오만이 되지 않도록 해야 한다. 항상 부족함을 느끼고 무엇인가 더 나은 방법을 모색하려는 겸손함이 필요하다. 또 자신의 생각과 다른 의견을 겸허하게 받아들이고 타인에게 정직해야 엑설런스의 구성 요소는 완결되는 것이다.

　엑설런스의 열 가지 구성 요소는 서로 유기적으로 연결되어 있다. 이것들을 우리의 삶 속에 어떻게 적용하느냐에 따라 사고나 행동이 변화되어 삶의 방식을 변화시킬 수 있다.

행동 원칙 1:
동기부여

동기부여의 목적은 '즐거움'이다.

동기부여를 하는 이유는 무엇일까?

많은 이유가 있겠지만, 학교 공부나 직장 업무 등 무엇을 하든 즐거움을 갖고 하기 위해서라고 볼 수 있다.

배움은 곧 즐거움이다. 『빨간머리 앤』에 나오는 선생님처럼 아이들을 즐겁게 가르치는 그런 모습이 좋은 예이다. 배움은 즐겁고 재미있어야 한다. 즐거움은 또 다른 동기부여의 연료가 된다.

그렇다면 '즐거움'은 누구를 위한 것인가. 바로 나 자신, 자녀 그리고 직원들의 것이다. 긍정적인 환경에서 즐겁게 일할 때 성공을 거둘 수 있다.

동기부여는 자신을, 자녀를, 조직원을 문으로 밀어 넣는 것이 아니라 초대를 하는 것이다.

동기부여는 성공으로 인도하는 안내자

동기부여에서 가장 중요한 요소는 '하려는 의지'다. 의지를 가지고 있다는 것은 수동적으로 어쩔 수 없이 행동하는 것이 아니라, 긍정적으로 생각하고 행동으로 실천하며 나아간다는 뜻이다. 행동은 의지를 가지고 참여하는 것을 의미한다. 행동에는 반드시 즐거움이 반영되어 있어야 긍정적인 효과를 볼 수 있다. 긍정적인 효과는 작은 성취가 되고, 성취가 모여 성공이 된다.

미국 쿠퍼 고등학교의 하이메 선생은 아이들의 마음에서 부정적인 메시지를 지우기 위해 강한 긍정적인 메시지를 새겨 넣어 동기를 부여했다. 학생들이 스스로 의지를 불어넣을 수 있도록 만들었다.

"최고의 대학에 가기 위해 나는 매일 몇 시간씩 열심히 공부하겠다."

이러한 서약서를 스스로 작성하게 했다. 서약서는 아이들로 하여금 스스로의 가슴속에 숨어 있던 '하고자 하는 의지'를 갖게 만들었다. 의지를 실천에 옮긴 결과 '나는 할 수 있다.'라는 자신감이 생겼고, 실제 AP 테스트 결과가 성공적이었다. 그 보상으로 좋은 대학에 갈 수 있었고, 성공으로 이끄는 삶을 살게 된 것이다.

스스로 찾은 동기는 열정을 갖게 하고 성공으로 가는 길로 이끌어 준다. 그런데 그 길로 가기 위해서는 중요한 것이 있다. 바로 결과로 나타나는 '보상'이다. 어린아이, 학생, 어른, 부모들도 보상을 원한다. 보상은 반드시 물질적일 필요가 없다. 아이들에게 어머니가 "잘했다. 엄마는 네가 자랑스럽다!"라고 칭찬하는 것도 보상이 될 수 있다.

직장인에게는 일의 성과로 승진이 되고, 연봉이 오르는 것이 보상의 일부가 될 수 있다. 하지만 꼭 무언가를 얻는 것만이 보상은 아니다. 더 큰 과제를 만나는 것도 보상이 될 수도 있다. 더 큰 과제를 수행하면서 더 한층 성장하고 성공할 수 있기 때문이다.

이렇게 보상을 받게 되면 의지가 더 강해진다. 동기부여가 의지, 행동, 즐거움, 효과, 성취, 성공, 보상 다음에 다시 의지로 순환되면서 더욱 성장하고 성공한 삶을 살게 되는 것이다.

동기부여는 성공으로 향하는 길로 인도하는 훌륭한 안내자다. 동기부여가 강력한 힘을 발휘할 때는 스스로 하고자 할 때다. 아이들이 스스로 의지를 가질 수 있도록 환경을 만들어 주는 것이 바로 부모와 교사의 역할이다. 동기부여는 엔진의 연료로 비유될 수 있다. 그러므로 동기부여가 없으면 에너지도 없고 행동도 없다. 동기부여는 가정, 학교, 사회를 힘차게 돌아가게 하는 원동력이 된다.

'긍정'이 동기부여를 강화한다

긍정적인 태도는 동기부여를 강화하지만 부정적인 동기부여도 있다. 부정적인 동기부여는 어떠한 결과를 낳을까?

"오늘 방 청소를 하지 않으면 밖에 나가서 놀 수 없어!"라고 했을 때, 아이는 어떠한 행동을 하게 될까? 청소는 하기 싫지만, 청소를 하지 않으면 밖에 나가 놀 수 없으므로 놀기 위해 억지로 청소를 하게 될 것이다.

과연 아이에게 청소를 할 동기부여가 됐을까? 그렇지 않다. 아이는 그 상황을 벗어나기 위해 억지로 청소를 했기 때문에 다음에 또 청소를 하고 싶어 하지 않을 것이다. 지금 당장 청소를 하게 만들었지만, 아이 스스로 정리정돈의 장점에 대해서 깨닫고 청소를 한 것이 아니기 때문에 효과적이라고는 볼 수 없다.

아이가 청소를 끝냈을 때 "위생적이어서 건강에 도움도 되고, 제자리에 정리정돈이 잘 되어 있어서 물건을 쉽게 찾을 수 있겠구나."하고 청소와 정리정돈의 장점을 설명해 주면 청소를 하고자 하는 의지도 높아지고 실천력도 강해진다.

이렇듯 긍정적인 동기부여는 향후에 지속적으로 바람직한 행동을 하게 만드는 힘이 있다.

동기부여의 최고의 한 문장-What do you think?

동기부여를 할 때 중요한 것이 있다면, 좋은 질문을 잘 하는 것이다.

"어떻게 생각하십니까?What do you think?"

'당신의 의견을 듣고 싶다'는 경영자의 질문은 직원으로 하여금 내 의견을 듣고 싶어 하고 내 존재를 인정해 주는 것 같아 자존감을 갖게 한다.

'답변을 어떻게 해야 잘하지?' 직원은 그때부터 고민을 시작하게 된다. 경영자는 직원의 열정과 헌신을 끌어낼 수 있는 훌륭한 질문을 한 것이다. 직원은 '회사가 안고 있는 문제 해결을 어떻게 할 것인지' 계속 생각하게 된다. 그러다 보면 전혀 생각지도 못했던 훌륭한 해결책이 나올 수도 있다. 해결책이 설령 나오지 않는다 하더라도 직원으로 하여금 회사가 안고 있는 문제를 깊이 생각하게 하고 향후 문제를 해결할 수 있는 의지와 행동을 불러일으킬 수 있다. 또한 애사심을 갖고 열심히 일하는 직원을 만드는 계기가 되기도 한다.

행동 원칙 2:
인내력

인내력은 성공을 위한 혁신의 열쇠

인내는 성공을 위한 혁신의 열쇠다. 이스라엘이 성공한 나라가 된 이유로 후츠파 정신이 있다고 흔히 이야기한다.

후츠파는 히브리어로 '뻔뻔스러움, 철면피'를 의미하는 단어지만, 오늘날에는 나이, 직급, 성별에 상관없이 어떠한 의견도 얘기할 수 있는 당당함을 말한다. 아이가 어른에게 자신의 의견을 당당히 얘기하는 것, 직원이 최고 경영자에게 자신의 아이디어를 용기 있게 설명하는 것, 그것이 바로 이스라엘을 성공으로 이끈 원동력이 된 후츠파 정신이다.

이러한 후츠파 정신에서 가장 중요한 덕목이 바로 인내다. 인내를 위해서는 정확한 목표가 필요하고, 목표를 성취하기 위해서는 강력한 격려, 즉 동기부여가 필요하다.

동기부여 요소 다음으로는 하고자 하는 의지가 있어야 한다. 인내는 성공하기 위한 필수 불가결한 것이다.

인내심은 혼자서 감당하거나 습득하기에는 한계가 있다. 사람은 생각만큼 강한 존재가 아니기 때문에 실패에서 오는 좌절이나 비관에 쉽게 빠질 수 있다. 요즘은 실패와 좌절에 빠지기 쉬운 환경에 둘러싸여 있기 때문에, 이런 상황들을 쉽게 벗어나기 위한 인내심을 기르기가 정말 중요하다.

특히 부유한 환경에서 온실 속의 화초처럼 자라난 사람들의 특징 가운데 가장 두드러진 모습은 인내심 결여라고 할 수 있다. 인내심이 부족한 사람은 열악한 환경이나 단체생활 및 팀워크에 대한 적응력이 현저히 떨어진다. 남성의 경우 인내심이 부족한 사람들은 군대 생활이나 열악한 환경 등에 적응하지 못하면서 낙오되는 경우가 많다.

인내력은 포기하지 않는 힘

인생을 살아가다 보면 많은 장애를 만나게 된다. 장애 요소를 어떻게 해결하느냐가 성공 여부를 결정한다. 인내의 출발점은 그 장애 요소를 이겨내는 것에서부터 시작된다.

르네상스 미술의 3대 거장 중의 한 명인 미켈란젤로는 바티칸의 성 베드로 대성당의 건축을 마무리하는 일을 맡았다. 성당 공사 작업은 라파엘로와 같은 많은 예술가와 건축가들의 손을 거치면서 수없이 계획이 변경되기도 했다. 힘든 작업이었지만 미켈란젤로는 독창성을 발휘해 훌륭하게 만들어 갔다. 삶이 끝나가는 마지막 순간까지도 미켈란젤로는 이 미완성 작품에 매달렸다. 그는 이 고통스러운 사명을 순순히 받아들이며 고향에도 돌아가지 않은 채 로마에 머물렀다. 비록 완성 전에 생을 마감하여 공사의 마지막을 지켜보지는 못했으나 미켈란젤로는 결코 작업을 포기하지 않았다.

"이 단계에서 공사를 그만두는 것은 지난 10년 동안 내가 하느님의 사랑을 위해 바친 모든 노동을 쓰레기로 만드는 부끄러운 일이다." 죽을 때까지 포기하지 않는 인내를 가지고 미켈란젤로는 성당 건축에 혼신을 다했다.

인내는 포기하지 않아야 하는 것이다. 미켈란젤로가 작업을 포기했다면 성 베드로 대성당은 지금의 훌륭한 모습이 아니었을 것이다.

행동 원칙 3:
감수성

감수성은 창의적인 생각을 일으키는 요소

엑설런스는 한 요소뿐만 아니라 모든 것을 둘러볼 수 있어야 한다. 엑설런스는 단지 몇 사람이 아닌 모두를 위한 것이다.

감수성 또한 몇 사람만을 위한 것이 아니라 모든 사람을 위한 것이어야 한다. 인간의 모든 보편적인 감수성을 이용해야 한다. 세상에서 일어나는 일 그리고 내 속에서 일어나는 감수성의 모든 것을 살펴봐야 한다. 이러한 감수성이 창의적인 생각을 일으키는 요소가 된다.

감각(직감, 느낌)을 이용하자. 감각은 새로운 것을 찾아내는 요소다. 감각이 있는 사람은 무언가를 새롭게 보고, 그것을 느끼기 때문에 새로운 것을 생각하고 창조해 낼 수 있다. 로봇과 사람을 비교해 보자. 로봇은 보고, 느끼고, 표현할 수 있는 감수성이 없다.

모든 감수성을 발휘하여 내 아이의 욕구가 무엇인지 자세하게 들여다봐야 한다. 아이의 아이디어, 생각, 꿈, 욕망. 그것을 알아채는 것이 긍정적 교육의 핵심이다.

감수성은 모든 것을 낯설게 둘러보는 것

감수성은 감각기관이 외부로부터 자극을 받아 감각, 지각을 생기게 하는 것을 말한다. 외부적인 환경에 따라 그것을 어떻게 내면의 세계로 받아들이는가는 개인에 따라 다르다. 감수성은 엑설런스 원칙 중 인내의 바로 다음 단계이다.

이는 우연의 일치가 아니다. 모든 인내를 위해서는 감수성이 절대적으로 필요하기 때문이다. 목표를 달성하기 위해서는 인내가 필요한데, 인내하기 위해서는 감정 조절을 해야 한다. 감정을 조절한다는 것은 스스로 감정을 관리하고 있다는 의미이기도 하다.

감정 관리를 잘하지 못하는 사람은 독선적인 사람이 되기 쉽다. 목표를 달성하려는 과정에서 뜻하지 않은 상황이 발생하기도 한다. 엑설런스는 단순히 자신의 목적, 목표만을 달성하는 것이 아니다. 반복해 나가는 과정에서 감수성 풍부한 두 눈으로 세상을 바라봐야 한다. 한 눈은 미래를 보는 눈이고, 또 다른 눈은 과거를 보는 눈이다. 미래를 보는 눈은 나의 목표를 확인하고, 과거를 보는 눈은 이 일을 해 나가는 동안 주변에 나와 같은 누군가가 있는지 살펴본다. 예를 들어 내 자녀, 내 아내가 같이 있는 것, 내 동료가 같이 있는 것, 친구가 같이 있는 것을 확인하는 일이 그것이다. 사회적으로 내 모든 주변을 보는 것이 과거의 눈이다.

긍정적인 교육, 격려의 핵심은 감수성

긍정적인 교육, 즉 격려의 핵심은 감수성이다. 조직에서 직원들의 꿈이나 비전을 이해하고 공감하며 이끌어 줄 수 있으려면 감성적인 능력을 가져야 한다. 감수성이 풍부할수록 이해심이 높아진다.

04

행동 원칙 4:
호기심

왜? 인간의 본성, 호기심

세상 모든 아이들이 말을 배우기 시작하면 공통적으로 하는 말이 있다.

"왜?"

아이가 할 수 있는 가장 아름다운 질문이다. 아이들에게 세상은 온통 모르는 것, 알고 싶은 것 등의 호기심으로 가득 차 있다. 호기심은 세상을 알아가기 위한 인간의 본성이다. 태어나서 이 세상을 살아가려면 세상에 있는 것들에 대해 알아야 하기 때문이다.

아이들이 호기심 어린 눈으로 "왜?"라고 질문을 할 때, 어른들은 어떻게 해야 할까? 우선 "왜냐하면…."이라고 말을 시작하며 사물, 상황에 대해 아이들에게 설명을 해 주어야 한다. 설명할 수 없는 경우에는 함께 생각해 보고, 답을 찾기 위해 노력해야 한다. 어른이라고 해서 모든 것을 다 알 수는 없기 때문이다. 어른들이 아이들에게 주는 답변은 아이들이 세상에 대해 눈을 뜰 수 있게 도와주기만 하면 된다.

아이의 호기심을 증진시키려면 부모들의 인내가 필요하다. 예를 들면 LA에서 샌프란시스코까지 차를 이용해 갈 때 두 가지 방법이 있다. 첫 번째 방법은 고속도로를 달리는 것으로 7시간이면 도착할 수 있고, 두 번째 방법은 1번 국도를 이용해 해안가를 돌아서 가는 방법으로 하루에서 이틀 정도가 걸린다.

첫 번째 방법은 목적지에 빨리 도착할 수 있다. 그렇지만 고속도로를 달리는 동안 본 것은 대부분 기억할 수 없다. 반면 1번 국도를 타고 해안가로 돌아가면 바다, 파도, 나무, 바위 등 아름다운 풍경을 기억할 수 있다. 1번 국도로 가는 것이 시간은 더 걸리겠지만 오랜 시간 즐거운 추억을 안겨 줄 것이다. 시간이 걸리는 인내는 호기심을 증진시킬 수도 있다.

우리는 매일 이런 상황 속에서 살고 있다. 지름길, 빠른 길을 선택해서 아이들이 하는 질문을 귀찮다고 잘라 버릴 것인가, 아니면 좀 더 시간이 걸리더라도 아이의 입장에서 질문에 모두 대답을 해 줄 것인가. 남은 것은 선택뿐이다.

호기심이 강국 이스라엘을 만들다

이스라엘 바이츠만과학연구소 과학
자의 엉뚱한 호기심은 세상을 급격히 변화시킨 컴퓨터를 발명하는 기
초를 마련해 주었다.

그는 어느 날 바닷가에서 파도가 치는 모습을 보고 "왜?"라는 호기심을
가졌다. AP 포인트(바다 수면의 일정한 지점)는 어디일까? 어떻게 찾을까?

이 지점을 찾는 것이 과학적으로 얼마나 중요한가 의문을 가질 수도
있을 것이다. 그렇지만 이 과학자의 호기심에서 비롯된 질문에 이스라
엘 정부는 당시 금액으로 5만 달러라고 하는 큰 금액을 연구비로 지원
했다. 그는 여러 데이터를 분석하고 계측하는 기계를 만들어 AP 포인
트를 찾아냈다. 왜 이스라엘은 AP 포인트 만드는 기계를 만드는 데 지
원을 했을까?

이것은 이스라엘 하이테크 발달의 시초가 되었다. 한 과학자의 호기
심에서 시작한 연구는 컴퓨터와 전혀 무관했던 순수과학이 응용과학인
컴퓨터를 만들고 하이테크 강국 이스라엘을 만들어 낸 힘이 되었다.

풍부한 상상력, 창의력 직전 단계가 '호기심'

풍부한 상상력, 창의력으
로 가기 전의 단계가 바로 호기심이다. 호기심은 상상력과 창의력을 이
끌어 내는 시발점으로 상상력, 창의력과 직접적으로 연결된다.

호기심이 왕성하게 발현할 때 창의력이 생겨난다.

"왜 그렇게 생각하니? 왜 이런 행동을 하지?"

이러한 질문은 사람들의 호기심을 자극하고 잠재된 상상력, 창의력을 발현시키는 데 중요한 역할을 한다. 질문은 즐거움을 갖게 하고 호기심을 극대화한다. 질문을 잘 하는 사람은 즐거운 사람이다. 유대인의 부모는 아이가 학교에서 돌아오면 반드시 확인하는 것이 있다.

"오늘은 선생님께 얼마나 많은 질문을 했니?"

이 질문을 통해 아이가 학교에서 얼마나 즐겁게 호기심을 갖고 공부하고 왔는지 알 수 있기 때문이다. 또한 답변을 얻는 과정에서 알고자 하는 것에 대해 더 깊이 알 수 있는 계기가 되기도 한다.

05

행동 원칙 5:
창의력

창의력을 키우기 위해 꼭 필요한 '자유'

창의성의 핵심은 자유다. 우리에게 자유란 바로 실수를 할 수 있는 기회다.

히브리어에는 아이들이 실수를 했을 때, 웃으면서 격려해 주는 '마잘톱'이라는 말이 있다. 마잘톱은 히브리어로 '축하한다'라는 뜻이다. 실수 자체를 축하하는 것이 아니라, 인생에서 큰 가르침을 얻을 수 있는 좋은 경험을 했다는 의미에서 축하한다고 말한다. 아이들은 크면서 화분을 깨뜨리고, 물건을 부수는 등 온갖 시행착오와 실수를 한다. 그 순간 부모는 "마잘톱"이라고 말하면서 차분하게 대응한다. 아이들은 사고를 치거나 실수를 했을 때 두려움에 떨기보다는 진지해지며 그 순간을 잊지 못하기도 한다.

마잘톱이라는 말 한 마디는 아이들이 실수를 두려워하지 않고 도전하는 삶을 살 수 있게 한다. 또한 엉뚱한 생각, 자유로운 생각의 표현을 창의성의 원천을 만들어 준다.

부모는 아이가 실수를 할 수 있는 자유를 주어야 한다. 실수를 통해서 아이가 배울 수 있는 기회를 주는 것이다. 실수를 두려워하면 창의성을 가로막는 장벽을 쌓는 셈이다.

아이가 상자 안에 있다고 생각해 보자. 아이가 답답하고 어두운 상자 안에서 상자를 부수고 바깥으로 나올 수 있는 자유를 주어야 한다. 상자 밖이 어둡고 무서울 수도 있다. 하지만 상자 바깥으로 나와야만 세상의 빛을 찾을 수 있다. 아이들에게, 조직원들에게 자유롭게 창의성을 발휘할 수 있도록 상자 밖으로 나올 수 있는 자유를 허용해야 한다.

창의력은 기법이 아니다

창조와 창의력은 사고와 관련이 있다. 세상에는 창의력을 키워 주는 많은 비법이 있다. 창의적인 기법은 모두 가치가 있다. 어느 것이든 도움이 된다. 하지만 창의력은 사고에서 나오는 것이지 기법, 절차에서 나오는 것은 아니다.

브리기타는 정원을 아름답게 가꾼 벨기에의 소녀 정원사이다.

한 소녀가 물었다.

"당신이 여기 정원사인가요? 이 넓은 정원을 혼자서 어떻게 이렇게 아름답게 꾸밀 수 있었나요?"

그러자 브리기타가 대답했다.

"여기에 있는 모든 꽃 하나하나가 제 것입니다. 저는 제 꽃이 너무 자랑스럽습니다."

꽃에 물을 주고 있는 소녀 정원사의 표정은 무척 행복해 보였다. 그녀는 정원의 모든 꽃들을 자신의 것이라고 생각하고 사랑했다. 정원을 꾸미는 일을 그냥 직업이라고 여기지 않고 즐겁고 행복한 마음으로 임했기 때문에 그처럼 아름다운 정원을 가꿀 수 있었고 스스로도 자랑스러워할 수 있었다.

만약 브리기타에게 아름다운 정원을 가꾸는 방법을 세세하게 알려줬다면 어땠을까. 지금보다 더 아름다운 정원을 가꿀 수 있었을까. 그렇지 않다. 이 소녀는 일과 의지와 잠재력을 일치시켜 자신이 할 수 있는 최고 수준의 아름다운 정원을 가꾸었던 것이다.

당신도 브리기타처럼 즐겁고 행복하게 일하며 훌륭한 성과를 내고 싶은가? 엑설런스를 하면 그녀처럼 자신의 잠재력을 최고점까지 끌어올려 성과를 내는 사람이 될 수 있다.

창의력은 훌륭한 기법이 아니라, 자신의 잠재력을 끌어내기 위한 과정이다. 실천이 진정한 창의력을 키울 수 있다. 자신이 가지고 있는 창의력을 발휘하기 위해서는 동기부여를 해야 하고, 자신을 믿어야 하며, 자유가 있어야 하고, 실수를 두려워하지 않아야 한다. 실수가 두려워 손을 들고 발표하는 것을 겁내거나, 자신의 의견을 얘기하지 못하게 되는 상황을 만들어서는 안 된다.

창의적인 기법이 창의력을 발현하는 것이 아니다. 창의력을 발휘하기 위해서는 동기부여, 인내력, 호기심, 자유 등이 필요하다.

행동 원칙 6:
열린 사고

재창조는 열린 사고에서 시작된다

지금 우리가 살고 있는 시대는 지식이 전부가 아니다. 예전에 지식이란 권력을 가진 사람들의 전유물이었다. 많은 사회에서 통치자들은 배움을 허용하지 않았다. 그들은 지식을 통제, 조절하면서 자신들의 우월성을 지키고 싶어 했다. 하지만 그런 세상은 이미 끝났다. 지식은 이제 지배층의 전유물이 아닌 모두의 것이다. 이것은 어느 나라에 사는 사람에게나 다 적용된다.

이것이 너무도 당연하다고 생각할지 모른다. 하지만 이 사실을 제대로 이해한다면, 당신이 한 아이의 부모이든 회사 고위 경영진이든 간에 누구에게서든 배움을 얻을 수 있다는 사실을 이해하고 받아들일 수 있을 것이다.

『탈무드』에 "지혜로운 사람이란 만나는 모든 이로부터 무언가를 배울 수 있는 사람이다."라는 말이 있다. 이 간단한 문장은 우리에게 시사하는 바가 크다. 안내원, 택시 운전사, 청소부 그리고 어린아이에게서도 배울 수 있다. 그들은 모두 다른 각도에서 가르침을 준다. 다른 사람에게 무엇이든 배우기 위해서 필요한 덕목은 열린 사고다.

여러 사람에게서 배우는 것을 공동 지혜라고 한다. 세상은 인류가 축적한 이 공동 지혜로 이루어져 있다. 모두 여기에 기여할 수 있다. 특히 많은 과학기술의 발달로 이런 공유는 더욱 쉬워졌다. 우리가 생각한 아이디어를 클릭 몇 번만 하면 세계 모든 사람과 공유할 수 있다. 문제는 다른 사람들의 생각을 어떻게 받아들이고 그것에 어떻게 창의적 사고를 첨가하여 적용하는가다.

열린 사고로 지식을 공유해야 한다. 만약 공동 지혜를 놓치면 현재 일어나고 있는 발전, 아이디어, 성과 창출의 기회를 놓치게 된다.

창의적인 생각, 열린 사고는 획기적인 성과를 낸다

회사를 경영하는 경영진은 열린 사고를 하고 있을까? 안타깝게도 그렇지 못한 경우가 대부분이다. 직원들의 생각을 격려하기보다는 그들의 의견에 부정적으로 대응하면서 자신감이 결여되게 만드는 경우가 허다하다.

경영자의 생각에는 직원의 답변이 바보 같다는 생각이 들지도 모르지만 세상에 바보 같은 답이란 없다. 지금 당장 관련이 없어 보일 수도 있지만, 경영자가 미처 생각하지 못한 부분에서 관련이 있을 수 있으므로 바보 같은 답변이라고 생각해서는 안 된다.

사실 사람들이 '멍청하다, 미쳤다'라고 생각한 것이 지금 우리가 살고 있는 세상을 발전시켰다. 어릴 때 달걀을 품어 부화를 시키려 했던 멍청한 소년 에디슨은 2,000번을 실패한 후에 전구를 만들어 냈다. 그때 당시 사람들은 2,000번 실패를 하는 그를 미친 얼간이로 여겼다. 성공 이후 에디슨은 "2,000번의 실패를 후회하지 않는다", "전구를 만들 때 쓰면 안 되는 방법을 2,000가지나 배웠다."고 말했다. 바로 이것이 진정한 열린 사고다.

콜게이트라는 치약 회사가 있다. 콜게이트에서는 어떻게 하면 판매 실적을 올릴 수 있을지 세미나도 하고 브레인스토밍도 했다. 디자인을 바꾸자, 행사를 늘리자, 광고를 바꾸자 등 다양한 의견이 나왔다. 콜게이트 회장은 모든 의견을 듣고는 이제까지 해 오던 것과 다를 바 없는 아이디어라고 일갈했다. 모두 좋은 아이디어였지만, 그것만으로는 판매 실적을 획기적으로 올리는 돌파구를 만들 수 있을 것 같지 않았다. 그러자 비서가 새로운 아이디어를 조직 밖에서 찾는 편이 낫지 않겠냐는 조언을 했다. 그 의견이 반영되어 전국적으로 아이디어 콘테스트가 열렸다. 그 결과 놀랍게도 수천 개의 아이디어 중 최고의 아이디어는 11살짜리 여자아이가 낸 것이었다.

"치약 나오는 구멍을 크게 하면 돼요. 사람들이 한 번 누를 때마다 치약이 좀 더 나오기 때문에 이전보다 더 많이 사용하게 되거든요."

아이의 생각은 무척 창의적이다. 콜게이트는 아이의 생각을 받아들여 치약이 나오는 구멍을 좀 더 넓혀 판매 실적을 많이 올릴 수 있었다.

아이의 창의적 발상을 콜게이트 경영진이 받아들이지 않았다면 어떻게 되었을까? 아이의 창의적인 발상을 엉뚱한 생각이라고 치부했다면 어떻게 되었을까? 콜게이트가 판매 실적을 많이 올릴 수 있었던 것은 회장이 열린 사고를 가지고 그 아이디어를 채택하고 마케팅에 접목을 했기 때문이다.

우리는 상자 안에서 늘 갇힌 사고를 하는 습관이 있기 때문에 혁신적인 아이디어를 떠올리지 못한다. 상자 밖에서 생각하는 습관을 들이면 창의적인 생각을 해낼 수 있고 좋은 해결책을 찾아낼 수 있을 것이다.

경영자에게 필요한 것은 사원들에게 열린 마음으로 대하고 배우려는 의지다.

07

행동 원칙 7:
낙관

낙관은 긍정을 낳고, 긍정은 창의성을 키운다

앙상한 나무가 겨우내 추위와 외로움을 이겨 내고, 봄이 오면 새순이 돋고 꽃이 피고 열매를 맺으리라 생각하는 것이 낙관이다.

낙관주의와 비관주의의 차이점은 무엇일까? 낙관적인 생각을 가진 사람은 어떤 어려운 상황 속에서도 자신이 할 수 있는 최선의 해결책을 찾기 위해 노력을 한다. 반면 비관적인 사람은 어려운 문제에 부딪히면 문제를 잘 해결하지 못할 것이라고 지레짐작하며 시작도 하기 전에 포기한다.

최선의 방법을 찾는 것과 포기를 하는 것의 차이는 엄청나다. 낙관주의자는 긍정적인 생각을 갖고 문제를 해결하려는 노력을하면서 자기 자신이 '할 수 있다.'고 믿으며 한 발짝 한 발짝 실행에 옮긴다.

워터게이트 추문, 베트남 전쟁 패전, 두 번의 경제공황을 극복한 나라, 미국이 어려움을 딛고 일어설 수 있었던 힘은 '할 수 있다, 해낼 수 있다.'는 낙관주의의 힘이었다. 낙관은 '할 수 있다.'는 긍정을 낳고, 긍정적인 생각은 새로운 각도에서 문제를 해결할 수 있는 창의성을 낳는다.

낙관은 불가능을 가능하게 만드는 것

낙관은 교육, 즉 배움을 통해 '불가능한 것을 가능하다고 믿는 것'이다. 교육은 사람들을 바람직한 변화의 방향으로 이끌어 준다. 힘이 들어 포기하고 싶을 때, 무엇을 해야 할지 방법을 모를 때, 알고 있는 방법을 실천하기 어려울 때 어떤 방법으로 문제를 해결할 수 있을까? 그 해답은 바로 교육이다. 교육을 통해서 긍정적인 변화를 만들어 갈 수 있고, 그 변화가 세상을 바꿀 수 있다. 믿는 것, 믿고 행동하는 것, 이것이 바로 낙관이다.

낙관주의자는 실패를 겪어도 그저 일시적인 후퇴로 여기며 그 원인 또한 이번에만 국한된 것으로 여긴다. 그리고 실패는 주변 여건이나 불운 또는 다른 사람 때문에 생긴 것이라고 생각하며 자기 탓을 하지 않고 실패에 주눅이 들지도 않는다. 좋지 않은 상황에 처하면 이것을 오히려 도전이라 여기며 더 열심히 노력한다.

낙관은 우리가 가고자 하는 꿈과 비전을 계속해서 달성하고 싶은 의욕을 갖게 하고, 불가능하다고 생각하는 것을 가능하게 만드는 힘이 있다.

사막을 비옥하게 만든 낙관의 힘

전 세계에 흩어져 살고 있는 1,500만 명의 유대인들이 노벨상의 22퍼센트를 차지하고 있다. 정치, 경제, 문화, 과학기술 등 전 분야에서 영향력을 발휘하고 있는 것이다. 이유는 무엇일까?

메마른 사막, 자원이 없는 땅에서 유대인이 선택한 것은 교육을 통한 창조였다. 교육을 통해 지식정보화 사회에 맞는 새로운 지식 가치 창출을 해 냈고, 새로운 분야에 하이테크 기술을 발전시킬 수 있었다.

하느님은 그들에게 젖과 꿀이 흐르는 땅을 주지 않았다. 하지만 젖과 꿀이 흐르는 땅으로 만들 수 있다는 믿음이 유대인들을 성공하게 만들었다.

08

행동 원칙 8:
전문성

'Good enough'는 잠재력을 가로막는 가장 위험한 말

엑설런스를 향
해 가다 보면 위협이 나타난다. 그것은 '이 정도면 됐지Good enough.'라는
생각이다. '이 정도'의 성과와 엑설런스의 성과에는 큰 차이가 있다.

예를 들어 자신의 능력이 천장에 있다고 생각하고 그곳에 도달하는
순간 "이 정도면 됐으니 더 이상 올라갈 필요가 없어."라고 생각하는
것은 자신의 능력에 한계를 그어 버리는 행위다. "나는 야망도 없으며
더 발전할 필요도 없다."라고 선언하는 것과 같다. 엑설런스는 그 말 자
체에 '안주'가 포함되어 있지 않다. 계속 더 나은 것을 추구하는 것이 엑
설런스다.

엑설런스에 도달하는 데 너무나 큰 벽이 바로 '이 정도면 됐지.'라는

생각이다. 그 생각을 하는 순간 당신은 방금 이룩한 경지에서 다시금 내려오게 된다. 항상 "아직 더 잘할 수 있어!"라고 말하는 사람이 되어야 한다.

우리는 잠재되어 있는 능력을 50퍼센트도 사용하고 있지 않다고 한다. 자기계발을 게을리하지 않는다면 앞으로 더 좋은 결과를 이룰 수 있을 것이다.

Excellence 전문가는 커다란 사고를 의미하는 'Big Head'를 갖고 해낸다

엑설런스를 가지고 있는 전문가와 그렇지 않은 사람을 비교해 보면 엑설런스한 이들은 자신들이 해야 하는 직무에서 벗어나 그 이상을 해낸다. 이 사고를 '빅 헤드Big Head 접근법' 또는 '큰 사고'라고 한다. 이 개념은 이스라엘 산업, 군대에서도 중요시 여겨지는 가치다. 규칙만을 따라가는 대신 혁신적이고 창의적인 사고를 하는 직원들은 언제나 더 나은 성과를 낼 수 있다.

상사가 원해서 하는 일이 아니라 스스로 원해서 하는 일을 해야 한다. 잠재력은 항상 당신의 현재 능력보다 크다. 이 잠재력을 매일 실현하는 것이 전문성을 기르는 것이다. 그것이 바로 엑설런스한 사람이 되는 방법이다.

사회는 급변하고, 새로운 과제들이 계속 생겨나고 있으며 하루하루 요구되는 것은 점점 많아지고 있다. 이런 환경에서 살아남는 것은 모험이라고 할 만큼 어려운 일이다. 이 엄청난 모험의 한 부분이 되고 싶은가? 아니면 방관자가 되고 싶은가? 만약 이 모험의 일원이 되고 싶다면 좋은 결과를 넘어서는, 엑설런트한 결과를 항상 추구해야 한다.

09

행동 원칙 9:
겸손

세상의 모든 사람은 스승이다

『탈무드』에 "나는 선생님에게 배운 내용보다 학생들에게 배운 내용이 더 많다.", "최고의 지혜는 친절과 겸손이다."라는 말이 있다. 겸손의 중요성을 말해 주는 것이다.

모든 것을 이루었다고 거만해지는 순간 모든 것을 잃게 된다. 겸손하지 못한 사람은 열린 사고를 갖지 못한다. 거만한 사람은 날마다 배우고자 애쓰지 않는다. 또한 타인에게 배우고자 하는 마음이 없다.

겸손은 자신의 부족함을 알고 스스로 계발하려는, 더 나아가고자 하는 의지이다. 겸손은 자기의 부족함이나 약점을 더 낫게 만들고자 하는 의지다.

토론 문화, 겸손에서 시작

유대인의 토론식 학습인 하브루타를 제대로 하려면 겸손한 태도를 갖춰야 한다. 서로의 의견을 나누는 이 배움의 방식에는 평등과 상호 간의 존경이 수반되어야 하기 때문이다. 내가 모르는 것을 상대방이 나에게 알려 줄 수 있다는 사실을 인정하면, 겸손함은 당연한 덕목이 된다.

오만한 사람은 가장 좋은 배움의 방법 중 하나인 하브루타를 쓸 수 없다. 왜냐하면 다른 사람의 얘기를 듣지 않고 자신의 이야기만을 하려고 들기 때문이다. 유대인들은 하브루타를 통해 아이들, 직원들, 동료들과 함께 나누고 배우며 동시에 주변 사람들의 자신감과 자존감도 같이 키워 준다.

겸손은 자신을 계발할 뿐만 아니라, 상대방에게도 뭔가를 할 수 있는 능력을 주거나 발전할 수 있게 만든다. 상대방에게 자신감을 주고 배우게 하는 요소가 바로 겸손이다.

겸손은 절대적인 양보가 아니다

한국에서는 겸손이란 요소가 감탄할 만큼 잘 뿌리내리고 있는 것 같다. 그런데 겸손에 따르는 위협 요소가 있다. 그렇기 때문에 겸손에는 한계점이 있어야 한다.

겸손과 지나친 겸손은 다르다. 누군가가 너무 지나치게 겸손해서 자기 자신의 의견을 내는 데 위축이 된다면 그것은 그 한계점을 넘어선 것이다.

회사의 서열이나 어른을 공경하는 문화가 걸림돌이 되어서는 안 된다. 먼저 자신에 대해 제대로 평가해야 한다. 겸손을 자기 자신의 존재를 깎아내리는 것이 아닌, 아이디어를 확장할 수 있는 도구로 사용해야 한다.

선생이 학생들에게 생각하는 힘과 창의력을 기를 수 있도록 하려면 학생이 질문을 했을 때 "참 좋은 질문이다. 하지만 내가 지금 답을 모르겠구나. 함께 찾아보자."라고 해 줘야 한다. 이러한 말은 겸손하게 학생들의 질문에 응해 준 것이다. 이 대답을 들은 아이는 첫째, 모르겠다고 얘기할 줄 아는 겸손함을 가진 롤모델을 보게 된다. 둘째, 이 아이는 자신의 윗사람인 선생님이 자기와 함께 배우고 싶다는 말을 들음으로써 엄청난 동기부여를 받게 된다.

이러한 교류는 학생이 푸는 어떠한 문제와도 비교할 수 없는 가치를 배울 수 있게 해 준다. 선생님과 함께 연구하고 알아낸 답을 학생은 절대 잊지 않을 것이다. 바로 이것이 선생님의 겸손함이 가져올 수 있는 좋은 효과이다.

10

행동 원칙 10:
정직

엑셀런스 아홉 가지는 정직으로 완성된다

"자신의 일을 정직하게 행했는가?" 『탈무드』에 나오는 천상의 법정에서 심판을 받을 때의 첫 질문이다. 유대인이 죽은 뒤 처음 받는 질문이 "하느님을 믿었습니까?"가 아닌 것은 유대교의 핵심이 '윤리'라는 사실을 알려 준다. 하느님이 가장 먼저 관심을 가진 것은 인간의 정직, 도덕성, 윤리인 것이다.

정직에는 자신의 내면에 대한 정직과 타인과의 관계에 대한 정직, 두 가지가 있다. 스스로에게 정직하지 못했다면 타인과의 관계에서도 정직할 수 없다. 정직은 겉으로는 쉬운 것처럼 보인다. 하지만 정직은 마음에 있는 것으로, 그 누군가를 속였다고 해도 나 스스로를 속일 수 없다. 스스로에게 정직한 것은 굉장한 도전이기도 하다.

상사가 "어떻게 생각합니까?"라는 질문을 부하에게 하면서 사실은 부하의 의견을 궁금해하지 않았다고 하자. 이때의 질문에는 진정성이 없다. 그렇다면 부하가 대답하는 내용 또한 진정성 없는 빈껍데기에 불과할 것이다.

정직함이 열 가지 요소 중 마지막에 오는 이유는 이 모든 과정이 정당하고 정직하게 이루어지지 않는다면 지금까지의 모든 노력이 모래성이 무너지듯 부질없는 일이 되어 버린다는 뜻이다.

정직은 칭찬과 격려를 수반한다

정직함은 격려와 인정을 수반한다. 당연하게 들릴지도 모르지만 동료나 직원들, 아이들을 진정으로 인정하고 칭찬하는 것은 매우 힘든 일이다.

예를 들면 혁신적인 아이디어를 내서 회사에 공헌한 부하가 있는데 그 공헌을 상사가 가로채 자기 이름으로 인정을 받으려는 사례들도 있다. 이렇게 정직을 잃는 것은 앞의 감수성, 개방성, 전문성 등 아홉 가지 다른 요소들을 파괴하는 행위다.

정직은 윤리와 밀접하다

정직은 자신의 양심에 따라 스스로 마음을 깨끗하게 지켜 가는 것이다. 정직하려면 높은 인격과 뚜렷한 가치관을 가지고 있어야 한다. 정직한 사람들은 체면보다는 스스로 마음을 반성하고 살피는 것을 중요하게 생각한다. 정직은 다른 많은 사람들에게 좋은 영향력을 끼친다.

정직한 개인이 가장이라면 올바른 가정을 만들고, 경영자라면 사회에 좋은 영향력을 끼치는 기업을 이끌게 된다. 개인의 정직은 그가 속해 있는 사회 속에서 윤리로 연결된다.

윤리는 사람들이 모여 살면서 형성된 것이다. 사람은 혼자서 모든 것을 해결할 수 없었기에 모여 살기 시작했고, 분업을 했을 때 가장 효율적으로 사회 전체의 이익을 향상시키게 되어 사회를 이루었다. 사회를 이루다 보니 서로 지켜야 할 규범들이 생겨나고, 전체의 이익을 잘 대변할 수 있는 의사 결정 방법을 만들게 되는 등의 윤리가 생기게 된 것이다.

개인의 정직은 조직 윤리로 연결되어 건강한 가정, 학교, 사회, 세계를 이루어 가는 데 중요한 역할을 한다.

"하루만 행복하게 지내려면 이발을 해라. 일주일 동안 행복하려면 결혼을 해라. 한 달 동안 행복하게 지내려면 말을 사고, 한 해를 행복하게 지내려면 새 집을 지어라. 그러나 평생을 행복하게 지내려면 정직해라."라는 말처럼 정직, 도덕성은 가장 중요한 덕목이다.

정직과 윤리가 마지막에 들어가야만 긍정적인 삶을 이끌게 하는 요소가 된다. 모든 것은 기쁘고 행복해야 실현이 가능하다. 긍정적이고 즐겁지 않다면 삶이 불행해질 수밖에 없다.

모든 것을 실행할 때 의무적, 수동적이라고 생각하고 행동하면 엑설

런스를 이룰 수 없다. 미소를 띠고 즐거운 마음을 가져야 엑설런스를

이룰 수 있다.

상상–도전–혁신 그리고
이매지노베이션Imaginnovation

　제2차 세계대전 후 독립한 나라들 중 한국, 이스라엘, 싱가포르 외에는 경제적으로도 정치적으로도 크게 성공한 나라는 거의 없다. 아이러니하게도 이 세 나라는 자원이 없다는 공통점을 가졌다. 즉 인적 자원에 의존하는 경제 구조인 것이다. 21세기에 접어들면서 자연 자원보다 인적 자원이 더 가치 있다는 사실이 드러나고 있다. 인적 자원이라는 무형의 가치를 가졌다는 것이 축복이라는 점은 명백해 보인다.

　이 세 나라 가운데 이스라엘은 21세기 경제 기적을 이루었다고 일컬어질 만큼 압도적으로 앞서 나가고 있다. 인구가 너무 적어서 그나마 가진 작은 영토를 지키기 어려울 때 이민을 받아들여 문제를 타개했고, 지금은 70개국에서 몰려든 온갖 민족의 용광로가 되어 기술, 학문, 문화적 혁신과 융합을 통한 새로운 혁신의 전형을 보여 주고 있다. 유대인은 지난 2000년 동안 온 세계를 떠돌면서 일찌감치 작고 가벼우며 값

나가면서도 옮기기 쉬운 것의 가치를 체득했다. 또 지식을 향한 애정은 배움에 대한 열망을 스스로의 유전자에 각인시키고야 말았다.

부족함을 마주했을 때 발전적 진화를 통해 스스로 일어서는 이스라엘 같은 나라가 있는가 하면, 풍부한 자원을 가지고도 도전을 회피하여 소멸하고 마는 나라도 있다. 일례로 파라과이는 비옥한 토양과 풍부한 수자원을 가진 나라다. 이과수폭포 상류에 '이타이푸'라는 이름의 세계 최대 수력 발전소에서 생산된 전력이 넘쳐 나라 전체가 사용하고도 남을 정도다. 또 남미 정중앙에 위치하고 있어 지진이나 허리케인으로부터 완전히 차단되어 있는 천혜의 안전지대이기도 하다. 하지만 남는 전력을 브라질에 팔아 넘기면서도 일인당 소득은 20년째 3,500달러를 넘지 못하고 있고, 사료 외에는 식량 자급조차 달성하지 못하고 있다.

파라과이와 이스라엘을 비교해 보면, 부족함에서 나온 창의적인 도전이 한층 더 눈에 띈다. 우리는 '부족함이 가져다 준 축복'이라는 말을 되새겨 볼 필요가 있다. 또 다른 '부족함'의 국가인 싱가포르를 보자. 말레이 반도의 끝에 자리잡은 이 나라는 늪지대를 개간하고 앞바다를 지나다니는 선박을 상대로 싱싱한 채소와 과일을 공급하는 길 외에 먹고 살 방도가 없었다. 하지만 그들은 말라카 해협의 작은 마을을 인도양과 태평양을 잇는 세계적인 무역항으로 키울 수 있다는 생각을 바탕으로 싱가포르판 새마을운동을 펼쳐 나갔다.

한편 싱가포르는 열대 우림 지역에 자리잡고 있지만 해발고도에 근접한 평지라서 비가 저장될 만한 곳이 없었다. 따라서 말레이시아로부터 물을 수입하는 것 외에 다른 방도가 없었다. 생존에 필수적인 물을 무기로 말레이시아는 횡포를 부리기 일쑤였다. 결국 물 관리 기술을 도입하기 위해 물 관리 분야에서 독보적인 위치를 차지한 이스라엘과 관계를 굳건히 다지게 되었다. 두 나라는 자원이 없는 국가의 생존방식이라는 명제를 공유하게 되었다.

리콴유 수상은 국방 체계에서부터 무기 체계, 연구소 육성 정책까지 거의 모든 제도를 이스라엘의 것을 본 따 자국 실정에 맞게 정비하여 활용했다. 또 자국어가 있음에도 영어를 공용어로 채택했고, 세계에서 인구 대비 가장 많은 엔지니어, 국제적으로 경쟁력 있는 대학 시스템, 최고의 벤처/기술금융 시스템 등을 무기로 주변 국가의 좋은 두뇌들을 끌어들이는 나라로 탈바꿈하였다. 잘 정비된 시스템으로 적은 인구를 극복해낸 것이다.

현재 이스라엘과 싱가포르 양국은 서로의 강점을 합쳐 전 세계가 응용할 수 있는 MBA 과정을 운영하기로 하였다. 이스라엘의 텔아비브 대학과 싱가포르의 난양공대는 이 프로그램을 통해 동서양의 강점을 엮어 아시아와 유럽을 통틀어 최고의 창업대학으로 만든다는 목표를 가지고 경쟁과 협력을 하고 있다. 말레이시아로부터 세 차례에 걸친 물 공급 중단 위협을 겪으면서 담수화 프로젝트를 통해 물 부족으로부터 독립하고자 한 싱가포르는 마치 석유 없이 돌아가는 세상을 꿈꾸는 이스라엘과 비슷해 보인다.

이런 정신을 가진 젊은이들은 아직까지 세상에 존재한 적 없던 새로운 것을 만들어내기 위해 상자 밖으로 나오고 있다. 그들은 작은 나라, 작은 시장을 탓하는 데 시간을 보낼 여력이 없다고 말한다. 부족한 것투성이지만 21세기를 리드해 나가는 동서양의 두 나라는 이제 눈으로 볼 수도 손으로 만질 수도 없으나 더 가치 있는 존재를 여실히 보여 주고 있다. 21세기는 상품Product 보다 지식Knowledge의 가치를 추구하는 경제를 지향하고 있으며, 이것이 바로 창조경제다.

개화기와 일제 강점기 그리고 한국전쟁을 지나면서 우리가 가진 것은 모두 사라지고 말았다. 무에서부터 새로이 출발했던 한국의 경제는 분단 갈등으로 엄청난 규모의 유무형 코스트를 감당해야만 했다. 우리도 일찍이 인적 자원에 더 큰 가치를 두고 새마을운동을 통해 경제 부흥에 임했다. 근면, 자조, 협동이라는 덕목 아래 값싼 노동력을 무기로 세계 시장에서 힘을 발휘했다. 세계는 7, 80년대를 거치며 성장한 한국에게 '한강의 기적'이라는 찬사를 보냈다. 그러나 21세기의 세계 경제는 20세기와는 확연히 다르다. 주입식 교육이 아닌 창의적 교육, 연공서열이 아닌 개방적 도전의 결과를 통해 창출한 거대한 혁신이 필요하다. 이 새로운 패러다임의 출발선은 바로 창의적인 상상력이다.

이제 우리의 교육과 문화 그리고 금융제도 등등 많은 영역에서 상상Imagination을 혁신Innovation으로 엮어내는 이매지노베이션Imaginnovation을 지향하는 대한민국이 되어야 할 것이다. 상상력을 혁신으로 실현하는 도구가 소프트웨어를 근간으로 하는 소프트파워다. 21세기에 생존하기 위해서는 컴퓨터와의 대화가 반드시 필요하다. 이제 우리 아이들도 소프트웨어적인 사고Computational Thinking에 익숙해지도록 교육해야 한다.

이제 우리의 경쟁력은 더 이상 부지런한 노동에서 나오지 않는다. 우리 젊은이들의 상상력을 도전으로 연결하여 창의적 혁신으로 꽃피우게 만들어야 한다. 젊은이들이 후츠파 정신으로 거침없이 도전하도록 기성세대는 기득권을 과감히 내려 놓아야 한다. 학생이 아닌 교수가, 사원이 아닌 경영자가, 사병이 아닌 장군이, 자식이 아닌 부모가 먼저 움켜쥐고 있는 주먹을 서서히 풀어야 한다. 우리 젊은이들이 힘들고 지쳐 누워 있게 두지 말고 이스라엘 젊은이들처럼 벌떡 일어나 전 세계를 대상으로 뛸 수 있는 힘을 주어야 한다.

마지막으로 한국 젊은이들이 엑설런스하게 거듭나도록 열 가지의 좋은 처방을 보내 주신 헤츠키 아리엘리 박사님께 감사드린다.

자원이 없는 나라는
어떻게 21세기를 헤쳐 나가야 할까?

KAIST 총장 **강성모**

'창조경제 전도사'라는 별명을 가진 윤종록 초대 미래창조과학부 차관이 우리 사회에 던진 물음표다. 그는 대한민국이 지난 50년간 이뤄온 기적 같은 경제 성장의 출발은 새마을 운동에서 비롯된 손발의 근면성에 뿌리를 두고 있다고 단언한다. 즉, 부지런한 노동력으로 산업을 일궈 축복과 같은 경제 성장을 누렸다는 뜻이다. 자원이 풍족하지 않은 우리나라는 손발(노동력)을 부지런하게 움직여나가는 것을 발전의 출발점으로 삼았다. 그러나 이것은 지난날의 영광일 뿐이다. 우리의 노동력은 세계 시장에서 경쟁력을 상실한 지 이미 오래됐기 때문이다.

이제 대한민국이 가진 마지막 배수의 진은 우수한 두뇌다. 손발의 부지런함을 미덕으로 삼아 과거의 발전을 이뤄냈다면, 미래의 국가 성장은 창의적인 두뇌를 활용해야 한다는 점이 이 책의 핵심적인 주장이다.

창의적인 상상력에서 출발한 착한 아이디어가 어떻게 하면 혁신으로 이어질 수 있을까?

저자는 구글의 사례로 예를 들어 설명한다. 구글은 창립 15년 만에 시가 총액만 200조 원이 넘는 세계 2위의 거대 기업으로 성장했다. 막대한 자본을 투입한 것도, 세상을 놀라게 할 노벨상급의 기술을 개발한 것도 아니다. 훗날 '구글 서제스트'로 불리게 되는 제안 검색법을 도입한 것이 성장의 씨앗이었다. 이 획기적인 아이디어는 요엘 마르크라는 40대 평사원의 발상이었다. 성경색인학자로 활동하면서 성경 구절을 쉽게 찾아내는 법을 연구했던 경험이 무언가를 검색하는 사람들에게 '제안'이라는 지름길을 알려주면 원하는 결과를 더욱 빠르고 쉽게 찾을 수 있을 것이란 생각으로 이어진 것이다. 당시에 세계 시장을 독식하던 야후는 검색 엔진의 속도를 높이는 일에 매달리고 있었다. 다른 후발 주자들이 업계 1위가 가는 방향을 쫓고 있을 때 구글은 다른 차원으로 시선을 돌린 것이다. 기발한 상상력으로 발전 방향을 제시한 평사원의 아이디어와 가치 있는 생각이라면 한 사람의 의견일지라도 무시하지 않고 채택하는 경영진의 선택이 어우러져 혁신이라는 결과물을 만들어 낸 것이다.

우리나라의 비슷한 사례도 소개되어 있다. 구글과 비슷한 시기에 창립한 네이버는 집단지성을 활용한 '지식인'이라는 획기적 빅데이터를 구축해 성장 일로를 걷게 되었고 창업 후 15년이 지날 무렵엔 KT와 SKT 두 회사를 합친 것만큼의 주식 가치를 보유하게 됐다. 컴퓨터로 가득 차 있는 24층짜리 건물에서 나오는 상상력의 산물이 대한민국 땅밑에 빽빽하게 깔린 광케이블, 하늘의 위성, 해저 광케이블이라는 대규모 기반시설에서 창출되는 성과보다 더 많은 이익을 거둔 것이다.

무형의 상상력이 유형의 자산보다 더 큰 가치를 발휘하는 세상이 도래했다. 크든 작든 무에서 유를 창조하는(From nothing into something)혁신이 21세기 창조경제의 핵심 패러다임이다. 저자는 상상(Imagination)이 혁신(Innovation)으로 이어지는 현상을 Imaginnovation(이메지노베이션)이라는 신조어를 만들어 설명하고 있다.

앞서 언급한 기업의 예시들은 21세기의 험난하고 치열한 경쟁 체제를 창조경제 패러다임으로 돌파해낸 일부 사례에 불과하다. 빈약한 자원을 가진 나라의 개인과 기업이 세계의 자원 부국들과 경쟁하려면 더 많은 노력을 기울여야 한다. 특히 노동력 시장에서도 우위를 점하지 못한 우리나라는 국민의 1%에 불과한 과학자들이 내놓은 기술의 힘으로 국력을 키우고 지탱해왔다. 하지만 이제는 한 단계 더 나아가야 한다. 가정주부, 학생, 퇴직자 등 나이와 직업을 초월한 나머지 99% 국민이 발휘하는 상상력까지도 아낌없이 모으고 제대로 걸러내어 혁신의 자원으로 삼아야만 한다. 저자는 이러한 창조경제의 방정식을 〈1%의 R&D+99%의 I&D〉로 규정하고 있다. 미래창조과학부 차관을 역임한 그가 특유의 시각으로 정의한 I&D(Imagination & Development)는 새롭게 제시된 혁신의 변수라는 점도 흥미롭다.

미국의 〈멕코믹〉에서 최초로 만든 만능의 농기계 '콤바인'은 값이 너무 비싸서 농부들에게는 그저 그림의 떡일 뿐이었다. 1,000명의 일을 너끈히 처리하는 선망의 기계였으나 팔리지 못했으니 무용지물과 다를

이매지노베이션

바 없었다. 파산작전에 이 회사를 살린 건 '할부금융'이라는 다른 차원의 접근법이었다. 농부들에게 미리 기계를 인도하고 수년간 나누어서 갚도록 하자는 판매 직원의 간단한 상상력이었다.

영국은 200년 전이라는 이른 시기에 우편제도를 도입했지만 초창기 40년 간은 발전 없는 답보 상태만 지속했다. 거리에 따른 우편 요금을 산정하기 위해 몇 안 되는 우체국까지 한나절이나 마차를 타고 가야 했기 때문에 귀족만의 전유물로 여겨진 것이다. 이때 전국요금을 하나로 묶고 우체통을 보급하여 누구나 편지를 쉽게 부치게 한 우표제도가 도입되자 일거에 전국적 서비스로 자리 잡았다. 저자는 이것을 창조경제의 효시라고 주장한다.

이스라엘은 연간 강우량이 400mm에 불과하다. 그러나 이 악조건을 극복하기 위해 단돈 98센트의 전기세를 들여 바닷물 1톤을 역삼투압 방식으로 걸러내는 담수화 기술을 개발했다. 버려지는 하수를 80%나 재사용하는 방법을 찾아냈다. 기존에 사용하던 양의 40%로 물 사용량을 줄이고도 생산량은 오히려 50%가 높아지는 농사 기술을 개발했다. 인구가 750만 명에 불과한 작은 나라지만 약점을 극복하려는 노력들이 모여 매년 1조 원의 특허사용료를 벌어들이는 대학을 키워냈다. 자원이 척박하기로 둘째가라면 서러운 나라임에도 불구하고 세계적인 창조경제 성공국가로 등극한 것이다.

이 작디작은 나라가 21세기 창조경제를 리드하고 있다. 그 혁신의 원천은 어디에서 찾아야 할까? 좋은 머리, 좋은 교육, 종교적 배경? 저자는 이 흔한 발상들을 단호하게 부정한다. 대신 총과 총알에 비유한다.

좋은 총과 총알은 발사를 위한 필요조건 일 뿐이다. 혁신이라는 표적을 관통하기 위해서는 겁 없이 방아쇠를 당기는 힘을 충분 조건으로 가져야 하는 것이다. 총알은 발사되지 않으면 50그램짜리 쇳덩이에 불과하며 시간이 지날 수록 녹슬어 갈 뿐이다. 이스라엘 사람들이 겁 없이 방아쇠를 당겨 총알을 하나도 남김 없이 소진하는 사이에 우리는 무엇을 하고 있었을까? 혹여 예상할 수 없는 미래에 대한 두려움 때문에 녹슬어가는 총과 총알만 부여잡고 있는 것은 아닐까?

저자는 겁 없이 방아쇠를 당기는 힘의 원천을 유대인 특유의 국민성인 '후츠파' 정신에서 찾는다. 히브리어로 '뻔뻔함, 당돌함, 도전적인 생각'을 뜻하는 '후츠파'가 사람들의 정서 속에 녹아있는 덕분에 뻔뻔하리만치 당돌하게 도전하고 성과를 거둔다는 것이다. 이런 정신으로 무장한 최고 지도자와 대학 총장, 성공한 창업가 등 15명의 핵심 인물과의 인터뷰를 통해 21세기 창업 국가의 본보기를 된 이스라엘의 저력을 낱낱이 짚어준다. 책장을 넘기는 것만으로도 이스라엘에 와 있는 기분을 느끼게 하는 것이 이 책의 묘미일 것이다.

마지막으로 세계 최고의 유대식 창의교육인 '하브루타' 교육의 대가인 '헤츠키 아리엘리' 박사의 돋보이는 통찰력을 언급하고 싶다. 유대인이 가진 창의성의 원천을 뛰어난 두뇌에서 찾는 것이 흔한 견해다. 하지만 그는 오히려 전혀 반대의 지점에서 근본적 이유를 찾아낸다.

'부족함', 그것을 채우기 위한 '배움', 그리고 탈무드처럼 그 충족의 과정을 후세에 남긴 '기록(책)'이 유대인이 가진 창의성의 답이다. 이 세 가지에서 출발한 유대인의 창의성 탐구의 여행은 유대인의 성공코드로 명명된 열 가지 요소를 발견하는 것으로 끝을 맺는다. 동기부여, 인내력, 감수성, 호기심, 창의력, 열린 사고, 낙관, 전문성, 겸손, 정직이다.

이 책은 한자 한자 곱씹어 읽어갈수록 단물이 나오는 것이 칡뿌리처럼 느껴진다. 고루한 비유겠지만 내가 자라던 시절엔 칡뿌리를 자주 먹곤 했다. 배부르게 먹지 못해 어쩔 수 없이 입에 넣었던 쌉싸래한 칡뿌리지만 씹으면 씹을수록 배어 나오는 단물이 허기를 달래주고 기운을 북돋워 주던 기억이 난다. 현실이라는 막막한 난관에 봉착한 청춘들에게 이 책을 권한다. 한자 한자 곱씹어 읽다 보면 현재의 문제를 타개할 힘과 앞으로 나아갈 방향성을 얻게 될 것이다.

상상을 혁신으로 바꾸는 유대인의 창조 DNA

이매지노베이션
IMAGINNOVATION